战略思维与领导能力

ZHANLUESIWEIYULINGDAONENGLI

孙要良◎著

中共中央党校出版社

图书在版编目（CIP）数据

战略思维与领导能力 / 孙要良著 . -- 北京：中共中央党校出版社，2018. 10

ISBN 978-7-5035-6498-7

Ⅰ. ①战⋯ Ⅱ. ①孙⋯ Ⅲ. ①领导学 Ⅳ. ① C933

中国版本图书馆 CIP 数据核字（2018）第 237181 号

战略思维与领导能力

策划统筹 井　琪
责任编辑 李　云　冯　研　王玉兰
版式设计 苏彩红
责任印制 陈梦楠
责任校对 魏学静
出版发行 中共中央党校出版社
地　　址 北京市海淀区长春桥路 6 号
电　　话 （010）68929580（办公室）　（010）68928910（发行部）
（010）68922815（总编室）　（010）68929342（网络销售）
传　　真 （010）68922814
经　　销 全国新华书店
印　　刷 三河市金轩印务有限公司
开　　本 700 毫米 ×1000 毫米　1/16
字　　数 197 千字
印　　张 15
版　　次 2018 年 10 月第 1 版　2018 年 10 月第 1 次印刷
定　　价 38.00 元

网　　址：www.dxcbs. net　**邮　　箱**：zydxcbs2018@163.com
微 信 ID：中共中央党校出版社　**新浪微博**：@党校出版社

目　录

第一章　当代中国改革发展需要战略思维

恩格斯指出：一个民族要站在世界科学发展的顶峰，就一刻也不能离开理论思维。我们也可以以此类推：一个民族要屹立于世界民族之林，要为世界发展作出自己独特的贡献，一刻也不能离开战略思维。战略问题是一个民族繁荣、国家发展的根本性问题。只有在战略上判断得准确、谋划得科学、赢得了主动，民族和国家的发展才能不断前进，才能取得成功。为此，习近平同志强调指出：在新的历史起点上，我们一定“要提高战略思维能力，不断增强工作的原则性、系统性、预见性、创造性”。

黑格尔曾经说过：谁能指出那个时代的意志，并把它告诉他那个时代且付诸实践，他就是那个时代的伟大人物。经过40年的改革开放，特别是党的十八大以来的创新实践，中国特色社会主义改革建设取得了举世瞩目的成就，中国经济社会发展、中国的面貌和人民的生活都发生了翻天覆地的变化。当代中国站在了新的历史起点上，中国特色社会主义进入了新时代，开启了新征程。发展中国特色社会主义是“伟大事业”，建成全面小康社会和现代化国家、实现中华民族伟大复兴是“伟大目标”“伟大梦想”，全面加强党的建设是“伟大工程”。投身“伟大事业”、实现“伟大目标”、搞好“伟大工程”，都是开展“伟大斗争”。这不仅需要把握这个“时代的意志”，形成伟大理论、造就伟大人物，而且需要树立战略思维，科学确立重大战略，避免犯战略性、方向性的错误。在新时代实现全面建成小康社会、建成社会主义现代化国家的“两个一百年”奋斗目标，比任何历史时期都更有希望、更有信心、更为接近。这更需要我们把握这个“时代的意志”，并切实把这种意志转化为实践，转化为成果。为此，我们的领导干部必须要谋大事、谋大局、谋长远，不断提高战略思维能力。

第一节　战略思维的内涵与方法

把握新时代的意志，捏准时代发展的脉搏，全面推进中国特色社会主义伟大实践，要求我们的领导干部必须要有战略眼光、战略思维，确立符合时代发展走向的重大战略。为此，有必要首先了解什么是战略、战略思维，其特点是什么。

一、战略思维的内涵

“战略”这个概念最初用于军事领域，后来逐渐被广泛运用于经济、政治、文化、外交等各个领域，成为一个宽泛的、广义的概念。古今中外关于战略的定义有很多种，相互之间差别很大。但有，其中有一个基本共识，那就是：对事关重大、根本、全局和长远的问题进行谋划。毛泽东认为，“研究带全局性的战争指导规律，是战略学的任务，研究带局部性的战争指导的规律，是战役学和战术学的任务。”正确的战略是对事物全局的而不是局部的、本质的而不是现象的、内部联系而不是外部联系的、长远的而不是暂时的发展趋势的认识和规划，属于理性认识的范畴。战略的内容丰富多彩，形式多种多样，从战略的本质和功能上看，战略由战略目标、战略方针、战略手段等基本因素构成。战略具有全局性、长远性、谋略性和相对稳定性等特点；另外，从国家安全、发展的角度看，战略还具有政治性。因为任何战略都是为总的政治目标服务的，战略的目的和任务根本在于实现总的政治目标。当今世界，战略的政治性更为突出和重要。

一般而言，战略是由不同层次的战略构成的体系或系统，即战略体系（系统）。不同的国家，其战略体系是不尽相同的。我国在 20 世纪 80 年代以前，除了军事战略之外，没有明确提出过其他层次的战略概念。目前，我国的战略体系包括以下几个不同层次：第一层次是国家战略，包括国家发展战略、国家安全战略；第二层次是领域战略，诸如政治战略、经济战略、军事战略、生态战略、科技发展战略等；第三层次是地域战略，诸如京津冀一同发展战略、西部发展战略、东北振兴战略、港粤澳一体化发展战略等。

在“战略”这一概念出现以前，人类早就开始从全局、长远来思考问题、提出规划和制定行动方案了，亦即具有了一定的战略思维或战略意识。“战略思维”，顾名思义，就是从战略的高度看事情、想问题、求思路的思维方式，即把谋事创业当作战略去处理，在思维中达到战略的高度——善于着眼于全局和长远来观察、思考和处理问题，善于抓住全局、根本、关键和要害。无论是政治家还是军事家，都十分重视“工于预测，深谋远虑”的重要作用，并将这种全局性、长远性的思维称为庙算、谋猷、谋略、韬略、方略、兵略等。

战略思维包括战略判断、战略决断（战略决策）、战略规划和战略评估等内容。战略判断是对事关国家、地区、部门发展全局的重大问题进行分析、预测、判定并形成结论的理性认识过程。其实质是透过复杂的现象，揭示事物的内在联系及其发展规律，形成对战略全面的正确认识。战略判断是战略决策的前提。战略决策是从全局与长远相统一对事关国家、地区、部门建设发展的重大问题作出的谋略性决定，是国家、地区和部门的最高层次的决策。战略决策具有客观定向和引领作用。战略规划是把战略决策的内容转换为战略实践（战略行动）的宏观设计、统筹安排，是战略决策的具体化。战略评估是采用科学方法对战略实施的整个过程、环节及其结果，进行综合评判和总结。

战略思维与哲学思维紧密相关。在汉语语境中，汉字“哲”有“善于思辨，学问精深”的意思。在希腊语中，“哲学”即“philosophia”，也就是热爱智慧、追求真理的意思。在马克思主义哲学看来，哲学就是系统化而不是零碎的、理论化而不是经验性的世界观和方法论，是对“世界整体”的根本看法和科学系统的方法论。所谓“世界观”就是“观世界”，是对“世界整体”作出的总体和根本判断，辩证法是关于世界“普遍联系”和“变化发展”的科学，也是关于宏观性和长远性问题的看法。战略思维由于其宏观性、长远性、根本性的特点，决定了它与哲学思维直接相通或紧密相关。在某种程度上我们甚至可以说战略思维就是哲学思维，或者是哲学思维在解决重大具体现实问题时的实践应用。在强调整体和全局这方面，战略思维与唯物辩证法在本质上是一致的。

但是，战略思维与哲学思维不完全一样，二者又有区别。相比而言，哲学思维关注的对象、涉及的范围要比战略思维大得多。哲学思维关注的是整个世界，从古代到现代，从发展阶段来说，哲学分别经历了本体论、认识论、语言论等阶段；而战略思维关注的是人的实践领域。哲学思维关注的多是纯粹理性的范围，相对来说要抽象得多，抽象性是其重要特征。相比之下，战略思维关注更多的是现实问题，是对现实问题认识的理论综合和方法总结，从这个意义上说，战略思维可以看作是哲学思维的“一个部分”或者说是哲学思维在实践活动中的具体运用。也就是说，战略思维是解决现实具体问题的思维方法或思维形式，是一种实践智慧、实战智慧，而不是纯粹理性或者学理分析；战略思维也是解决特定历史阶段重大问题的思维方法或思维形式，是一种流动的历史智慧，而不是静态的知识学术；战略思维是对宏观性、长远性、根本性、关键性的大问题进行深入研究的思维形式，是一种综合性的智慧，而不是经验性的认知，更不是直观性的片段感受。当然，战略思维虽然关注现实问题，但并不是对现实问题的政策分析和政策建议，而是要把现实问题上升到宏观性的、方法论的高度。

需要进一步强调的是，战略思维在处理全局问题时，虽然基于对某一具体领域、专业、行业的深刻认识，但是又不仅仅局限于对某一领域的认识，它需要专才的智慧作为参考，但是不能完全依赖于专才，而是要放眼全局，对各个领域的基本情况和关键问题都要有大致的了解，然后在此基础上就全局性问题作出判断和决策。正因如此，战略学家约翰·科林斯指出："如果说在某个领域通才比专才更为可取，那么这个领域就是战略。科学家是沿着相当狭窄的途径探索知识领域的，而战略家则不然，他们需要有尽可能广泛的基础知识。"

二、战略思维的特点

战略具有什么特点，战略思维也就具有什么特点，也可以说，战略的特点也就是战略思维的特点。这里主要介绍战略思维的政治性、全局性、根本性和长远性等特点。

（一）政治性

战略的政治性决定战略思维的政治性。第一，战略本身就是政治，战略即政略。任何战略都是党和国家意志在具体领域、地区的反映和体现。任何战略的制定与实施都必须首先服从和服务于党和国家的政治目标。战略制定者在制定战略、指导战略实施时，必须准确把握政治环境、分析政治条件，明确政治总目标、考虑政治后果。第二，政治决定战略。政治在本质上规定着战略的性质、方向、目标和任务，决定着战略力量建设和运用的途径方法。任何战略的制定与实施都有着深刻而广泛的政治背景和政治需要。国家的政治决定国家的战略，国家的战略服从和服务于国家的政治。没有脱离国家政治的战略，也没有不受国家政治制约的战略。第三，战略服从政治，服从政略。这是战略学的一条基本准则。领导干部、各业务部门都必须站在政治的高度来制定战略、施行战略，必须从党、国家和最广大人民群众根本利益的全局出发进行宏观筹划、精心实施，保证党和国家的政治目标的施行。第二、第三层次的战略都是第一层次的战略在各地域、各领域、各部门的反映和体现，也是为第一层次的战略服务的。任何战略，在任何情况下都不可以脱离和超越党和国家的政治总目标。

可见，战略思维就是政治思维，就是从政治的高度认大势、识大局、想大事的思维方式，就是从维护和实现党、国家和人民群众根本利益上看事情、想问题、出谋略的思维习惯。党的十八大以来，习近平同志一直要求党员干部，特别是领导干部要树立政治意识，要做政治上的明白人，其实就是要求党员干部树立正确的政治立场和政治观点，坚持从政治的高度看问题、想办法、办事情。毛泽东曾经指出，如果一个政党、一个党员干部“没有正确的政治观点，就等于没有灵魂”。一个没有灵魂的政党和党员，必定会失去方向。一个没有灵魂的政党和领导者，在制定大政方针、战略规划的时候，必定会犯颠覆性的错误。因此，在新时代，为了避免犯颠覆性的错误，首先必须树立政治意识、形成政治思维，一定要从政治的高度看问题、想事情、作决策。这样才能保证中国特色社会主义事业的正确发展方向，保证各项事业沿着中国特色社会主义的正确道路奋勇前进，保证党和国家的事业兴旺发达。

（二）全局性

全局性是战略思维最基本的特点，也是战略思维最基本的要求。战略思维要求从全局、整体的高度思考问题、出谋划策。唯物辩证法认为，全局比局部重要，整体比部分重要。因此，领导干部想问题、做方案、谋事业都要从全局、整体出发，这样才可以看清楚问题总体形势，找到解决问题的最好办法，最终实现整体利益的最大化。当然，全局是有层次的。凡具有相对独立的、能够照顾各个方面、各个部分、各个阶段的事物，都可以称之为全局。整个世界是一个全局，整个国家是一个全局，整个地区、领域、部门是一个全局。恰如毛泽东所说：“世界可以是战争的一全局，一国可以是战争的一全局，一个独立的游击区、一个大的独立的作战方面，也可以是战争的一全局。凡属带有要照顾各方面和各阶段的性质的，都是战争的全局。”各级领导干部，都负责一定领域、一定部门的事情，这个领域或者部门对他来说就是全局。既然是负责某个特定的全局，那就要从全局出发，为全局谋利益，做好全局之内的事情，而不是仅仅做好局部内部的事情。否则，他就不是全局的领导，而仅仅是局部的领导。毛泽东多次指出："指挥全局的人，最要紧的，是把自己的注意力摆在照顾战争的全局上面。"邓小平反复强调，我们党的领导干部，特别是高级领导干部，在谋事创业时眼界要开阔、胸襟也要宽阔，尤其要有全局思维，"我们政治局、政治局常委会、书记处的同志，都是管大事的人，考虑任何问题都要着眼于长远，着眼于大局。许多小局要服从大局，关键是这个问题"，"要从大局看问题，放眼世界，放眼未来，也放眼当前，放眼一切方面"。

形成和具备全局思维，特别要自觉处理好全局与局部、整体与部分的关系。当然，对于全局和局部的理解必须符合辩证法，而不是形而上学的理解。全局和局部都是相对的，局部虽小，但是就自己所在的领域来说就是全局。全局虽大，但是相对于上面更大的全局，全局只能算是"局部"。无论是普通干部，还是领导干部，都必须使自己的工作服从和服务"全局"。自己负责的工作虽然很重要，但是放在全局和整体范围之内，就显得没那么重要，只不过是更大的全局中的一个局部，必要的时候要自觉作出自我牺牲。只有将自己工作和所在领域放在一个更大的全局中，才明白自己工作和领域的重要性和真正地位，以及解决问题的思路、方法。如果没有全局思维，只会陷入狭隘的本位主义、部门主义，使党和国家整体事业蒙受损失。在局部与全局发生矛盾时，要以全局为先，把全局利益放在第一位。1977 年，邓小平在中央军委全体会上谈到军队纪律整改时强调，"要提倡顾全大局。有些事从局部看可行，从大局看不可行；有些事从局部看不可行，从大局看可行。归根到底要顾全大局。"

有的领导干部认为，自己只是负责部门工作、局部工作，不需要树立全局意识。这种认识看似有些道理，其实是不正确的。因为局部是全局中的局部，不是孤立的局部。只有在全局视野中考虑局部工作，才可以真正做好部门的、局部的工作。俗话说得好，“不谋全局者，不足以谋一隅”。毛泽东指出：“懂得了全局性的东西，就更会使用局部性的东西，因为局部性的东西是隶属于全局性的东西的。”他始终要求各级领导干部树立全局意识。他曾说，如果在局部看来可行，而在全局看来不可行，则不可行；如果在局部看来不可行，而在全局看来可行，便应当行。在革命战争年代，他要求各级指挥员坚持战役服从战略的指导原则；在建设时期，他强调各地区、各领域要服从全国这一大局。

邓小平1954年在全国财政厅局长会议上所作的总结报告很好地贯彻了毛泽东这一思想。他指出，做财政工作要把照顾全局和从实际出发结合起来，过去没有结合好，所以工作做得不够好。他认为，在全局和局部、中央和地方、集中统一和因地制宜的关系上，要以集中统一、全体和中央为主导。“财政工作的全局观点是什么呢？财政部门是集中体现国家政策的一个综合部门，和其他工作一样，它必须服从总路线，即必须保证党在过渡时期总路线、总任务的实现。”因此，“财政部门要看到大事，要有战略观念”。

站在新的时代起点上，习近平同志反复强调树立大局意识，就是要求各级领导干部在分析问题、谋篇布局时，不要只把眼光盯在自己的一亩三分地，只考虑地区、部门利益，而要从大局出发，考虑国家和人民的整体利益。他提出的大发展观、大安全观等就是很好的体现。

（三）根本性

荀子说：“主好要则百事详，主好详则百事荒。”“故明主好要，而暗主好详。”全局不是事物的全部，不是事物的所有方面、所有环节，更不是事物所有的细节，而是事物的根本矛盾、主要矛盾和矛盾的主要方面。由于不同矛盾和矛盾的不同方面在事物发展过程中所处的地位和所起的作用不同，只有根本矛盾、主要矛盾、矛盾的主要方面处于支配地位和决定作用；这些矛盾和方面，不仅决定事物的性质，而且决定事物发展的方向。在很大程度上，把握住了这些矛盾和方面，就等于把握住了事物发展的规律和命运。对这些矛盾和方面的思考，就是对事物的规律和发展方向的研究、判断。因此，在考虑和解决问题的时候，首先必须把握事物的根本矛盾、主要矛盾和矛盾的主要方面。

全局虽然由不同的局部构成，但各个局部在全局所处的地位、所发挥的作用是不同的，这就是矛盾的不平衡规律。战略是用来解决大问题、根本性问题、关键性问题、长远性问题的，战术解决的是局部性、阶段性、次要性的问题。这就要求战略思维在认识和处理问题时要抓住能够带动全局的中心任务、关键部分，而不是眉毛胡子一把抓，对所有事物不加区分地平均用力。毛泽东认为，在军事斗争中，“任何一级的首长，应当把自己注意的重心，放在那些对于他所指挥的全局说来最重要最有决定意义的问题或动作上，而不应当放在其他的问题或动作上”。但是，局部在全局中的地位也不是一成不变的，而是随着外在条件和外在环境的变化而不断发生变化。这也就是说，每个历史阶段的重点任务和中心工作是不同的。毛泽东说，“领导人员依照每一具体地区的历史条件和环境条件，统筹全局，正确地决定每一时期的工作重心和工作秩序，并把这种决定坚持地贯彻下去，务必得到一定的结果，这是一种领导艺术。”中华人民共和国成立后，毛泽东在谈到领导方法时说，“党委要抓中心工作，又要围绕中心工作而同时开展其他方面的工作。”领导干部尤其是主要领导干部要抓中心工作不放松，中心工作于日常工作要分清，不能陷入事务主义，乱无头绪。

（四）长远性

世界是个时空统一体。事物不仅在空间上扩散，而且在时间里蔓延。任何事物的发展都是一个过程，即是一个过程集合体。在事物发展的不同阶段会有不同的特点和要求。因此，战略思维不仅是空间思维，而且是时间思维、过程思维。也就是说，战略思维不仅要关注横的方面的空间性的全局问题，也要关注纵的方面的全局性问题，全局也包括过去、现在和未来这个时间的全局。在全局思维中，要把历史、现在、未来放在一起考虑，尤其要注重未来发展趋势和未来发展结果，并以此来调整，甚至决定现在的做法。也就是说，我们谋事创业既要有战略预见，又要学会见微知著、未雨绸缪。如果我们不考虑未来大趋势，有可能做出很多违背规律、违背趋势的事情。毛泽东认为，在打仗问题上也要有长远眼光，把战争看作一个长远的大过程，每次战斗都要服从最终胜利这个总目标，不要局限于一时一地的输赢，“初战的计划必须是全战役计划的有机序幕。没有好的全战役的计划，绝不能有真正好的第一仗。这就是说，即使初战打了一个胜仗，若这个仗不但不于全战役有利，反而有害时，则这个仗虽胜也只算败了。因此在打第一仗之先，必须想到第二、第三、第四以至最后一仗大体上如何打法。……没有全局在胸，是不会真的投下一着好棋子的。”毛泽东在党的七大报告中对战略思维与战略预见的关系作了深刻阐述，他认为领导干部的关键就在于有长远眼光，比一般人要看得更远，必须善于观察出常人目前看不到的趋势：“坐在主席台上，如果什么也看不见，就不能叫领导。坐在指挥台上，只看见地平线上已经出现的大量的普遍的东西，那是平平常常的，也不能叫领导。只有当着还没有出现大量的明显的东西的时候，当桅杆刚刚露出的时候，就能看出这是要发展为大量的普遍的东西，并能掌握住它，这才叫领导。”

战略思维的主要特点是相互联系的，构成一个整体。可以说，战略思维也是政治思维、全局思维、根本思维和长远思维。

三、领导干部在“战术和战略”上都要做到“勤奋”

战略思维对我们党及其党的干部，特别是各级领导干部都十分重要，这在很大程度上关乎党的事业的成败，关乎国家、民族的发展兴衰，也关乎各级领导的前程。这既是由战略思维的性质、特点及其重要作用决定的，也是党的事业及其各级领导干部的工作性质决定的。中国共产党是中华民族和中国工人阶级的先锋队，是中国的领导党和执政党，是实现改革开放和中华民族伟大复兴的中坚力量，是中国特色社会主义建设的领导核心，办好中国的事情关键在党，关键在党的干部，尤其是中高级领导干部。而办好中国的事情，关键是办好中国的大事、根本事、重要事，即关键在于抓住全局形势、主要矛盾和中心任务，亦即关键解决好维护和增进国家核心利益、重大利益和人民根本利益的事情。因此，形成具备和熟练掌握战略思维是中国共产党治国理政、执政兴国的必备要求和基本素质。

战略思维不仅是一个执政党治国理政的必需品格，也是一个领导干部造福一方的必备素质。对党和国家的领导人来说，整个国家的安全和发展是全局；对地区或部门领导干部而言，整个地区或者整个部门的安全与发展，就是“整体”或者“全局”。越是级别高的领导干部，越是负责一个更大的全局，越是承担更重要的责任。同时，领导干部与普通干部相比较，他们是地区、部门、行业的直接负责人，是地区、部门和行业发展的领军人物，领导着一定地区或范围内的工作，独当一面承担一定地区和范围内的领导事务。领导干部的思维素养，特别是战略思维能力，在很大程度上影响，甚至决定一个国家、一个地区、一个部门、一个行业的变动方向和发展状况。因此，作为领导干部，必须要有战略思维、大局意识。既要有全局思维，具备驾驭全局、协调各方的能力，处处从大局出发，处处以大局为重；又要有长远思维，具备预测未来、规划长远的本领，时刻做到居安思危，未雨绸缪。

毛泽东认为，领导干部的主要职责是制定政策和用人。制定政策不是确立战术上的任务，而是制定战略规划、搞好战略部署。抗日战争时期，毛泽东经常给领导干部讲课。后来，他回忆到，那时是三天一小讲，五天一大讲，讲政治、讲军事、讲哲学、讲历史，但是讲得最多的、最强调的就是战略，那时特别强调“提高战略空气”。领导干部要经常从战略的高度想问题，谋划整个国家、整个地区、整个部门和行业的长远发展，考虑将来大的趋势、大的方向是什么，从未来发展大势来谋划当前具体工作，做到未雨绸缪，正所谓：“凡事预则立，不预则废。”

如果整天总忙于日常具体的事务性工作，或者总爱关注芝麻细节而不能自拔，那么，就会陷入目光短浅的事务主义或文牍主义。这表面上看，似乎在日常事务性工作方面表现得十分勤奋、十分卖力，但结果很可能是偏离主方向甚至南辕北辙、劳而无功，也很可能错过或丧失事务发展的有利时机，给国家和人民带来损失。

从领导方法而言，领导干部应该更多注重战略而较少关注战术，极不应该过多关注战术而忽视战略。从这一点讲，政治就是战略，领导就是战略领导，没有战略，就没有政治，也没有领导。如果领导干部谋事创业战术性工作用力太多，那么势必战略性规划就很可能用力不够；如果领导干部对当前的事务性工作用力太多，对未来发展趋势的谋划就很可能用力不足。该多用力的地方没有用上力，不该用力的地方投入太多，造成有些地方“产能过剩”，有些地方则“产能不足”。人力、物力、财力投入也无法做到有的放矢、“精准发力”。实际上，这就是没有战略思维、战略眼光、战略谋划，“战术上的勤奋”掩盖了“战略上的懒惰”。这样的最终结果可能就是把握不准大方向，丧失发展战略机遇。当然，强调领导干部注重战略领导，并不是说领导干部可以轻视战术，或忽视战术指导。因此，领导干部不仅要做到战术上的勤奋，而且更要做到战略上的勤奋；如果不能做到战略战术上的“双勤奋”，那么首先必须做到战略上的勤奋。这是领导艺术、领导方法的基本要求。

第二节　中国共产党历来重视战略谋划和战略思维学习

无论是在革命战争年代还是和平建设、改革开放年代，中国共产党都十分重视战略问题，十分注重运用战略思维分析战略形势，制定正确的战略谋划，指导革命、建设和改革实践。

一、中国共产党在革命、建设和改革进程中一贯重视运用战略思维

中国的民主革命之所以能够以弱胜强，战胜力量强大的反动派，首先是因为中国共产党人善于运用战略思维、依靠人民群众，制定了正确的革命战略。党成立后，经过长期艰辛的革命探索，通过对中国政治经济发展不平衡、社会各阶级力量对比以及反动势力在中国农村统治力量的分析，逐渐探索出了一条区别于俄国的“农村包围城市、最后夺取全国胜利”的革命道路和革命战略。

中国共产党、人民军队和新中国的缔造者毛泽东更是伟大的战略家。早在 1936 年，为了总结土地革命战争经验，批判王明的“左”倾机会主义错误，毛泽东灵活运用唯物辩证法，写出了《中国革命战争的战略问题》一文，系统阐明了有关中国革命战争中战略方面的重大问题。1938 年，针对国民党内部少数人士的“中国必亡论”“中国速胜论”以及共产党内部轻视游击战的倾向，毛泽东发表了《论持久战》，系统分析了中国抗日战争的战争性质、中日国力对比、战争发展阶段，以及抗日战争未来发展趋势，制定了只要实行持久战就可以最终获得抗日战争胜利的革命战略。1956 年初，在生产资料私有制的社会主义改造不断取得胜利的形势下，中央开始把党和国家的工作重心转向社会主义经济建设。从 1953 年执行第一个五年计划开始，对苏联工业化的优点缺点已经有所认识。总结苏联的经验教训，走适合中国国情的工业化和经济建设道路，已成为中国共产党面临的一个重大战略问题。1956 年 2 月后，毛泽东利用两个多月的时间先后听取了 34 个部委的报告，发表了《论十大关系》，总结了我国社会主义建设的初步经验，阐述了社会主义建设必须搞好十个方面的战略统筹，提出了探索适合我国国情的社会主义发展道路和建设战略。

改革开放，可以说是邓小平带领全党全国人民实现的战略转移——从“以阶级斗争为纲”的政治斗争转向“以经济建设为中心”的现代化

建设，也可以说是邓小平及全党战略思维的大转换。改革开放不仅是邓小平倡导和实行的改变当代中国的伟大战略，而且是邓小平运用战略思维形成的重大理论和实践成果。邓小平作为中国改革开放的“总设计师”，在总结中国和世界社会主义建设经验和教训的基础上，准确把握中国和世界发展的战略形势，牢牢抓住中国发展的战略中心，正确指出中国发展的战略方向，科学规划当代中国发展的战略蓝图。针对当时世界形势和世界潮流，他作出了“和平和发展”而不是“战争与革命”的重大战略判断，认为第三次世界大战短期之内打不起来，国际形势整体上是有利于中国发展的，因此，中国必须抓住这一重要战略机遇期，战略重心必须由革命转向建设、由政治转向经济，由封闭转向开放，由计划转向市场，由对西方资本主义发达国家的敌视转向友好交往，由传统社会主义道路转向有中国特色社会主义道路。为此，邓小平对解决“中国问题”作出了正确战略谋划：改革是中国的必由之路，革命是解放生产力，改革也是解放生产力；发展是硬道理，解决当代中国问题的关键是经济发展、经济建设，而不是阶级斗争、政治运动；社会主义的本质首先是解放和发展生产力，最终是实现共同富裕；市场和计划都是手段，社会主义可以搞市场经济；物质文明和精神文明、经济建设与法制建设、发展与稳定，两手都要抓，两手都要硬；社会主义现代化建设要坚持“三步走”的战略，等等。同时，针对中国整体落后的基本面貌，邓小平阐述了“先富与后富”“东部与西部”的“两个大局”协调发展的战略思路，提出了“一部分人一部分地区先富起来，先富带动后富”的非均衡发展战略。所谓“先富与后富”“东部与西部”的“两个大局”发展战略，即一个大局就是东部沿海地区加快对外开放，先发展起来，中西部地区要支持东部，顾全这个大局；另外一个大局就是当东部地区发展到一定的时期，东部地区要拿出更多的力量帮助中西部地区加快发展，东部沿海地区也要服从这个大局。针对有人认为改革开放会影响中国的国体政体的担忧，他提出了坚持“四项基本原则”作为战略保障。邓小平的战略思维具有强烈的时代特征和中国特色，对当代中国的发展具有重大的现实意义和深远的历史影响。

每一历史阶段之于一个国家和民族的发展进步虽然都具有不可替代的价值，但是每一历史阶段的重要性却并不是相同的，有的历史阶段属于一般时期，有的则属于特殊时期，即属于重大战略转折或发展机遇期。在重大战略转折或发展时期，国家领导层的战略思维能力在很大程度上具有决定性意义。如果具有与时代发展相一致的战略思维，就能把握发展的战略机遇，推动国家走向健康快速发展的轨道；反之，则会丧失战略机遇期，使一个国家停滞不前甚至倒退。因此，我们党历来十分强调战略思维之于革命、建设和改革发展的重要意义，也历来十分重视领导干部，特别是高级领导干部战略思维的培育和训练。20 世纪 30 年代，毛泽东强调指出，革命队伍中的指战员必须懂得中国革命战争的战略问题，必须懂得中国革命战争的唯物论和辩证法。40 年代末，毛泽东又强烈要求党的领导干部必须从中国革命的新情况出发，战略的重心要从比较熟悉的军事领域转向不熟悉的经济建设上来，要谦虚谨慎、善于学习自己不懂的东西。20 世纪 70 年代末 80 年代初，邓小平讲得最多的就是解放思想、实事求是，他反复强调，各级领导干部要不断解放思想，使思想与不断发展的世界形势和中国现代化建设的需要相一致。邓小平讲的解放思想，其实就是转换思维方式，特别是转换对重大问题的认识和思维方式，即战略思维方式。思想不解放，思维方式不解放，战略思维不解放，就不可能确立符合中国实际的发展战略。因此，邓小平强调要面向世界、面向现代化、面向未来，不断加强学习，大胆解放思想，形成与世界、现代化和未来相一致的思想和思维方法，确立与世界、现代化和未来相统一的发展战略。邓小平还接受陈云的建议，要求全党同志认真学习哲学，掌握马克思主义的世界观和方法论。如前所述，哲学思维是战略思维的基础，如果领导干部有了丰厚的哲学理论知识，具有了较为深厚的哲学思维素养，就会容易形成和提高战略思维能力，在处理重大问题时，就会从整体和大局上着眼和下手，党和国家的事业就会较顺利地取得成功。

习近平同志十分重视战略思维能力和战略谋划能力在制定、实施重大战略中的重要作用。2010 年 2 月，他在“省部级主要领导干部深入贯彻落实科学发展观加快经济发展方式转变专题研讨班”上强调，加快经济发展方式转变，是关系我国经济发展方向的重大战略，对党的执政能力建设和先进性建设提出了新的要求。为此，他要求各级领导干部努力掌握和善于运用贯穿于科学发展观之中的马克思主义立场、观点和方法，不断提高战略思维、创新思维、辩证思维能力，增强工作的原则性、系统性、预见性、创造性。这里他实际上是在强调伟大战略需要高超战略思维能力，要把学习马克思主义立场、观点、方法与提高战略思维能力结合起来、联系起来，强调提高战略思维能力离不开马克思主义的指导，中国共产党人应该从马克思主义那里汲取战略思维能力和战略思维素养。在纪念邓小平同志诞辰 110 周年座谈会上，习近平同志指出：“我们纪念邓小平同志，就要学习他高瞻远瞩的战略思维。战略思维……永远是中国共产党人应该树立的思维方式。”“我们要学习邓小平同志‘放眼世界，放眼未来，也放眼当前，放眼一切方面’的世界眼光和战略思维，学习他善于抓住关键、纲举目张的思想方法和工作方法，站在时代前沿观察思考问题，把党和人民事业放到历史长河和全球视野中来谋划，以小见大、见微知著，在解决突出问题中实现战略突破，在把握战略全局中推进各项工作。”①

二、新一届党中央十分重视战略思维能力学习和培养

战略思维与一般的理性思维和实践智慧的作用十分不同，对党和国家事业的兴衰成败具有特殊影响和重要意义。在国际形势变幻不定、发展的不确定性明显增强，中国特色社会主义建设任务更加艰巨复杂的大

① 习近平：《在纪念邓小平同志诞辰 110 周年座谈会上的讲话》，新华网 2014 年 8 月 20 日。

背景下，领导干部的战略思维能力更具有特别的重要性。加强战略思维能力的学习和培育，提高战略思维能力是我们党和国家的事业对各级领导干部特别是中高级领导干部的迫切需要，也是党的教育培训机构在培养和轮训各级领导干部的重点科目。2010 年 6 月，在同中央党校领导谈到对学员的要求时，习近平同志从党的事业对各级领导干部能力素质的要求和培训中高级领导干部的方法这个角度指出，我们党十分需要有一批“踱方步”的人。他说，所谓“踱方步”，就是长时间地踱着“四方步”，深思党、国家和民族的未来大事。一个普通人，一生中会要拿出一定的时间来“踱方步”，思考过去的成败得失，总结经验教训。中央党校的学员更要“踱方步”，思考中国共产党和中国近百年的奋斗历程，总结经验教训，规划未来发展大计。

据有关专家考证，习近平同志并不是第一个提出“踱方步”来考虑战略问题。“踱方步”最初是陈云对计划经济时代领导干部素质的一个要求。1955 年 1 月，陈云先后赴天津、上海考察市场、商业批发和粮食统购统销等情况，他发现国营和合作社商业存在许多问题，这些问题的存在与国营和合作社商业的工作人员缺乏管理经验有很大关系。1955 年 1 月 25 日，陈云在中共中央上海局会议上提出，国有商业经营管理人员对社会主义商业活动和商业规律的把握还不够深入，要搞好社会主义商业必须留用那些“头戴瓜皮帽，手拿水烟袋”的旧社会商人，意在利用他们的经营经验和善于思考经营中战略性问题的优势，促进社会主义商业的发展。1956 年 7 月 21 日，他在全国各省、自治区、直辖市商业、农产品采购厅局长和供销合作社主任会议的讲话中又说：“过去旧商人中，有一种头戴瓜皮帽、手拿水烟袋的，他们专门考虑‘战略性问题’，比如什么货缺，应该什么时候进什么货。我们县商店的经理一天忙得要死，晚上还要算账到十二点，要货时，再开夜车临时凑。看来，我们的县商店，也应该有‘踱方步’专门考虑‘战略性问题’的人。”前后一年半时间，陈云从利用那些“头戴瓜皮帽、嘴叼水烟袋”的旧社会商人经验，到要求国营商业经营者也要“踱方步”、考虑“战略性问题”，这其实是个认识上的巨大进步。也就是说，从利用别人的战略思维到自己能够自觉地运用战略思维来指导自己商业实践。进入改革开放新时期后，针对国家经济管理机关的各级干部，由于日常性事物缠身，没有时间进行战略性思考，缺乏有远见的战略家，不善于进行战略思维，对经济发展和经济腾飞十分不利，他开始反复强调经济管理机关领导干部要注重思考战略问题。1982年1月25日，他在同国家计划委员会负责同志座谈时说：现在我们的经济机关，不大考虑这方面的问题，我们要有旧社会“踱方步”“头戴瓜皮帽”“口叼水烟袋”那样的战略家，来思考战略问题，国家计委要管“战略”方面的事情。1990年6月，他在一次同有关领导同志谈话时再次语重心长地说：“你们现在的工作，比我们那个时候要难做。而且，有许多紧急事情要处理。”但是，“要拿出一定时间‘踱方步’，考虑战略性的问题。”陈云的话，是他积数十年领导工作的经验之谈，也是治国理政的重要经验之谈。陈云“踱方步”思想就是希望领导干部能够拿出时间谋划全局性、根本性、长远性、规律性问题，从根本上解决问题。在改革的攻坚期、发展的关键期，习近平同志重提陈云“踱方步”思想，对当前各级领导干部忙于日常具体政务而疏于思考宏观长远的战略问题有着特殊指向。

习近平同志强调战略思维对各级领导干部特别重要，各级党校都要把战略思维列为培训的重要内容，学员也自觉地把提高战略思维能力作为学习的主要任务和主要方向。2012年习近平同志语重心长地再次指出，学员到党校学习一般的知识经验虽然重要，但是培养战略思维、哲学思维更为重要。高中级领导干部，对于那些有益于掌握工作技巧、有益于提高驾驭工作能力的一般知识和经验，是需要注意学习的，但是还要注意学习正确认识客观事物、做好领导工作所必须具有的辩证思维、战略思维、全局思维、创新思维等方面的知识和经验。他认为，毛泽东等老一辈革命家，之所以能够在我国革命和建设过程中领导我们党一次又一次地转危为安，就是因为他们是马克思主义政治家、战略家，具有辩证思维、战略思维、全局思维、创新思维，具有远大眼光，因而能够作出正确的判断和决策，制定并坚持正确的路线、方针和战略。现在，我们要全面建成小康社会和实现社会主义现代化，有许许多多的重大问题需要进行战略谋划。凡是涉及我国经济、政治、文化、社会、生态、外交、国防和党的建设等全局性的重大问题，都需要从战略上进行思考、研究和筹谋；凡是涉及改革发展稳定工作中的各种重大问题，也都需要从战略上拿出治本之策。为此，他要求，党的高中级领导干部到中央党校学习，一定要注重在养成辩证思维、战略思维、全局思维、创新思维能力上下功夫。各级领导干部尤其要努力学会运用马克思主义世界观、方法论观察世界全局和时代发展趋势，努力掌握更多的国际问题基本知识和战略科学知识，努力增强工作的原则性、系统性、预见性、创造性，努力提高对现实问题进行战略思考和政治决断的能力。

2012 年 9 月，在中央党校秋季学期开学典礼上的讲话中，习近平同志特别强调领导干部学习理论的重要性，解释了我们党创办中央党校的主要作用——提高各级领导干部的理论水平。他说，延安时期，毛泽东亲自兼任中央党校校长时说："我们办党校，就是要使我们同志的政治水平和理论水平提高一步，使我们党更加统一。"习近平同志认为，毛泽东这段话已经把党校教学的重点和学员学习的目的讲得很明确，就是通过学习提高领导干部的政治水平和理论水平，把大家的思想统一到党的路线方针政策上来，更加自觉地维护党的统一。毛泽东的这个论断，在今天和今后的党校学习中还没有过时，仍然适用。中央党校是轮训培训党的高中级干部和理论骨干的最高学府，是学习、研究、宣传马克思列宁主义、毛泽东思想、邓小平理论、"三个代表"重要思想以及科学发展观的重要阵地，是进行党性锻炼的重要渠道。领导干部进党校，最重要的是学习党的基本理论，提高理论素养。这是党校姓"党"的重要体现，也是党校同普通高等学校的主要区别。他认为理论学习十分重要，现在我们的干部特别是年轻干部，最重要也是最需要注意并切实解决好的是理想信念问题和思想作风问题，最需要加强的是理论教育。领导干部无论在党校学习还是在平时工作中学习，都要高度重视理论学习，自觉提高政治水平和理论水平。理论修养是干部综合素质的核心，理论上的成熟是政治上成熟的基础。学习和掌握理论的深度，直接影响甚至决定着一个领导干部的政治敏感程度、思维视野广度和思想境界高度。为此，他要求，各级领导干部要进一步提高对学习理论重要性的认识，坚持不懈地学习党的基本理论，努力掌握马克思主义立场、观点、方法，增强坚持中国特色社会主义道路、理论体系、制度的自觉性和坚定性。

党的十九大召开前夕，习近平同志在中央党校发表重要讲话，他强调指出，战略问题是一个政党、一个国家的根本性问题。战略上判断得准确，战略上谋划得科学，战略上赢得主动，党和人民事业就能不断前进。因此，“全党要提高战略思维能力，不断增强工作的原则性、系统性、预见性、创造性”“增强理论自信和战略定力”。

第三节　履行新时代党的历史使命需要战略思维支撑

“经过长期努力，中国特色社会主义进入了新时代，这是我国发展新的历史方位。”“这个新时代，是承前启后、继往开来、在新的历史条件下继续夺取中国特色社会主义伟大胜利的时代，是决胜全面建成小康社会、进而全面建设社会主义现代化强国的时代，是全国各族人民团结奋斗、不断创造美好生活、逐步实现全体人民共同富裕的时代，是全体中华儿女勠力同心、奋力实现中华民族伟大复兴中国梦的时代，是我国日益走近世界舞台中央、不断为人类作出更大贡献的时代。”新时代中国共产党的历史使命是团结带领全国人民实现中华民族伟大复兴，实现近代以来中华民族最伟大的梦想。

一、新时代中国特色社会主义建设的战略目标

战略目标是依据国内国际形势和历史运行的趋向，对国家和民族未来发展愿景的一种前瞻性的战略考量，是科学性、预见性、现实性、可能性的有机统一。新时代我们党和国家的战略目标，就是实现“两个一百年”奋斗目标，实现中华民族伟大复兴的中国梦。

实现中华民族伟大复兴的中国梦，就是要把我国建成一个富强民主文明和谐美丽的社会主义现代化国家。改革开放之初，我们党就重新确立我国建设现代化的战略任务，对我国社会主义现代化建设作出了战略安排，提出了“三步走”战略目标。解决人民温饱问题、人民生活总体上达到小康水平这两个目标已提前实现。在这个基础上，我们党提出了“两个一百年”奋斗目标：到建党一百年时建成经济更加发展、民主更加健全、科教更加进步、文化更加繁荣、社会更加和谐、人民生活更加殷实的小康社会；到新中国成立一百年时，基本实现现代化，把我国建成社会主义现代化国家。

党的十九大在新的历史起点上根据我国实际的新变化和发展的新趋势，综合分析国际国内形势和我国发展条件，对实现“两个一百年”奋斗目标进行了新的战略部署和规划。

从2017年到2020年，是全面建成小康社会决胜期。在此期间，建成得到人民认可、经得起历史检验的全面小康社会。

从十九大到二十大，是“两个一百年”奋斗目标的历史交汇期。我们既要全面建成小康社会、实现第一个百年奋斗目标，又要乘势而上开启全面建设社会主义现代化国家新征程，向第二个百年奋斗目标进军。

党的十九大对全面建成小康社会后的现代化建设目标作了新的战略安排，即从2020年到本世纪中叶的30年划分出了“基本实现社会主义现代化”和“建成社会主义现代化强国”两个战略发展阶段。第一个阶段，从2020年到2035年，在全面建成小康社会的基础上，再奋斗15年，基本实现社会主义现代化。第二个阶段，从2035年到本世纪中叶，在

基本实现现代化的基础上，再奋斗 15 年，把我国建成富强民主文明和谐美丽的社会主义现代化强国。

从全面建成小康社会到基本实现现代化，再到全面建成社会主义现代化强国，是新时代中国特色社会主义发展的战略安排。实现这一战略安排，完成战略任务，谱写现代化新征程的壮丽篇章，需要落实既定发展战略，构建新的发展战略，制定新的战略规划，进行新的战略实施。要做到、做好这一切，一刻也离不开战略思维的支撑。

二、实现“伟大梦想”需要战略思维支撑

“实现中华民族伟大复兴是近代以来中华民族最伟大的梦想。”虽然今天我国比历史上任何时期都更接近、更有信心和能力实现中华民族伟大复兴的目标，但是，中华民族伟大复兴绝不是轻轻松松、敲锣打鼓就能实现的，需要全党、全国各族人民付出更为艰巨、更为艰苦的努力。

党的十九大科学分析当前国际国内形势，开启了进行伟大斗争、建设伟大工程、推进伟大事业、实现伟大梦想的新征程。党的十九大报告认为，要实现“伟大梦想”，必须推进“伟大事业”，必须进行“伟大斗争”，必须建设“伟大工程”。“四个伟大”是相互联系、相互制约的有机整体，其中任何一个离开其他部分都不能获得完整的政治意义、历史意义与实践价值。“伟大事业”“伟大斗争”和“伟大工程”是为了实现中华民族伟大复兴的“伟大梦想”。实现中华民族伟大复兴的“伟大梦想”，是“伟大事业”“伟大斗争”和“伟大工程”的落脚点和归宿。也就是说，“伟大梦想”是目标，“伟大事业”“伟大斗争”“伟大工程”是手段、方式。“伟大梦想”必须是在推进“伟大事业”、开展“伟大斗争”和建设“伟大工程”的伟大实践中实现的。要实现“伟大梦想”，必须推进“伟大事业”，因为中国特色社会主义伟大事业是实现中华民族伟大复兴“伟大梦想”的“必由之路”。要推进“伟大事业”，就必须进行具有新的历史特点的“伟大斗争”。因为发展中国特色社会主义“伟大

事业”是一项十分艰巨的任务，并不是轻而易举、轻轻松松的事情，需要应对众多风险和挑战，必须进行“伟大斗争”。要进行“伟大斗争”，就必须推进党的建设这一“伟大工程”。因为中国共产党是中国特色社会主义“伟大事业”的领导核心，是从事新的“伟大斗争”的主体力量。党的能力素质关乎“伟大事业”“伟大斗争”的成败。可以说，“伟大工程”决定着“伟大斗争”“伟大事业”和“伟大梦想”。总之，“伟大斗争”“伟大工程”围绕“伟大事业”“伟大梦想”来进行和展开，且服务于“伟大事业”和“伟大梦想”；“伟大事业”要求进行“伟大斗争”，召唤“伟大工程”“伟大斗争”“伟大工程”支撑“伟大事业”；只有通过“伟大斗争”和“伟大工程”来破解“伟大事业”中的矛盾、难题和问题，才能实现“伟大梦想”。“四个伟大”彰显出中国共产党的世界眼光和战略思维。为了更好地统揽“四个伟大”，全党同志、领导干部，特别是中高级领导干部要提高战略思维能力，提升战略自信，保持战略定力。

（一）推进“伟大事业”，需要战略思维支撑

党的十九大报告指出：“实现伟大梦想，必须推进伟大事业。中国特色社会主义是改革开放以来党的全部理论和实践的主题，是党和人民历尽千辛万苦、付出巨大代价取得的根本成就。中国特色社会主义道路是实现社会主义现代化、创造人民美好生活的必由之路，中国特色社会主义理论体系是指导党和人民实现中华民族伟大复兴的正确理论，中国特色社会主义制度是当代中国发展进步的根本制度保障，中国特色社会主义文化是激励全党全国各族人民奋勇前进的强大精神力量。”

改革开放40年来，我们党团结带领全国各族人民，紧紧围绕坚持和发展中国特色社会主义这个主题，顺应实践要求和人民愿望，迎难而上、开拓进取、不懈奋斗，推动党和国家事业发生历史性变革，取得历史性成就，我国经济实力、科技实力、国防实力、综合国力进入世界前列，国际地位实现前所未有的提升，我们党、国家、人民、军队、中华民族的面貌发生了前所未有的变化。40年改革开放的历史充分证明，中

国特色社会主义是实现社会主义现代化、创造人民美好生活的必由之路，是实现伟大梦想唯一正确的选择。

中国特色社会主义经过40年的大发展，进入了新时代，进入了新的历史方位。在新的历史条件下继续夺取中国特色社会主义伟大胜利，继续把中国特色社会主义事业推向新的历史阶段，目标更为宏大，任务更为艰巨，环境更为艰险，道路更为艰难，实践更为艰巨，责任更为重大。这就更需要从战略的高度看问题、出谋略、做事情，即更需要战略思维作支撑。

中国特色社会主义伟大事业的开创性，要求有战略思维的强力支撑。邓小平指出，在中国搞社会主义，马克思没说过，列宁也没说过，是件全新的事业。新中国成立后，经过30年的摸索和曲折发展，我们才确立走中国特色社会主义这一适合国情的正确道路，体现了中国共产党人的伟大创造。发展中国特色社会主义，是前无古人的伟大事业。正是因为它的“前无古人”，所以才具有巨大的挑战性和创新性。毛泽东在1936年认为，在中国从事无产阶级革命战争是件新鲜事。要取得革命战争的胜利，不仅要研究一般战争的规律、革命战争的规律，而且更要弄清楚中国革命战争的规律。不懂得这些，就不能在中国革命战争中打胜仗。因此，必须要懂得这些战争的规律。然而，要懂得这些，就必须懂得战争的全局。因为“只要有战争，就有战争的全局”，“研究带全局性的战争指导规律，是战略学的任务”，各级指挥员要了解和掌握某种程度的战略上的规律。[①] 要从战略上研究战争，了解全局性的战争指导规律，就必须拥有和提高战略思维能力。邓小平认为，搞改革开放、搞中国特色社会主义，是中国的第二次革命，是很大的试验，是书本上没有的。新事物、新问题必定会层出不穷，要善于研究新事物、新问题，找到新方法、新途径。建设中国特色社会主义，各地各领域都要有自己的特色，要有创造性。为此，必须深入研究人类社会发展的规律，

---

① 《毛泽东选集》第1卷，人民出版社1991年版，第171—175页。

中国特色社会主义的建设规律，以及中国共产党的执政规律。习近平同志指出：改革开放是前无古人的崭新事业，必须坚持正确的方法论，在不断实践探索中推进。推进局部的阶段性改革要在加强顶层设计的前提下进行，加强顶层设计要在推进局部的阶段性改革开放的基础上来谋划。要加强宏观思考和顶层设计，更加注重改革的系统性。正确的方法论、宏观思考、顶层设计等等，无一能离开战略思维，或者说，它们本身就是战略思维。

中国特色社会主义目标任务的艰巨性，需要有战略思维的强力支撑。新时代中国特色社会主义目标是全面建成小康社会和现代化强国。根本任务是发展生产力、不断提高人民的生活质量和水平，实现人民对美好生活的向往。其具体任务，是按照"五位一体"总体布局和"四个全面"战略布局要求，发展社会主义市场经济、发展社会主义民主政治、繁荣社会主义文化、提高民生保障和社会治理水平、加强生态文明建设和党的建设伟大工程，涵盖经济、政治、文化、社会、生态、党建、军事、外交等等，目标之伟大、内容之繁多、任务之艰巨，也是前所未有的，超过中国社会发展的任何一个历史阶段。另外，中国特色社会主义事业越向前推进、越向高处发展，新情况新问题不会是越来越少，而是会越来越多，面临的风险和挑战也会越来越多，面临的不可预料的事情更会越来越多。为此，我们必须增强忧患意识，做到居安思危。要提高战略思维能力，站在新的历史起点上提出新的思路、新的战略、新的举措，进一步统筹推进"五位一体"总体布局、协调推进"四个全面"战略布局，决胜全面建成小康社会，努力建成社会主义现代化国家、实现中华民族伟大复兴的中国梦。

中国特色社会主义所处环境的复杂性，需要有战略思维的强力支撑。国际上，世界力量正在发生转移，大国关系出现重大调整，发展中国家群体性崛起，局部地区发生动荡混乱。世界各国的政治力量、政治关系日趋复杂多变，以前那种"左""右"关系出现了新的变化和特点。过去那些传统的思维方式和方法，已经远远不能胜任对当今国际形势和各种政治力量的分析和把握了。如果我们不能尽快提高战略思维的前瞻性、长远性，不能更新战略思维模式，就很有可能出现战略误判和战略失误，从而造成战略损伤。在国内，社会阶层、利益主体、思想观念出现分化，利益固化格局客观存在，政府公信力、民众创造力、社会凝聚力有待提高，社会发展动力、社会创新活力不足，社会和谐稳定因素不够，各种社会矛盾、问题、困难、风险、挑战交织在一起。党的十九大报告指出："我们的工作还存在许多不足，也面临不少困难和挑战。主要是：发展不平衡不充分的一些突出问题尚未解决，发展质量和效益还不高，创新能力不够强，实体经济水平有待提高，生态环境保护任重道远；民生领域还有不少短板，脱贫攻坚任务艰巨，城乡区域发展和收入分配差距依然较大，群众在就业、教育、医疗、居住、养老等方面面临不少难题；社会文明水平尚需提高；社会矛盾和问题交织叠加，全面依法治国任务依然繁重，国家治理体系和治理能力有待加强；意识形态领域斗争依然复杂，国家安全面临新情况；一些改革部署和重大政策措施需要进一步落实；党的建设方面还存在不少薄弱环节。这些问题，必须着力加以解决。"由于我国各地发展水平不均衡，世界上现存的多种社会形态的状况，我国都存在。看一线大城市，繁荣堪比欧美；看西部农村，贫穷超过非洲。前现代、现代、后现代的问题，在我国都有。贫穷的问题、走向富裕的问题、富裕之后的问题，我国都要着力解决。可以说，现今我国既处于新中国成立以来取得最大历史成就的时期，又处在面临难题最集中的时期。要真正解决好这众多的疑难杂症，没有创新思维、战略思维等是难以奏效的。

中国特色社会主义进入新时代的新要求，需要有战略思维的强力支撑。进入新时代，中国社会发展处于新的历史方位。根本特征在于我国社会的主要矛盾发生了重大转化，即由人民日益增长的物质文化需要同落后的社会生产之间的矛盾已经转化为"人民日益增长的美好生活需要和不平衡不充分的发展之间的矛盾"。我国社会主要矛盾的变化是关系全局的历史性变化，对党和国家工作提出了许多新要求。人民群众对美好生活的需要日益广泛，不仅对物质文化生活提出了更高要求，而且在民主、法治、公平、正义、安全、环境等方面的要求日益增长。虽然我国社会生产力水平总体上显著提高，社会生产能力在很多方面进入世界前列，但是更加突出的问题是发展不平衡不充分，这已经成为满足人民日益增长的美好生活需要的主要制约因素。为此，我们要在继续推动发展的基础上，着力解决好发展不平衡不充分问题，大力提升发展质量和效益，更好满足人民在经济、政治、文化、社会、生态等方面日益增长的需要，更好推动人的全面发展、社会全面进步。

我国社会主要矛盾的历史性转化、对党和国家工作要求的变化，也对党提高战略思维能力提出了新的更高的要求。适应新方位，担当新使命，需要以更宽广的视野、更长远的眼光来思考和把握国家未来发展面临的重大战略问题，不断进行理论创新；需要以更坚定的立场、更科学的方法制定大政方针、发展战略和各项政策，不断进行制度创新；需要以更坚决的意志、更有力的行动应对重大挑战、抵御重大风险、克服重大阻力、解决重大矛盾，不断进行实践创新。而要真正实现理论、制度和实践的创新，同样一刻也离不开创新思维、战略思维的支撑。

（二）进行“伟大斗争”，需要战略思维的强力支撑

党的十九大报告指出：“实现伟大梦想，必须进行伟大斗争。社会是在矛盾运动中前进的，有矛盾就会有斗争。我们党要团结带领人民有效应对重大挑战、抵御重大风险、克服重大阻力、解决重大矛盾，必须进行具有许多新的历史特点的伟大斗争。”全党同志必须发扬斗争精神，提高斗争本领，不断夺取伟大斗争新胜利。这里讲的“斗争本领”，应该包括提高战略思维的本领。因为任何斗争首先是战略上的争夺，任何斗争的胜利首先是战略上的制胜。没有战略上的胜利就不可能有斗争全局上的胜利。

“进行具有许多新的历史特点的伟大斗争”，是党的十八大首先提出的一个重要命题。党的十九大重提这一命题，并且与其他“三个伟大”一起着重进行阐述，具有特殊的战略地位和意义。在中国特色社会

主义进入新时代这一特殊的历史阶段，进行具有许多新的历史特点的伟大斗争，其实质就是要以敢于斗争的革命胆略和善于斗争的科学方略，为推进“伟大事业”和实现“伟大梦想”排除障碍和干扰，化解危机和风险，增强动力和活力。当今，受国际国内诸多特定因素的影响和制约，实现现代化和民族复兴的“伟大梦想”绝不是轻而易举、一帆风顺的，绝不是轻轻松松、敲锣打鼓就能成功的，必须应对重大挑战、抵御重大风险、克服重大阻力、解决重大矛盾，因而必须通过进行具有许多新的历史特点的伟大斗争。发展中国特色社会主义、实现“伟大梦想”，机遇前所未有，挑战也前所未有。把握机遇、应对挑战，必须进行伟大斗争，任何贪图享受、消极懈怠、回避矛盾的思想和行为都是无济于事的，都是错误的。应当说，进行具有许多新的历史特点的伟大斗争，是我们党针对新的形势和任务作出的重大战略判断和战略抉择。

在新时代，我们要进行哪些“伟大斗争”呢？应该说，我们要进行的伟大斗争是由中国共产党所肩负的伟大历史使命决定的，也是由中国特色社会主义伟大事业及其重大任务决定的。伟大历史使命所承载的重大历史任务决定了伟大斗争的内容和任务。从这个意义上说，我们进行的伟大斗争就是实现伟大理想、推进伟大事业的斗争，就是以巨大的勇气、胆识、智慧和意志着力解决在新时代这一历史进程中客观存在和出现的各种社会矛盾和问题，不断满足人民对美好生活的向往需要。有学者认为，“伟大斗争”可分为作为客观存在的斗争形式和作为主观精神状态和实践行动的“斗志”。客观存在的斗争主要有：

（1）资源争夺，即世界范围内的资源竞争；

（2）金融领域的斗争；

（3）市场争夺，即为争夺世界市场和中国市场而展开的斗争；

（4）意识形态斗争；

（5）反腐败斗争；

（6）网络斗争；

（7）反民族分裂主义的斗争；

（8）空间争夺。[①]

党的十九大报告归纳了以下几个方面的斗争：一是坚持党的领导和我国社会主义制度、反对削弱、歪曲、否定党的领导和我国社会主义制度的斗争；二是维护人民利益、反对损害人民利益与脱离群众的斗争；三是投身改革创新时代潮流、坚决破除一切顽瘴痼疾的斗争；四是维护国家主权、安全、发展利益，反对分裂祖国、破坏民族团结和社会和谐稳定的斗争；五是防范各种风险，战胜一切在政治、经济、文化、社会等领域和自然界出现的困难和挑战的斗争。

党的十九大报告认为，我们正在进行的这场具有新的历史特点的伟大斗争具有长期性、复杂性、艰巨性。伟大斗争的这三个特点也是由发展中国特色社会主义伟大事业和实现中华民族伟大复兴的“伟大理想”及其所处的环境决定的。伟大斗争的长期性是由发展中国特色社会主义的长期性决定的。虽然中国社会进入新时代，但是，“我国仍处于并将长期处于社会主义初级阶段的基本国情没有变，我国是世界最大发展中国家的国际地位没有变”。社会主义初级阶段的这一最大国情、最大实际的长期性，决定了发展中国特色社会主义和实现民族复兴是一个长期的历史进程，决定了我们必须进行长期的奋斗和斗争。伟大斗争的复杂性是由发展中国特色社会主义所处的环境、承载的任务、需要解决的问题的复杂性决定的。当今世界似乎是处在大转型的关口，各种政治力量、民族力量、军事力量、科技力量以及文化力量等相互交织、共同作用，全球化的力量和逆全球化的力量相互碰撞，既带来了世界文明的巨大进步，又引起了许多新的不确定的因素。中国作为后发型大国，在奔向现代化和民族复兴的进程中，要实现方方面面和整体上的历史性跨越，其任务是异常艰巨复杂的。中国发展、改革所触及的诸多矛盾和问题，也是盘根错节的，甚至是矛盾之中还有矛盾，问题背后还有问题。

---

① 韩庆祥：《“伟大斗争”的基本内涵及新形式新特点》，《马克思主义研究》2015年第1期。

我国正处于面临诸多风险的矛盾凸显期，已进入社会矛盾的高发多发期，各种矛盾、各类问题相互交织、叠加、纷繁复杂，面临的形势十分复杂，需要应对的挑战十分严峻。面对错综复杂的斗争形势、面对艰巨的斗争任务，如何做到既防止顾此失彼，又分清轻重缓急，既抓住矛盾的要害，又扭住问题的症结，既灵活驾驭主动，又准确把握时机、拿准尺度，始终是改革、发展中需要认真研究和解决的大课题、大难题。如果不能从战略上去重视、考量这些课题和难题，不能从战略上拿出切实可行的举措，不去积极进行具有许多新的历史特点的伟大斗争，“伟大事业”“伟大梦想”就有可能陷入困境，就有可能半途而废，甚至功亏一篑。

（三）建设“伟大工程”需要战略思维的强力支撑

党的十九大报告明确指出：“实现伟大梦想，必须建设伟大工程。这个伟大工程就是我们党正在深入推进的党的建设新的伟大工程。”

中国共产党是推进“伟大事业”、进行“伟大斗争”、实现“伟大梦想”的领导核心。我们党自成立那一天起，就义无反顾地把实现中华民族伟大复兴作为自己肩负的历史使命，团结带领人民进行了艰苦卓绝的斗争，谱写了气吞山河的壮丽史诗。为实现民族复兴的“伟大梦想”，党领导全国人民推翻了“三座大山”，建立新中国，实现了民族的独立、人民的解放和国家的统一；新中国成立后，党带领人民完成了社会主义革命，确立社会主义基本制度，推进社会主义建设，完成了中华民族有史以来最为广泛而深刻的社会变革；接着又进行改革开放新的伟大革命，开辟了中国特色社会主义道路和现代化建设的新征程。历史已经并将继续证明，只有中国共产党才是实现民族复兴的领导核心，只有坚持和完善党的领导，民族复兴的伟业才能顺利完成，“没有中国共产党的领导，民族复兴必然是空想。”

历史和人民之所以会选择中国共产党，我们党之所以能成为中国革命、建设和改革的主心骨，成为中国特色社会主义事业的领导核心，成为实现中华民族伟大复兴的领导力量，根本原则在于我们党的先进性，在于我们党一直是时代先锋、民族脊梁，始终是全心全意为人民服务和为民族复兴而奋斗的党。然而，世界是运动变化发展的。过去先进并不意味着今后便一定先进，今天拥有并不意味着明天也能拥有。我们党要始终成为马克思主义执政党、成为中国特色社会主义伟大事业和实现民族复兴伟大梦想的坚强领导力量，“自身必须始终过硬”。要始终做到“自身过硬”，就必须不断加强党的自身建设，建设“伟大工程”，“把党建设成为始终走在时代前列、人民衷心拥护、勇于自我革命、经得起各种风浪考验、朝气蓬勃的马克思主义执政党”。

建设“伟大工程”是进行“伟大斗争”、推进“伟大事业”、实现“伟大梦想”的根本保证。“伟大工程”的建设质量决定着伟大斗争能否胜利、伟大事业能否成功和伟大梦想能否实现。开展“伟大斗争”、推进“伟大事业”、实现“伟大梦想”的长期性、复杂性、艰巨性和挑战性要求党的建设工程必须牢固、先进、保质保量。中华民族伟大复兴绝不是轻轻松松就能实现的。习近平同志多次强调：“想一帆风顺推进我们的事业，想顺顺当当实现我们的奋斗目标，那是不可能的。可以预见，在今后的前进道路上，来自各方面的困难、风险、挑战肯定还会不断出现。”进行具有许多新的历史特点的伟大斗争，实现决胜全面建成小康社会和坚持现代化强国的目标任务，关键在党。关键在党，就要确保党在发展中国特色社会主义历史进程中始终成为坚强领导核心，始终保持自身过硬。“自身过硬”，不仅要硬在思想、立场、制度、组织、纪律、作风，而且要硬在思想方法、思维方式、工作方式等方面。

从总体上看，我们党在各方面还是过硬的，党的领导也是坚强有力的。但也必须清醒地看到，我们党自身还存在许多问题和不足，精神“缺钙”、立场不稳、纪律松散、能力缺陷、本领“恐慌”、腐败蔓延等问题还比较突出，还存在大量与“伟大斗争”“伟大事业”和“伟大梦想”的要求不相适应的方面。党的十九大报告指出：“清醒认识到，我们党面临的执政环境是复杂的，影响党的先进性、弱化党的纯洁性的因素也是复杂的，党内存在的思想不纯、组织不纯、作风不纯等突出问题尚未得到根本解决。”我们党面临着“四大考验”，即执政考验、改革开放考验、市场经济考验、外部环境考验，这“四大考验”具有长期性和复杂性；我们党还面临着“四大危险”：精神懈怠危险、能力不足危险、脱离群众危险、消极腐败危险，这“四大危险”具有尖锐性和严峻性。要解决好存在的问题，有效化解存在的危险、经受住重大考验，是对我们党政治智慧、执政能力的直接检验。可以说，我们党在新时代面临一场更为残酷的“考试”。能不能给历史和人民交出合格的、优秀的答卷，关键看能不能真正做到“全面从严治党”。为此，党的十九大报告指出：必须“坚持问题导向，保持战略定力，推动全面从严治党向纵深发展”。

所谓“坚持问题导向”，就是树立“问题意识”，坚持以解决存在的问题为中心，在不断解决问题中提高本领，在不断解决问题中推动事业向前发展。对此，习近平同志多次强调，领导干部特别是高级领导干部要具有“问题意识”和“担当精神”。他指出：要有强烈的问题意识，以重大问题为导向，抓住关键问题进一步研究思考，着力推动解决我国发展面临的一系列突出矛盾和问题。我们中国共产党人干革命、搞建设、抓改革，从来都是为了解决中国的现实问题。革命由问题而产生，改革由问题而启动；革命是在不断解决问题中取得胜利的，改革也是在不断破解问题中得以深化的。所以说，中国革命、建设、改革的事业是在不断解决问题中前进和取得成功的。然而，要树立问题意识，要成功地解决问题，首先必须发现问题，进而研究分析问题，提出和制定解决问题的思路、对策、方案。这一切都离不开主体的思维层次和能力，尤其是战略思维能力。从某种意义上说，思维的高度、深度、广度和敏锐度，决定着发现问题的层次、分析问题的程度、解决问题的效力。对客观存在的问题找得准不准、研究得深不深、方案有没有效，都是取决于思维方法的正确与否和思维层次的高低。在新民主主义革命时代，毛泽东准确判断革命和战争是时代主题，提出革命首要问题是弄清楚谁是我们的朋友，谁是我们的敌人，即革命的对象和依靠力量问题；革命的根本问题是武装力量问题，提出“枪杆子里面出政权”这一重要论断，强烈建议党建立自己的武装队伍。没有革命的武装，就没有革命的胜利。当我们党建立了自己的军队、拥有了自己的武装力量的时候，走一条怎样的革命战争道路、如何建设一支革命军队、军队如何进行战争的问题，便成了党领导中国革命第一位的重大问题。毛泽东从革命的实际出发，力排众议，停止攻打大城市的决策，把部队带进了农村，建立农村革命根据地，把支部建在连上，确立党指挥枪的建军原则和制度，并且从理论上、战略上回答了“红军究竟能够打多久”“红军究竟应该怎样打”等问题，找到了一条“农村包围城市”的革命道路。毛泽东之所以能做到这一步，与他总是提倡从战略上思考、研究问题是密切相关的。与毛泽东一同并肩作战的老革命家认为，毛泽东的高明之处，就在于他比一般的人要站得高、看得远、想得全。

同样，在开辟改革开放道路的历史关口，邓小平准确把握和平与发展这一时代主题，破除了笼罩在中国大地上“准备打仗、准备打大仗”的战争迷雾，抓住“什么是社会主义，怎样建设社会主义”这一首要的根本问题，提出社会主义的根本任务是发展生产力、提高人民生活水平，重启社会主义现代化建设任务和目标，实行改革开放，找到了立足中国国情的发展道路——中国特色社会主义道路。再如1989年政治风波之后在对新的中央领导班子成员的谈话时，邓小平告诫道：要“清理一下我们过去究竟失误在哪些方面，如何改正，以及现在急迫需要解决的是些什么问题。要统统抓、全面抓是不可能的。如果在这个时候开展一个什么理论问题的讨论，比如对市场、计划等问题的讨论，提出这类问题，不但不利于稳定，还会误事。现在需要聚精会神地做几件使人民满意、高兴的事情，同时要赶紧注意那些对我们前进不利的事情。”“做几件使人民满意的事情。主要是两个方面，一个是更大胆地改革开放，另一个是抓紧惩治腐败。”“还有一点，常委会的同志要聚精会神地抓党的建设，这个党该抓了，不抓不行了。”[①] 善于抓大事、抓要紧的事、抓

① 《邓小平文选》第3卷，人民出版社1993年版，第312、313、314页。

让人民满意的事，就是善于从战略上思考和解决问题。邓小平之所以能做到这一步，也同样在于他善于从战略上思考和研究问题。正如习近平同志所指出的那样："战略思维，是邓小平同志一生最恢弘的革命气度"，他"思想敏锐、目光远大、多谋善断、举要驭繁，总是站在国内大局和国际大局相互联系的高度审视中国和世界的发展，善于从全局上思考问题，善于在关键时刻作出战略决策。"①

在决胜全面建成小康社会和实现现代化国家交汇的历史时期，习近平同志准确把握"什么是中国特色社会主义现代化国家、怎样建成中国特色社会主义现代化国家"这一根本问题，针对我国经济社会发展进程中存在的突出问题，为推进改革开放和社会主义现代化建设迈上新台阶，及时提出"四个全面"战略布局，并且在党的十九大报告中对"三步走"战略作出新的战略安排。"四个全面"战略布局体现了我们党对中国特色社会主义事业和中华民族伟大复兴事业发展进程中所面临的困难挑战和突出矛盾的清醒判断和准确总结，体现了我们党具有高度的问题危机意识、战略担当意识。这个战略布局在党一系列治国理政决策、部署、方案、谋划中，起着统揽全局、引领未来的作用，是一个系统全面、关系长远的战略体系和行动纲领，表明我们党对中国现代化规律和中国特色社会主义建设规律的理解更前进一步。这个战略布局清晰地勾画了完成"两个一百年"奋斗目标、最终实现中华民族伟大复兴中国梦的"阶段性路线图"，关系到中国特色社会主义事业和中国现代化的总命运。有的学者认为，用"赶考"做比喻，完成"四个全面"战略布局，实际上是实现"中国梦"进程中面临的一次"中期考核"。如果说建成社会主义现代化强国、实现中华民族伟大复兴中国梦是中国共产党面临的"终考"的话，那么实施"四个全面"战略布局大约相当于"中考"的四张试卷："小康"卷，难点在于均衡，即区域、城乡、群体之间的均衡；"改革"卷，难点在于推进，推进需要涉险滩、啃硬骨头；

① 习近平：《在纪念邓小平同志诞辰110周年座谈会上的讲话》，新华网2014年8月20日。

“法治”卷，难点在于建制，更在于把法治改革的成果转化为鲜活的法治运行实践；“党建”卷，难点在于自我约束，刮骨疗毒、壮士断腕、自我手术，其中的痛苦与坚毅是难以想象的。习近平同志之所以做到这一步，也同样是与他长期善于从战略上想问题、办事情分不开的。也正因如此，他反复强调，党的干部特别是高级领导干部要具有战略思维，要提高战略思维能力。在“7.26”讲话中他指出：“全党要提高战略思维能力，不断增强工作的原则性、系统性、预见性、创造性”。在党的十九大报告中，他又把战略思维作为增强党的政治本领的一项内容。

今天的中国需要解决的问题，从某种意义上看，比毛泽东时代和邓小平时代所面临的问题，要更为复杂、更为艰巨、更为棘手，恰如邓小平所说，发展起来的问题比没有发展起来、比贫穷时期的问题更多、更难以解决。习近平同志也说：可以想见，我们的事业越前进、越发展，新情况新问题就会越多，面临的风险和挑战就会越多，面临的不可预料的事情就会越多。我们必须增强忧患意识，做到居安思危。进入新时代的中国，社会主要矛盾的变化对党的建设和党的领导提出了更高的要求，党必须顺应时代发展的需要、回应人民对美好生活更强的呼声，从更广的视野、更高的标准考虑和搞好我们正在做和将要做的大事。

（四）做好“四个伟大”需要有伟大的战略主体

“四个伟大”的每一个“伟大”都有战略意义，“四个伟大”构成一个有机整体、有机系统。“四个伟大”相辅相成、相互促进、相得益彰，虽然每个“伟大”都有其独特内涵和意蕴，但是必须将其放在“四个伟大”的整个系统中来把握，唯有如此才可以认识其与其他“伟大”的关系。在这个整体中，既有战略目标，又有战略手段。在本世纪中叶建成社会主义现代化国家和实现中华民族伟大复兴的“伟大梦想”是战略目标，是现阶段党和国家事业发展的战略统领。中国特色社会主义“伟大事业”是实现“伟大梦想”的实践活动和方式，也就是说“伟大梦想”必须是在发展中国特色社会主义“伟大事业”的伟大实践中才能实现的。只有不断把“伟大事业”不断向前推进，实现“伟大梦想”才有希望。具有新的历史特点的“伟大斗争”既是实现“伟大梦想”、推进“伟大事业”、建设“伟大工程”的实践要求和实践形式，也是实现“伟大梦想”、推进“伟大事业”、建设“伟大工程”的精神状态和意志品质。建设“伟大工程”是实现“伟大梦想”、推进“伟大事业”、进行“伟大斗争”的领导力量和可靠保障。党是中国特色社会主义事业的领导核心，全面从严治党、建设“伟大工程”是实现战略目标的根本保证、组织保障。

人是历史主体、实践主体。伟大的时代造就伟大的人物，伟大的人物创造伟大的时代。搞好中国的事情，关键在党、关键在人。“伟大梦想”“伟大事业”“伟大斗争”和“伟大工程”最终要落实到伟大的中国共产党人肩上，要落实到伟大的中国人民身上。要完成“四个伟大”，就必须要有伟大的战略主体。具有坚定的战略意志、战略毅力和高超的战略思维能力、战略智慧是伟大的战略主体的主要素质和本领。

贯彻实施“四个伟大”需要战略思维中的“全局思维”“协调思维”。这里的全面协调，既指每个“伟大”内部需要全面协调，也指“四个伟大”相互之间需要全面协调。比如推进中国特色社会主义“伟大事业”，不仅要全面实现“五位一体”的总体布局，而且要落实“四个全面”的战略布局；不仅要经济发展、政治民主、文化文明、社会和谐、生态良好，而且要党风纯正、清廉。全面建成小康社会，不是一部分人、一部分地区建成小康，要所有人尤其是中西部地区那些集中连片的贫困地区实现小康；建成现代化国家，不是一部分人富裕，而是全体人民共同富裕。再如，建设“伟大工程”，把全面从严治党推向深入，既要注重党员数量，还要注重党员质量，要实现制度建党、思想建党、作风建党、能力建党的统一。“四个伟大”是个伟大的系统，要求各级领导干部在各自分工负责的领域，要自觉运用全局思维、协调思维，既要找到“战略优势”，又要找到“战略短板”，进而克服“战略短板”，提升整体效能。不仅每个“伟大”内部需要协调，“四个伟大”相互之间也需要协调，因为它们是一个相互贯通的有机整体，既有目标、任务，又有手段、方法和保障。总之，“四个伟大”是一个系统整体，每一个“伟大”都不能缺位、短位，必须协调同进、相互支撑，否则整个系统就会错乱，“伟大事业”就会成为泡影，“伟大梦想”就会落空。

贯彻实施“四个伟大”需要具备战略思维中的“根本思维”“关键思维”。马克思主义哲学认为，主要矛盾和矛盾的主要方面决定事物的性质和未来发展方向。这就要求我们谋事创业必须“抓住牛鼻子”，扭住中心任务不放，“咬定青山不放松”。推进中国特色社会主义“伟大事业”的关键是发展，是社会生产力和经济的发展，尤其是科学技术的发展和人的全面的发展。英格尔斯通过对后发型现代化国家的深入研究，认为国家的现代化，归根结底是人的现代化，是人的观念、思想、行为方式和生活方式的现代化。如果人的现代化问题没有解决好，国家的现代化是难以成功的。马克思认为，未来美好社会是自由全面发展的人的联合体。高度发达的社会生产力依赖的是人的自由全面发展。邓小平认为，中国搞“四个现代化”，离不开教育的现代化，因此教育要面向世界、面向现代化。再如，建设“伟大工程”的关键在于领导干部，全面从严治党的关键在于领导干部，尤其是必须抓住领导干部中的“关键少数”。领导干部掌握和行使着人民赋予的国家公共权力，是国家发展和社会建设的决策者、组织者、推动者，是建设“伟大工程”的真正的“责任人”，领导干部是否从严治己、严于律己直接决定着从严治党这一“伟大工程”的质量和效果。

贯彻实施“四个伟大”需要战略思维中的“长远思维”“历史思维”。建成现代化强国、实现民族复兴的“伟大梦想”是其他三个“伟大”的目标和统领。这一伟大目标既是基于我国仍然处于且长期处于社会主义初级阶段的历史依据，也是基于我国改革开放40年来的发展基础、发展成就、发展历史的充分考虑，也是着眼于从决胜全面小康到本世纪中叶我国社会主义发展趋势、规律及特点的科学预见和长远打算。实现现代化与中华民族伟大复兴的“伟大梦想”是推进中国特色社会主义“伟大事业”的历史逻辑、实践逻辑，是“伟大事业”发展的必然结果；与新中国成立以来，特别是改革开放以来我们党确立的发展目标，即全面建成小康社会基础上实现现代化，是一脉相承的，与改革开放以来形成的党的基本路线、基本方针、基本政策是承前启后、继往开来的。就是说，实现“伟大梦想”是一个历史过程，也是一种历史累积，是一代代中国人民不断努力奋斗的历史必然。这就要求我们每一代中国人必须具备历史眼光、历史思维，既要把握历史的起点，又要认清历史发展的趋势，更要尊重和顺应历史运行的规律，既要接好历史的接力棒，又要跑好自己手中的那一棒，还要传好手中的接力棒。这更要求我们的领导干部必须要有长远眼光，在落实战略部署、制定战略规划、实施战略决策时，一切从长计议，努力把眼前利益和长远利益统一起来，克服那些为了眼前利益而牺牲长远利益的愚蠢做法，同时也要克服那种无条件地以长远利益之名不顾和牺牲眼前利益的错误做法。

三、全面深化改革需要战略思维支撑

习近平同志指出：“要实现中华民族伟大复兴，我们就必须坚定不移推进改革开放。没有改革开放，就没有中国的今天；离开改革开放，也没有中国的明天。党的十八届三中全会吹响了全面深化改革的新号角。我们要不断深化对改革开放规律性的认识，勇于攻坚克难，敢于迎难而上，坚决破除各方面体制机制弊端，奋力开拓中国特色社会主义更加广阔的前景。”①

改革开放是决定中国命运的关键一招，是发展中国特色社会主义“伟大事业”的必由之路，也是实现“两个一百年”奋斗目标并且最终实现中华民族伟大复兴“伟大梦想”的关键一招和必由之路。全面深化

① 习近平：《在纪念毛泽东同志诞辰120周年座谈会上的讲话》，《人民日报（海外版）》2013年12月27日。

改革是全面建成小康社会和现代化国家的重大举措，是中国发展的根本动力和根本途径。40年前，在决定中国命运的历史关口，我们依靠改革杀出了一条血路，从此中国和中国人民的面貌发生了翻天覆地的变化。今天，新时代的中国又进入了新的历史关口，中华民族能不能顺利实现从站起来、富起来到强起来的伟大飞跃，能不能迎来实现中华民族伟大复兴的光明前景，能不能使社会主义的中国焕发出更为强大的生机活力，能不能拓展发展中国家走向现代化的途径，能不能在新的历史条件下继续夺取中国特色社会主义的伟大胜利，能不能决胜全面建成小康社会、进而全面建设社会主义现代化强国的奋斗目标，我们依靠的依然是改革，是全面深化改革。改革是必由之路。因此，能否在更高的战略意义和战略地位上来审视和重视改革，即能否用战略思维指引和支撑改革，对贯彻落实“四个伟大”有着根本的、深远的影响。在某种意义上说，在何种程度和范围来研究改革、从事改革，“四个伟大”就会取得何种程度和范围的成果。站位的高与低、广与窄，直接影响改革的大与小、深与浅，进而影响“四个伟大”的进程。对改革的战略地位和意义认识得越透越深，改革越全面越深入，“四个伟大”就会越有动力，就会进行得越顺利、越成功。为此，我们在这里有必要集中研究一下战略思维与全面深化改革的关系。

改革为中国的发展提供了强劲动力。40年的改革开放使中国取得了前所未有的巨大成就。改革推动我国经济实力、科技实力、国防实力、综合国力大幅提高、进入世界前列，改革助推我国的国际地位实现了前所未有的提升，改革促使党的面貌、国家的面貌、人民的面貌、军队的面貌、中华民族的面貌发生了前所未有的变化，中华民族正以崭新姿态屹立于世界的东方。40年改革开放的历史及其取得的巨大发展成就充分说明，改革是改变中国命运的关键一招，是发展中国的必由之路。只有改革，中国才有出路，才有希望，才有现代化的强国，才有中华民族的伟大复兴。反之，不改革，就会是死路一条。开弓没有回头箭。新时代的中国，只有全面深化改革、以更有力的改革、更扩大的开放，去争取更好的发展机遇，赢得更广的发展空间，取得更大的发展成就。

改革促使中国发生了巨变，巨变的中国更需要改革，需要更全面、更深刻的改革。因此，我们更要在新的历史起点上，深入研究改革，进一步把握改革的环境、方向、任务、特点和规律；积极支持改革，进一步坚定改革的信念、意志和决心；全面深化改革，进一步拆除妨碍改革的藩篱、破除阻碍改革的一切障碍，极大地释放社会活力。

第一，改革面临着严峻的“时空压缩”压力，各种问题和矛盾在较短时间内集中爆发出来。中国现代化进程晚于西方发达国家几百年，要在本世纪中叶实现现代化、建成现代化国家，要在相对较短的时间内完成这个伟大历史任务，这意味着我们必须用不到100年的时间就要走过西方国家用了几百年才走完的路，完成西方国家用来几百年才实现了的现代化任务。这必然会使我国的改革开放和现代化建设面临和承受着“时空压缩”的强大压力。就是说，我们在短时期取得巨大发展的同时，也把矛盾和问题集中压缩在了这短短几十年的历史过程中。在西方国家几百年发展历程中逐渐爆发的诸多问题，在我国却在短短几十年的时间内以十分尖锐显眼的形式集中引爆出来。这也意味着，一边出现的“中国奇迹”，另一边出现的则是“中国问题”。从一个角度看，中国的风景“独好”，从另一个角度看，中国的问题“如山”，好像患上了“问题综合征”。

在中国这样一个生产力和科学文化水平都比较落后的社会主义国家进行改革、建设现代化，前人没说过，也更没干过，根本没有什么现成的经验可以借鉴，只能在摸索中前行，新问题新矛盾必然会层出不穷。再说，改革是项崭新的事业，改革措施不够成熟、改革举措不够到位，这是不可避免的；由此引发的改革中的问题和矛盾大量出现，也是不可避免的。一些问题和矛盾，是我们可以预想得到的，有些则是超出我们的理性和想象的；有些问题和矛盾即使预料到了，但也难以料想到会如此广泛或严重；一些严重的问题和矛盾，有的在一定时期内是可以控制和解决的，而有的则会超出我们的掌控能力和范围，有的甚至可能失控。比如，我们原以为经济发展到一定水平人民群众的满意度会自然提高，但是随着经济发展水平的提高，人民群众的诉求也开始增多和提高。人民群众不仅仅满足于物质生活水平的提高，而且对物质生活的质量提出了更高的要求，同时，对民主、文化、社会保障、生态环境等方面也提出了新的更高的要求。因此，人民对美好生活的向往与改革、发展不平衡、不协调的矛盾越来越突出，且成为了新时代中国社会的主要矛盾。由于改革、发展的不平衡、不协调，尤其是分配不公、两极分化严重等大量民生问题，给人民群众的生活以及心理承受能力带来了强烈冲击、不满，甚至对抗。正因如此，一些群众尤其是底层群众不像改革之初那样人人拥护改革，改革共识开始下降，甚至一些群众和干部开始质疑改革、反对改革，怀念"文化大革命"，人民群众对改革由于各种原因产生的副作用的容忍度逐渐下降，对改革也变得日益苛求起来。

第二，在改革进程中，经济、政治、文化、社会、生态、党建、国防等领域的改革有的快、有的慢，步调不甚一致，有些是改革措施单兵突进、没有其他措施作为配套。结果产生了很多严重问题，如：发展不平衡、不协调、不可持续问题日益突出，政治生态混乱，贪污腐败问题严重，社会矛盾尖锐，群体性事件不断，社会和谐问题突出，生态环境问题形势严峻，信仰缺失、道德失范、价值迷失问题多发。有些矛盾和问题是以前的旧体制遗留下来的，有些是因为没有及时地进行行之有效的改革而引起的，有些是因为新体制已经建立起来了但还没有进入正常有效运行而触发出来的，还有些是由于旧体制虽然已经被破坏了但新体制还没有建立起来而出现的"怪胎"。这些问题和矛盾复杂地交织在一起，错综复杂、难解难分，给下一步全面深化改革带来了巨大挑战。因此，全面深化改革，必须要防止改革单兵突进，综合布局各个领域的改革。

第三，我国的改革走的是渐进性的改革道路，遵循的是先易后难、循序渐进、和风细雨的改革原则。渐进性的改革一方面可以避免疾风迅雨式改革所造成的社会“阵痛”和动荡，另一方面也可能出现改革不到位、改革不彻底，甚至半途而废、无功而返的不利局面。改革进行到了今天，那些容易改的几乎已经全部给改掉、突破了，剩下的全都是难改的“硬骨头”。改革初期，人们过的是“浅滩”、啃的是“软骨头”，可以“摸着石头过河”；现在改革已经到了“深水区”，就“摸不到石头”了，只能“涉险滩”和“啃硬骨头”。大家一直都习惯了过“浅滩”，而不喜欢、不敢过“险滩”。然而，“阳光总在风雨后”“无限风光在险峰”，要真正实现现代化和中华民族伟大复兴，要真正建设强大的社会主义中国，就必须进行全面的彻底的改革。不全面、不彻底的改革不是真正的改革。不改革，中国是死路一条；不进行彻底的改革，同样会是死路一条。只有改革、只有彻底的全面的改革，才能发展中国，才能发展社会主义，才能实现全体人民的共同富裕。为了人民幸福和社会福祉，我们必须全面深化改革，且必须打赢全面深化改革这场世纪攻坚战。

另外，我国的渐进性改革现在开始逐步出现“边际效益递减”的局面。回顾 40 年的改革历程，改革大体经历了市场取向和“双轨制并行”的改革、建立社会主义市场经济体制的改革、完善社会主义市场经济体制的改革三个阶段。我国的改革事业，首先是以农村改革为突破口的，“一大二公”的人民公社的废除、家庭联产承包责任制的推行，极大激发调动了农民生产经营的积极性和创造性，盘活了农村经济，农村改革取得了显著成效。在农村改革取得较大成功的基础上，改革重点便转向了城市。在城市经济体制改革中，主要采取的是政府放权让利的改革。这种改革一方面提高了企业的经济效益，另一方面增加了企业员工的福利待遇。然而，随着城市经济各方面的水涨船高，放权让利的红利逐渐耗尽，很快便达到了边际效应的极限。因此，在不彻底改变社会主义计划经济这个大框架下进行的经济体制改革，已经满足不了进一步解放和发展生产力的要求，这就要求对生产关系领域进一步进行变革。于是，1992 年党的十四大确立了发展社会主义市场经济、建立社会主义市场经济体制的改革目标。到21世纪初，经过10年的艰辛实践，我国社会主义市场经济体制已经基本建立。于是，2002年党的十六大又提出了构建完善的社会主义市场经济体制的决定。又经历了10年的艰辛探索，我国距离建立完善的社会主义市场经济体制已经越来越近。但是，这看似最近的最后的一段路恰恰是最艰难、最具有挑战性、最危险的。用通俗话来说，就是“行百里者半九十”。

中国的渐进性、诱致性的改革道路成本较低、风险较少，可以积累改革的知识、信息、经验、教训，为改革主体提供一个长时间的深思熟虑过程，为改革对象和受众提供一个较长时间的心理适应接受期。如果改革发生了偏差和错误，还有纠错的机会和时间，而不至于犯下颠覆性错误从而无从翻身、万劫不复，不给自己喘气的任何机会。渐进性改革将改革的力度、发展的速度和社会的可承受度综合起来加以统筹考虑。在保持和维护社会稳定中实施改革、推进发展，在实施改革过程中保持社会稳定和经济健康发展，在发展中赢得稳定和推动改革。应该说，这些都是中国渐进性改革的优点所在，但是这种改革的缺点也是十分明显的。在增量改革边际效益递减的时候，就应该进行根本性、全局性的改革。如果不及时进行根本性、全局性、突破性的变革，增量改革的运行成本也会越来越大，以后全面深化的成本也会越来越高，难度越来越大，经济社会发展受到的制约和面临的障碍也会越来越大。

第四，全面深化改革需要协调的利益关系难度不断增大。改革开放之前，在分配领域实行的主要是平均主义大锅饭，彼此之间差别不大。改革开放初期，我们党确立了“两个大局”思想，允许一部分人一部分地区先富起来，“先富带动后富”。但是，改革开放40年来，城乡之间、区域之间、行业之间的发展和收入差距逐渐拉大，基尼系数更是逼近甚至超过国际公认的“警戒线”。更为重要的是，在改革进程中由于相关配套措施不到位，形成了一批既得利益集团，社会利益集团存在着“固化”的趋势，底层群体的上升通道在某种程度上被堵塞。一些人虽然口头上赞同改革，行动上却反对改革，生怕别人“动了自己的奶酪”。一些人虽然原则上赞同改革，但是在具体问题上却反对改革。如果说改革初期阻碍改革的主要障碍是来自意识形态领域，那么如今全面深化改革面临的障碍则是“利益藩篱”“利益固化”。破除思想障碍不容易，破除利益障碍则更难。全面深化改革，从根本上说是生产关系、经济关系、利益关系的变动和调整，是打破不合理的利益获取和分配机制，建立公平公正的经济关系和利益格局。这必然会遭到那些利用改革不到位、不彻底的不合理经济关系，或不完善的体制机制而形成的既得利益集团的强烈反抗和激烈抵制。同时，那些利益集团与党政的某些部门、某些人员有着千丝万缕的联系。这在很大程度上决定了当今的改革是自我革命。因此，改革的最大阻力不是来自外部，而是来自内部。这也是全面深化改革的“全”和“深”之所在，也是改革难以“全”和“深”之所在。

由此可见，当前全面深化改革面对的形势是“问题深水区”“发展关键期”“矛盾凸显期”“结构调整期”。更为要害的是，作为改革发起者、领导者和组织者的共产党自身同时面临着“四大风险”和“四大考验”。因此，能不能带领中国蹚过全面深化改革这片“深水区”，能不能有效克服和解决凸显的各类矛盾，能不能把握住难得的“发展关键期”、能不能建立效益和公平相统一的社会结构，对共产党自身而言是一场“大考”，是一场生死攸关的“大考”。考得好，前景则是海阔天空、风和日丽、前程似锦；考不好，则可能半途而废、前功尽弃、甚至满盘皆输。为此，各级领导干部特别是“关键少数”必须高度重视战略思维和战略谋划，切实搞好全面深化改革这一崭新而伟大的实践。

首先，面对这些复杂和艰巨问题，我们必须有正确的战略方向。全面深化改革，我们必须坚持正确的战略方向，绝不能犯方向性错误、颠覆性错误。在战略方向问题上，头脑必须十分清醒，停滞如逆水行舟不进则退，回去走老路已经被实践证明是死路一条；改旗易帜，同样也是一条死路。唯一正确的就是不断深化改革，推动社会主义制度自身的完善和健全。

其次，面对这些复杂和艰巨问题，我们必须要有战略担当、战略勇气。改革是一项崭新的事业，也是一项十分艰巨的事业。改革进入到现阶段，其复杂性、艰巨性、风险性更为显著，如果没有背水一战的战略勇气、没有敢于斗争、敢于胜利的战略担当，改革大业很可能功亏一篑，中国特色社会主义“伟大事业”则会被葬送。改革虽然已经进行了40年，但是还依然处在“攻坚期”，还没有啃下“硬骨头”，还没有蹚过“深水区”。改革现在已经进入了战略决战期，如果这一仗打失败了，恐怕前功尽弃，如果这一仗打成功了，今后的改革可以说就进入了摧枯拉朽阶段。所以，我们党提出要进行具有新的历史特点的“伟大斗争”，提出全面深化改革一定要拿出“壮士断腕”的决心意志，要拿出逢山开路、遇河架桥的魄力，用意正在于此。2013年8月，习近平同志在会见外宾时说，在中国这么大的国家搞建设，很不容易。艰难困苦，玉汝于成。我们正是在不断迎接挑战、克服困难中向前迈进。

再次，面对这些复杂和艰巨问题，我们必须要有战略眼光、问题意识。中国共产党人就是在不断解决问题中推动社会进步发展的。当前我国存在的各种问题和矛盾，在一定意义上可以看作是改革不彻底不全面的体现，需要通过进一步的改革来解决。进行全面深化改革要有问题意识，是要迎着这些问题上，不能回避矛盾、无视问题。所谓改革要啃硬骨头，其实就是要抓住主要矛盾和矛盾的主要方面，解决重大战略关键问题，以此带动其他问题的解决。因此，我们要以重大问题为导向，抓住改革中的难点和重点问题，抓住改革中的关键和根本问题，着力解决制约我国经济社会发展存在的一系列突出问题和矛盾，解决渐进性改革出现的“边际效益递减”的问题和困难。

实践发展永无止境，解放思想永无止境，改革开放也永无止境，停顿和倒退没有出路。改革是一项长期艰巨的任务，打的是一场“持久战”。正因如此，习近平同志反复强调：“改革开放只有进行时，没有完成时。”因此，我们既要有“打硬仗”的战略担当和战略勇气，又要有“打持久战”的战略意志和战略定力；既要在全面深化改革中并通过改革解决存在的重大问题，完成阶级性的历史任务，又要持续把中国特色社会主义“伟大事业”推向前进，使之走得更高、走得更远，为实现民族复兴的“伟大梦想”提供不竭动力，使中华民族始终以强大的力量、崭新的姿态、文明的形象屹立于世界民族之林，始终屹立于世界的东方。

第二章　战略谋划要考虑全局

战略问题是研究事物（战争）全局的规律的东西[①]。战略思维是关注、把握事物全局的思维方式，也可以说，战略思维就是全局思维。战略思维对全局的关注和把握首先体现在战略谋划、战略制定上，这是战略思维的起点和根本点。如果在战略制定过程中没有全局思维，那么在战略实施、战略评估等阶段根本谈不上什么全局观念，也根本谈不上什么战略。制定战略中的全局思维主要体现在：明确战略价值，坚持人民利益至上；确立科学的战略目标，发挥目标对战略实践的带动作用；把各项事业、工作当作一个整体和系统来谋划，做到胸中一盘棋。

第一节　明确战略价值，坚持以人为本

战略作为人类社会的一种重要实践活动，既可以用来为善，也可以用来作恶。用来行善的战略，会为战略主体甚至战略对象带来巨大正价值；用来作恶的战略，将会为战略对象甚至战略主体带来负价值。因此，在制定和实施战略时，战略的价值选择十分重要，它对整个战略活动起着规范和引导作用。

---

① 《毛泽东选集》第 1 卷，人民出版社 1991 年版，第 175 页。

一、中国共产党人的价值取向是坚持人民利益至上

在马克思主义哲学看来，“价值”属于一种关系范畴。从认识论上来说，价值是指客体及其属性能够满足主体需要的效益关系，是表示客体的属性和功能与主体需要之间的一种效用、效益或效应关系的哲学范畴。所谓“战略价值”是指战略规划、战略方案、战略构想对人是否有用以及为谁服务的问题。马克思主义战略哲学在利益观上必须坚持人民群众的历史主体地位，坚持把实现好、维护好、发展好最广大人民群众的根本利益作为自己的根本价值取向。

中国共产党人把人民群众的根本利益放在首位，与历史唯物主义关于社会历史主体的判断在逻辑上是一致的。恩格斯认为，如同自然界有自己的客观规律一样，社会历史领域也有自己独立的客观运行规律。在自然界中，自然规律是自发地起作用的，没有任何有意识的活动参与。社会规律则不同，在社会历史领域内进行活动的，是有意识的、受一定思想支配的、追求某种目的的人，社会规律是通过有意识的人的活动而起作用的。但是，历史的发展并不是由个人意志决定的。这些追求个人意志的人们的活动结果常常是他们所预料不到的。如果要探究隐蔽在历史人物的动机背后的真正动力的话，“那末问题涉及的，与其说是个别人物，即使是非常杰出的人物的动机，不如说是使广大群众、使整个整个的民族，并且在每一民族中间又是使整个整个阶级行动起来的动机；而且也不是短暂的爆发和转瞬即逝的火光，而是持久的、引起伟大历史变迁的行动”。也就是说，无论是杰出人物，还是人民群众的先锋队组成的政党，归根到底必须按照人民群众的意愿行事。

人民群众是历史的创造者，决定历史发展的前进方向。相信谁、依靠谁、为了谁，是否始终站在最广大人民的立场上，是判断马克思主义政党的试金石。无产阶级政党与资产阶级政党的最大区别就是其没有自己的特殊利益，时刻为人民群众谋福利，必须实现好、维护好、发展好人民群众的根本利益。“人们奋斗所争取的一切，都同他们的利益有关”。

共产党人的一切奋斗都是为了实现人民群众所向往的美好生活。

在封建时代，开明统治者为了维护封建统治，都十分重视百姓疾苦。清康熙年间河南内乡一位名叫高以永的知县题写的一副对联名扬天下：“得一官不荣，失一官不辱，勿道一官无用，地方全靠一官；穿百姓之衣，吃百姓之饭，莫以百姓可欺，自己也是百姓。”封建统治者尚且如此，作为马克思主义政党的中国共产党及其成员更应该时时刻刻坚持以人民为中心，把人民群众放在谋事做官的首要位置，把人民对美好生活的追求作为奋斗目标。

中国共产党无论制定何种战略规划，都必须时时刻刻以人民群众的根本利益为出发点。习近平同志2012年7月在中央党校省部级主要领导干部专题研讨班结业式上就曾指出：“我们党坚持全心全意为人民服务的根本宗旨，坚持从群众中来、到群众中去的工作路线，坚持党的一切工作体现人民的意志、利益和要求。”担任总书记之初，他郑重指出，“人民对美好生活的向往，就是我们的奋斗目标”。由此可见，人民群众及其意愿在新一届党中央的执政方略中占有何等重要的位置。2013年8月，习近平同志在全国宣传工作会议上又强调：党性和人民性从来都是一致的、统一的。我们党是全心全意为人民服务的马克思主义政党，从本质上说，坚持党性就是坚持人民性，坚持人民性也就是坚持党性，因此必须把体现党的主张和反映人民心声统一起来。要坚持以民为本、以人为本，解决好“为了谁、依靠谁、我是谁”这个根本问题，树立以人民为中心的工作导向，把服务群众同教育引导群众结合起来，把满足需求同提高素养结合起来。2013年12月，习近平同志在纪念毛泽东同志诞辰120周年座谈会上强调：“党的一切工作，必须以最广大人民根本利益为最高标准。检验我们一切工作的成效，最终都要看人民是否真正得到了实惠，人民生活是否真正得到了改善，人民权益是否真正得到了保障。”[①] 党的十九大报告把“坚持以人民为中心”作为

① 习近平：《在纪念毛泽东同志诞辰120周年座谈会上的讲话》，《人民日报（海外版）》2013年12月27日。

新时代中国特色社会主义建设的基本方略，指出：“人民是历史的创造者，是决定党和国家前途命运的根本力量。必须坚持人民主体地位，坚持立党为公、执政为民，践行全心全意为人民服务的根本宗旨，把党的群众路线贯彻到治国理政全部活动之中，把人民对美好生活的向往作为奋斗目标，依靠人民创造历史伟业。”因此，为人民服务、维护好发展好人民群众的根本利益、为人民对美好生活的向往而奋斗，既是我们党的宗旨和立党之本，更是新时代中国共产党人战略思维价值取向的核心。

人民群众是我们党的执政之基，是中国特色社会主义事业的力量之源。党和党的干部与群众的距离有多近，党和党的事业就能走多远，这是被历史证明了的铁律。1983 年，刚出任苏共中央组织部长的利加乔夫主动提出不配豪华轿车。中办主任严肃批评他不懂规矩：你这是搞“特殊化”！可见，他们对特权待遇已经习以为常，正常反而被看作不正常了。叶利钦在他的自传中写道：“每位党中央的书记、政治局委员和候补委员都配有一个卫士长。这个卫士长是受上级委派办理重要公务的职员，是一个组织者。”“政府的‘吉尔’车尚未来得及开出大门，沿途的各个岗亭就已经得到了通知，于是一路绿灯……显然，党的高级领导们，忘了诸如交通堵塞、交通信号灯、红灯这样一些概念。”当他第一次走进作为政治局候补委员配给他的别墅时，第一感觉就是惊呆了。他说：“我一家人基本上是被惊呆了。”“坐落在莫斯科河畔的那幢别墅，绿树环绕，面积很大，里面有花园，有运动和游乐场地。每间屋子都有卫兵守护，还有报警装置。”“就连我这个政治局候补委员，这样的级别，配有 3 个厨师、3 个服务员、1 名清洁工，还有 1 名花匠。”“如果你爬到了党的权力金字塔的顶尖，则可以享受一切——你进入了共产主义！那时就会觉得什么世界革命、什么最高劳动生产率，还有全国人民的和睦，就都不需要啦。”1990 年，苏联《西伯利亚报》曾以“苏共代表谁”为题，在部分群众中进行调查。统计结果显示，认为苏共代表劳动人民的只占 7%，代表全体党员的只占 11%，而认为代表官僚等的却占

82%。苏联共产党，当拥有20万党员时，取得了十月革命的成功；当拥有200万党员时，战胜了德国和日本法西斯，取得了卫国战争的胜利；而当拥有2000万党员时，却轰然倒台，苏联也不复存在。根本原因在于苏共严重脱离了人民群众，丧失了执政的基础。苏共丧失执政的教训值得中国共产党认真思考和吸取。一个党的执政地位不取决于它的成员的多少，一个党的战斗力和先进性也与党员数量没有直接的或者根本的联系，一个搞特殊化、脱离群众、损害群众利益的党最终会因为失去人民的支持而丧失执政地位。

我们党的最大政治优势是密切联系群众，执政考验是当前中国共产党面临的"四大考验"之一，群众既是命题人，又是监考人，还是打分人。一段时间以来，中国共产党与人民群众以前的"鱼水关系"渐渐转变成了"油水关系"。在党今日面临的"四大危险"当中，"脱离群众"是最大的、根本的危险，能力不足、精神懈怠、消极腐败不过是党没有维护好、实现好、发展好人民群众利益的表现形式或者是直接侵占群众利益的表现形式。今天，中国共产党带领全国人民要实现"伟大梦想"、推进"伟大事业"、进行"伟大斗争"、建设"伟大工程"，决不能脱离广大人民群众，尤其是影响国家和民族发展的战略，更不能偏离甚至脱离以人民为中心这一主线。如果脱离了广大人民群众，中国共产党的先进性就无法体现，最终也会像20世纪40年代的国民党那样被中国人民抛弃，也会像苏共那样丧失执政地位。

历史观上的群众观点，决定了党在工作路线上必然要走群众路线。坚持群众观点，就必然会走群众路线；反之，不能坚持群众观点，则必然会抛弃群众路线，脱离群众。也就是说，如果不能深刻认识人民群众是历史主体这一根本观点，不相信人民群众是社会的主体，是历史的创造者，我们的各种战略规划就会沦为只对上级负责或者只是为了谋取私利的手段，亦即只能走上层路线、领导路线或极端个人主义路线，而不是基层路线、群众路线。对此，党的十九大报告告诫全党："我们党来自人民、植根人民、服务人民，一旦脱离群众，就会失去生命力。加强作风建设，必须紧紧围绕保持党同人民群众的血肉联系，增强群众观念和群众感情，不断厚植党执政的群众基础。凡是群众反映强烈的问题都要严肃认真对待，凡是损害群众利益的行为都要坚决纠正。”

群众路线是中国共产党人的根本工作路线和生命线，是保证我们制定的战略、规划、路线、方针、政策能够坚持实事求是的根本要求。群众路线与实事求是思想路线是相辅相成的，在本质上是统一的。无论制定何种战略和规划，都要坚持群众路线，从群众中来，加强调研。战略规划对不对，发展方向偏不偏，群众最有发言权。正所谓，“知屋漏者在宇下，知政失者在草野”。但是，群众路线不等于群众运动，或者说群众运动不是贯彻群众路线的唯一方式。党的科学正确决策应是基于人民群众的意愿，从人民群众中来，到人民群众中去。新中国成立后，中国共产党发动了无数次群众运动，表面上看十分重视人民群众的主体地位，实际上是自上而下的领袖个人主观意志的单向贯彻，群众运动变成了运动群众。这种脱离人民实际意愿的群众运动并没有给人民群众带来多少实际利益，相反还酿成了“大跃进”、人民公社、大饥荒等严重错误。“文化大革命”刚结束时，国民经济到了崩溃的边缘，执政党的合法性也受到了严重挑战。以邓小平为核心的第二代中央领导集体，坚持党的群众路线和工作方法，坚决不搞群众运动和民粹主义，把人民群众从各种群众运动的捆绑中解放出来，鼓励、激发人民群众把聪明智慧和创造才能投入到改革开放和现代化建设中来。改革开放和现代化建设是亿万中国人民群众自己的事业，必须尊重人民群众的首创精神。人民群众的创造和实践，是改革的基本动力和社会活力的体现。改革进程中我们党每次的重大战略决策，都是集中了全党全国各族人民的智慧和经验的结果。新时代中国特色社会主义伟大事业站在了新的历史起点上，各级领导干部既要自觉坚定地坚持和完善党的领导，又要自觉坚定地激发和支持人民群众的首创精神，把坚持、完善党的领导与激发、支持群众的首创精神统一起来，统一于改革开放和建设现代化强国的伟大实践之中。

二、处理全面深化改革中的各种战略问题要坚持群众利益至上

当前，中国改革发展事业不是某一群体某一党派的事情，而是全国各族人民的伟大事业。在全面深化改革时，我们的一切决策只有为了人民，才能得到人民群众的支持和拥护。我们在制定各种战略规划、战略决策时有很多标准，但是根本标准只有四个，即“四个有利于”：有利于解放和发展社会生产力，有利于推动经济社会持续健康发展，有利于实现好、维护好、发展好最广大人民群众根本利益和切身利益，有利于巩固党的执政基础和执政地位。其实，四个标准最后也可以归结为一个，那就是实现好、维护好、发展好最广大人民群众的根本利益和切身利益，因为无论解放和发展社会生产力、推动经济社会持续健康发展，还是维护党的执政地位，归根到底都是为了实现好、维护好、发展好人民群众的根本利益。

要紧紧依靠广大人民群众推动改革，改革的很多经验、智慧和方法最初都是来自于人民群众。改革也不是为了某一群体某一党派的利益，而是为了全国各族人民的根本长远利益，要为了广大人民群众推动改革，如果不让人民群众成为改革的受益群体，所有改革措施将难以推行。中央政治局2012年12月31日就坚定不移推进改革开放进行第二次集体学习。习近平同志在主持学习时强调:“改革开放是亿万人民自己的事业，必须坚持尊重人民首创精神，坚持在党的领导下推进。改革开放在认识和实践上的每一次突破和发展，改革开放中每一个新生事物的产生和发展，改革开放每一个方面经验的创造和积累，无不来自亿万人民的实践和智慧。改革发展稳定任务越繁重，我们越要加强和改善党的领导，越要保持党同人民群众的血肉联系，善于通过提出和贯彻正确的路线方针政策带领人民前进，善于从人民的实践创造和发展要求中完善政策主张，使改革发展成果更多更公平惠及全体人民，不断为深化改革开放夯实群众基础。”

我们的改革事业纷繁复杂、万千头绪，不能眉毛胡子一把抓、漫无目的、没有指向，要从人民群众最关切最着急的领域抓起，在改革的先后顺序上也要体现出对人民群众根本利益的重视。2013 年 11 月，习近平同志在主持党外人士座谈会时提出，改革要从群众最期盼的领域改起，从制约经济社会发展最突出的问题改起，让全社会感受到改革带来的实实在在的成果，最大限度凝聚改革正能量。他还列举了如下几个领域：保障国家粮食安全、调整产业结构、区域协调发展、改善民生工作、空气污染防治、提高对外开放水平。这些领域都与民生直接相关，关系到老百姓的衣、食、住、行。在维护和增进人民群众的根本利益时，全面深化改革必须促进公平正义，要把公平正义作为评判改革的重要维度之一。改革如果出现了两极分化并且长期得不到有效改善，说明我们的改革事业是失败的。要让发展成果更多地惠及广大人民群众，更多地让人民群众支持下一步的改革。

在当代中国改革事业十分复杂，牵涉到改革、发展、稳定。改革是动力，发展是关键，稳定是前提，它们之间既相互统一又相互矛盾。我们处理三者矛盾关系时，要注意找到结合点、统一点或平衡点——人民群众的根本利益。改革是新时期的“最大红利”，但是“红利”如果没能落在人民群众身上，改革就会丧失动力；发展是“硬道理”，但是发展如果损害了群众利益，就会变成没道理的“硬发展”；稳定是“硬任务”，但是稳定必须建立在人民群众的合理诉求、正当利益得到充分满足的基础上，而不是简单粗暴的“摆平搞定”。当然，中国共产党对人民群众利益的理解也是一个由简单到丰富的过程。在人民群众的各种利益中，物质利益是最为根本的。除了物质利益，中国共产党也注意维护和发展人民群众的政治权益、文化权益、民生权益、生态环境权益等。在全面建成小康社会和现代化国家的进程中，人民对美好生活需要日益广泛，不仅对物质文化生活提出了更高要求，而且在民主、法治、公平、正义、安全、环境等方面的要求日益增长。因此，我们要在继续推动发展的基础上，着力解决好发展不平衡不充分问题，大力提升发展质量和效益，更好地满足人民在经济、政治、文化、社会、生态等方面日益增长的需要，更好地推动人的全面发展、社会全面进步。

第二节　科学确立战略目标　发挥目标引领作用

古人云：人无远虑，必有近忧。有了远大目标的牵引，当下做事就有了动力和信心，克服艰难险阻也有决心和勇气。由人民构成的国家也要确立远大战略目标，它可以对全体国民起到提神打气、凝聚力量的作用。如果没有远期目标的引导，无论是个人还是国家，解决当前问题时就没有那么强大的信心，容易为艰难险阻所压倒，发展方向也是盲目的。

一、战略目标的内涵和特点

战略作为对国家、民族或地区、部门重大实践具有全局意义的理性活动，是对重大实践的顶层设计。战略目标是战略的主要内容。战略目标是关于战略主体在一定时期发展壮大的总任务、总要求，是战略主体为自己未来发展设定的一种宏观的、全局的目标，是战略主体对战略活动未来要取得的主要成果的期望值，也是战略主体宗旨、使命、最终目的的具体安排和展开。

战略目标作为战略主体在一定时期内实践活动的基本指向和整体结果，主要解决的是要“做什么”的问题。战略目标从根本上规定着重大实践活动的内容、范围、规模、进度等，决定着实践主体力量的运用和建设的方向。因此，战略目标作为战略的重要内容，首先必须科学而明确。所谓科学，就是战略目标的制定要根据战略主体的素质和战略形势客观判断，要从战略形势出发客观地分析评估，制定切实可行的战略目标。也就是说，制定战略目标，既要满足未来需求，也要满足现实需要；既不能过高，也不能过低。战略目标虽然是管全局、管根本的，不是微观的、局部的、具体的，但并不是目标定得越宏大越好、越长远越好，当然，也并不是定得越小越好。战略目标定得过高，则会超出国家根本利益、核心利益所要求的限度，就会超越客观条件的许可，必定难以实现，甚至失败，给国家和人民利益造成巨大损失。如果战略目标定得过低，战略的功能和价值则会失去意义，达不到战略的目的，则会失去发展的战略机遇。所谓明确，就是战略目标虽然是管全局性的、管长远的、管根本的，具有一定程度的宏观性和抽象性，但是表述方式必须准确具体，可以理解。为了对战略主体的战略活动进行评估和衡量，战略目标应该清晰和具体，比如说在什么时间达到什么目标，而且应尽可能地予以定量化，不能定量的也尽可能用清晰定性术语来表述出来，而不是模糊的、抽象的，进而无法评估出其贯彻落实情况。

战略思维需要关照的全局既有空间上的全局，也有时间上的全局——长远。战略目标除了作为一种全局性目标之外，还是一种长期性目标，是关于未来发展方向的一种长远设想，是战略主体通过自己的长期奋斗而要达到的对现实的一种根本性改变。因此，战略目标和战略任务，绝不是一蹴而就的，而是要经过长期过程才可以实现。恰如党的十九大报告所说："中华民族伟大复兴，绝不是轻轻松松、敲锣打鼓就能实现的。"战略主体只有进行长期不懈的艰苦奋斗，才可以日久见功。否则，战略目标就只能算是一般性目标或临时性目标，不能再使其他目标服从服务于它。既然战略目标是一种长期目标，那么战略主体就应该持之以恒，不能轻易放弃或者改变战略目标。如果战略目标可以随意变化，那么制定它就没有什么实际意义了。当然，战略目标的稳定性也是相对的，在事物发展客观进程中，也要根据实际情况和特殊形势变化，对战略目标进行适当调整和修改。只要形势没有发生什么巨大的或者紧急的变化，战略目标就不能轻易地被改动，否则为之奋斗的一切努力都将付诸东流。这里，我们要好好向改革开放的总设计师邓小平学习。改革开放重新开启了我国的现代化建设，建成社会主义现代化国家是中国改革开放的战略目标。邓小平反复强调，除非发生重大的战争和世界性重大变故，现代化建设的任务不能变，现代化建设的目标不能变。他所讲的“党的基本路线不动摇”，“要管一百年”等，核心是建设现代化国家的目标不动摇。习近平同志反复讲的“战略定力”，在很大程度上是指坚持国家发展的战略目标不动摇。

在战略目标面前，其他各种目标都只能算是小目标、阶段性目标、临时性的目标，都要服从、服务于战略目标。当然，尽管战略目标是全面的、整体的目标，但是并不是说它不关心局部和部分，它并不否认局部和部分目标的重要性，而是强调局部和部分目标要在能够保证整体、全局目标得以实现的条件下才能去实现，或者说只能通过促进整体目标的实现来实现。另外，战略目标虽然是个宏观整体目标，但是不可能一下子就可以实现。战略目标只有分为这些阶段性和局部性的目标，才是可以操作的、可以具体谋划的。因此，必须将战略目标分解为若干阶段性目标、局部性目标，这些局部目标、阶段性目标有机统一起来就是全局性的、整体性的、长远性的战略目标。

只有明确一个长远的战略目标，才能凝聚战略主体的积极性主动性，才能坚定战略主体的信念。战略目标本身就是一种激励力量，既有物质的激励作用，也有精神的激励作用。如果群体的战略目标与个人目标结合在一起，战略主体就会更加努力上进，工作热情和献身精神就会高涨。战略目标既要考虑长远利益也要考虑现实利益，既要考虑整体利益也要考虑局部利益。战略目标的实施由战略主体来进行，因此必须符合战略主体的利益。否则，战略主体就会拒绝执行战略目标，拒绝实施战略活动。当然，战略主体内部在利益上和思想价值观念上也不是铁板一块，也可能存在着各种矛盾甚至巨大分歧。战略目标要最大限度地体现或者协调战略主体中大多数人的利益，尤其是他们的根本利益、共同利益。通过这种方式制定出来的战略目标，才能使其乐于接受并坚决付诸实施。

自觉制定和实施战略目标是中国共产党的优良传统和制胜法宝之一。新中国成立以来，制定和实施五年规划或者计划是我们党和国家领导推动经济社会发展的一种重要方式，这些计划和规划就是我们每个历史阶段的战略目标。从1953年至今的60多年里，我们制定和实施了13个五年规划或计划。由于各个历史时期的五年计划（规划）的历史背景、指导思想、体制机制、工作方法不同，最终的实施效果也差异很大。制定和实施这些计划规划，有利于明确国家发展的目标任务、发展方式、总体方向，有利于引导市场资源配置向特殊领域倾斜，有利于凝聚人心、合理引导社会预期，有利于提前谋划重大突出项目，有利于抓住用好国家战略机遇，应对重大风险挑战，等等。在当今世界，只有中国在连续60多年时间内连续不间断地实施了13个五年计划（规划）。这些计划（规划）的制定和实施，是中国道路的显著特点，也是中国特色社会主义制度的优势之一。

党的十八大后，以习近平同志为核心的新一届党中央提出了一个更为长远、覆盖性更宽的宏伟战略目标——实现中华民族伟大复兴的中国梦，作为全国人民的奋斗方向。2012年11月末，新一届中央政治局常委参观国家博物馆《复兴之路》展览，习近平总书记在这里首次阐述了中国梦。他说："何为中国梦？我以为实现中华民族的伟大复兴就是中华民族近代最伟大的中国梦。"我们这一代共产党人要"继续坚定不移地朝着中华民族伟大复兴的这样一个历史目标奋勇前进"。2013年3月17日，习近平总书记在十二届全国人大一次会议闭幕会上发表重要讲话，他又用"国家富强、民族振兴和人民幸福"三个关键词表达了中国梦的深刻内涵，号召全体代表继续为实现中华民族伟大复兴的中国梦而努力奋斗。他还强调实现"中国梦"必须走中国道路、弘扬中国精神、凝聚中国力量。"凝聚中国力量"就是要求激发全体中国人民的力量和精神，那就不仅仅是大陆人的梦，还是两岸四地人的梦想，还需要全体中华民族成员的努力奋斗和不懈奋斗。

"中国梦"的提出，是中国共产党通过对中国近代历史的深刻总结，依据中国现阶段发展情况，为全体中国人民制定的伟大战略目标。中国梦的实现时间是新中国成立一百周年，也就是21世纪中叶。这个伟大的战略目标从目前开始可以分为两个阶段：第一个是中国共产党成立一百年时，实现全面建成小康社会的目标；中华人民共和国成立一百年时，实现建成富强、民主、文明、和谐的社会主义现代化国家的目标，并在那时实现中华民族伟大复兴的中国梦。习近平同志2013年1月指出："党的十八大明确提出了'两个一百年'的奋斗目标，我们还明确提出了实现中华民族伟大复兴的'中国梦'的奋斗目标。"针对近期目标即到建党一百周年时实现全面建成小康社会，我们制定了《关于全面深化改革的决定》这个重大战略部署、战略决策。正如习近平同志在关于《决定》的说明中讲到的，改革方案的时间设计到2020年，按这个时间段提出改革任务。全面建成小康社会这个近期目标不是抽象模糊的，而是可检验的、可挑战的，在某些方面甚至是可以量化的。就经济领域而言，这个阶段性目标包括：国内生产总值和城乡居民人均收入比2010年翻一番，国家整体进入创新型国家行列，在国际上的国家竞争力明显增强；在人民生活指标上，要总体实现基本公共服务均等化、缩小收入分配差距和社会和谐稳定；在资源环境指标方面，要基本形成主体功能区布局，使主要污染物排放总量显著减少和人居环境得到明显改善，等等。党的十九大又对实现这一重大战略目标进行了新的战略安排。"从十九大到二十大，是'两个一百年'奋斗目标的历史交汇期。我们既要全面建成小康社会、实现第一个百年奋斗目标，又要乘势而上开启全面建设社会主义现代化国家新征程，向第二个百年奋斗目标进军。"报告指出："综合分析国际国内形势和我国发展条件，从2020年到本世纪中叶可以分两个阶段来安排。"第一个阶段，从2020年到2035年，在全面建成小康社会的基础上，再奋斗15年，基本实现社会主义现代化。第二个阶段，从2035年到本世纪中叶，在基本实现现代化的基础上，再奋斗15年，把我国建成富强民主文明和谐美丽的社会主义现代化强国。"从全面建成小康社会到基本实现现代化，再到全面建成社会主义现代化强国，是新时代中国特色社会主义发展的战略安排。我们要坚忍不拔、锲而不舍，奋力谱写社会主义现代化新征程的壮丽篇章！”

二、战略目标的制定

既然战略目标这么重要、关键，那么它的制定过程也要慎之又慎，必须经过调研、分析、评估、论证等环节。一般说来，我们可以把战略目标的制定分为前期充分调查研究、初步拟定战略目标、对战略目标进行评估论证和对战略目标进行战略决断四个步骤。

调查研究是我们对事物进行认识的初步基础，也是做决策的前提条件。只有依靠充分的调查研究过程、科学的调查研究结果，我们才可以搞清楚制定战略目标的意义、实现战略目标的条件、战略主体自身的素质、战略环境的优劣情况。在调查研究阶段，战略主体一定要把机会与挑战、自身与对手、资源与目标、优势与劣势等因素调查清楚，做到知己知彼、有所为有所不为，为制定科学战略打下基础。在调查研究时，不要全面铺开，而是要抓住重点集中进行调研，尤其是外部环境和未来发展趋势，还有自身的优势和短板，这些都是直接影响未来战略目标实现的关键因素。如果没有充分的调研，战略目标的制定和实施就可能缺乏坚实可靠的基础作为支撑。

在细致周密的调查研究的基础上，战略主体便可以初步拟定战略目标了。战略目标的初步拟定，是对前阶段调查研究成果的集中体现，也是对战略主体主观意志的表达。在拟定战略目标时，要尽可能减少目标数量，把同类目标合并成一个目标，把从属的目标归纳到总目标当中。

战略目标初步拟定出来以后，就进入了战略评估论证阶段。这个阶段可以说是充分利用大家的智慧、集思广益阶段，是对前两个阶段的结果进行复核、审查的阶段。在评估论证阶段，要征求有关专家技术人员和战略实施人员的意见，因为他们与战略目标十分相关。评价和论证要围绕战略目标是否符合战略主体的基本精神和核心价值观，是否符合国家法律政策，是否符合战略主体的整体利益和未来发展需要，是否符合战略主体所处的内在环境和外部环境。在评估论证阶段，还要分析战略目标是否具有可行性，要通过分析战略主体的实际能力，找出现有能力与战略目标之间的差距，评估战略主体的措施能否消除现存战略形势与未来的战略目标之间的差距。如果可以消除这个差距，说明这个战略目标就是切实可行的；如果不能消除这个差距，说明这个战略目标就没有什么可行性。战略目标的评估论证也要充分考虑未来战略环境的变化，如果外部战略环境对战略主体实现战略目标比较有利，那就可以提高战略目标的水平，否则就要考虑降低战略目标水平。在评估论证过程中，如果发现初步拟定的战略目标完全不正确或者犯有根本性错误，就要彻底推翻战略目标，重新拟定一个新的战略目标。在评估论证阶段，需要考虑的事项还有战略目标是否明确，战略目标之间有无不协调甚至存在矛盾的地方，如果没有矛盾这些战略目标体系是否分出了轻重缓急，实现战略目标的责任是否分解到位、能否贯彻落实下去。如果战略主体面临多个战略目标，那么就应该比较它们的利弊得失，最终作出选择。

在对战略目标进行评估和论证后，就进入了战略决断阶段。这是战略目标正式确定的最后一个阶段。战略决断阶段，可以说是制定战略目标的最后一个关口，这里要着重考虑战略目标方向是否错误、战略目标实现的可能性有多大、战略目标带来的预期效益有多大。在此，要保证战略目标的方向不能出现根本性错误，战略目标的实现程度和战略目标的预期效益要尽可能大。在对战略目标进行战略决断时，尽可能地掌握好决断时机。这是因为，战略目标都是关于重大、全局、长远的事情，时间跨度比较长，机不可失，时不再来。在此情况下，要掌握好战略决断的时机，既要防止对战略形势和战略环境没有调查研究清楚就轻率地对战略目标进行决断，又要防止战略时机到来而优柔寡断、犹豫不决，最后贻误时机。

调查研究、初步拟定目标、评估论证、目标决断是确定战略目标的四个步骤，它们紧密结合、相互影响。前一步骤是后一步骤的基础，且影响后一步骤的开展和成效；后一步骤依赖前一步骤，且是前一步骤的巩固和结果。如果前一步做得不充分踏实，后一步骤就不可能做得科学合理。当战略决策者在从事下一步骤工作时，如果发现前一步骤的不足或纰漏，就必须调整或者重新进行上一步的工作，查漏补缺，直到达到最优状态，才能继续下一步的工作。唯有如此，才能制定当前与未来、可能与现实相统一的战略目标。战略目标的制定关乎国运，不能不谨慎，不能不精密，不能不科学。

第三节　把握战略全局　做到胸中一盘棋

战略思维的第一要义是把握全局、整体，把全局当作一盘棋来运筹，这样就不会再局限于一城一池的得失，不会局限于一卒一兵的错误，而可以实现最终效果的最大化。为此，战略制定和战略谋划就必须具备全局思维、整体思维、系统思维，把事物看作一个整体、一个全局、一个系统来看待。

一、在全局中把握部分和局部

这里的“全局”包括谋事创业既要考虑整体性，也要考虑长远性。之所以如此，是由辩证唯物主义关于整体与部分、全局与局部的辩证关系原理所决定的。整体与部分是辩证统一的，二者相互依存、密不可分。事物是由部分、局部构成的，部分是基本的单元。没有部分或者局部就没有整体或全局，整体或者全局不能先于或者脱离部分而存在。全局或整体也不能忽视局部和部分。改革开放之前，我们过于强调国家利益、集体利益的重要性，而不怎么重视个人利益的正当性，甚至忽视个体的存在价值；过于强调国家利益的至上性，而忽视地方、地区利益的合理性；过于强调个人利益服从集体、国家利益，地方利益服从国家利益，甚至为了国家、集体利益，牺牲地方和个人利益。事实证明，这种处理国家、集体和个人、国家和地方的观念与方式，是既不利于增进整体利益，也不利于增进局部和个体利益的。因此，对于局部和个体，全局必须予以尊重，尊重其合理的地位和利益，只有如此才能有效发挥局部的积极性和创造性。

部分是整体的构成要素，局部是全局的基础，同时，部分从属于整体、局部从属于全局。部分不能离开整体而存在，部分或者局部是整体和全局中的一个环节。只要部分进入整体或者全局，部分或局部都要改变其原先孤立状态下的形态、地位、性质甚至功能。整体、全局由部分、局部构成，但并不是部分或者局部的机械相加或简单堆积，而是通过一定的结构或系统建构起来的，是各部分或局部的有机统一。通过结构对部分、局部之间的联结组合与建构，整体、全局则具有了任何部分、局部所不具备的结构，因而便拥有了任一部分、局部及其之和所没有的性质和功能。由于整体的性质和功能是局部和部分在孤立状态下所不具备的，也不是它们属性和规律的简单相加，因此，整体、全局的性质和功能要大于、优于局部和部分，这在事物的发育、兴盛阶段表现得更为显著。正因如此，部分在整体中是以某种方式结合在一起的，因而会在一定程度上分享或拥有整体的某种“整体性”或“全局性”的功能或优势。所以说，作为整体的部分与脱离整体或者当整体分解后而处于独立地位的部分有质的区别，离开整体的部分只不过是特定他物而不再是部分。正如黑格尔所言：离开身体的手不再是“手”，因为此时的“手”已不再是身体的“器官”，而只不过是“尸体”。因此，部分、局部在实现自身发展时要把自己纳入全局和整体的发展之中。离开全局和整体，部分和局部就丧失了生存和发展的环境，恰如种子离开大地、演员失去舞台。如果部分、局部不顾全局和整体利益甚至通过损害整体利益来实现自身利益，最后全局保不住了、整体垮掉了，局部、部分自然不会再有存在的舞台和价值，必将是自我毁灭。

当然，整体与部分、全局和局部是相对的，在一定条件下会发生转化。部分、局部是整体（全局）中的部分，整体、全局是由局部（部分）的结合构成的。一个事物相对于更大的事物是部分或者局部，但是对其包含的局部和部分来说又是全局和整体。部分与整体之间的关系不是静态的，而是动态的。受环境的影响制约，部分与整体也处于不断的变化变动之中。有些部分会脱离整体，在某种程度上可能会改变整体甚至破坏原有的整体，也可能建构新的整体。同理，整体的变化也会排除某些旧的部分或者吸纳新的部分。

辩证唯物主义关于整体（全局）与部分（局部）的辩证关系，要求我们在思想方法和工作方法上务必做到从全局看问题。在认识论上，我们在人类认识和实践过程中，必须先对整体有大致研究，然后再详细研究部分，最后在此基础上再详细地研究整体和全局。不能脱离事物存在的环境，单就事物自身认识事物，只就要素自身认识要素。我们要在整体中观察事物，既要认识部分又要认识整体，要把在整体中认识要素与在要素中研究整体、优化整体结合起来、联系起来。不仅要认识事物的要素，还要认识要素的结合方式和运动规律，以及由这些结合方式给要素带来的性质和功能。认识了事物的要素及其结构和结合方式，我们对事物的认识便会更全面、更深入。只有这样的过程，才是认识事物的正确方法。科学发展的历史越来越证明这种认识方法和认识过程的正确性。近代以来，无论是自然科学还是社会科学都存在不断分化的趋势；20 世纪以后，科学既存在分化的趋势，也存在融合的趋势。各门学科相互交叉、相互渗透，综合性研究、系统性研究备受青睐和重视，出现了很多交叉性科学、综合性科学和系统性科学，如系统科学和系统工程学。在工作方法论上，我们要把发挥全局的统摄作用与局部的积极作用有机地结合起来。我们制定各种战略要重点解决全局性、长远性、根本性问题，制定各种战术要解决局部性、阶段性的具体问题。制定各项战略要考虑整体和全局，并使局部处于恰当状态，使战术措施、战术目标服从和符合战略目标。同时，也要充分发挥局部的智慧和力量，创造一个竞相迸发、百舸争流的整体局面。

战略思维强调整体、集体、全局、长远的思想，对我们推进全面深化改革、做好当前的事业具有十分重要的认识论和方法论指导意义。

首先，我们必须用全局观念、整体观念指导全面深化改革的方法论。全面深化改革是一项复杂系统的工程，涉及方方面面，涉及各行各业，涉及不同利益群体。在全面深化改革进程中，要更加注重改革的系统性、整体性、协同性，加强顶层设计和整体谋划。

改革开放初期，我们的改革更多地是采用“群众自发创新——上层总结经验——上层试点推广——试点成功后再全国普及推开”的模式。如果说传统的改革模式更多是自下而上的，是群众的自发行为触发带动高层的自觉行为，这个过程虽然也有顶层的支持和鼓励，但高层并没有积极主动率先谋划、大力推动，而是在必要时给予容忍、鼓励、支持。这种改革模式犹如星星之火可以燎原，人民群众在各个领域都体现出了丰富和强大的主体性与创造性。然而，由于这种改革缺乏超前性、总体性的谋划，有些领域的改革走得快点，有些领域则稍微走得慢点，有些领域则按兵不动；同时，各个领域之间难以避免出现改革不匹配不配套不协调的现象，不同领域之间常常会出现“按下葫芦浮起瓢”的现象。这种结构性、机制性不配套的摩擦不仅大大降低了改革的总体效果，而且有可能会毁灭已经取得的改革成就。因此，这种状况和局面必须要在新一轮的全面深化改革中加以避免和尽快消除，否则，已经取得重大成效的改革领域，也会因为其他领域的不协调不配套，而付出越来越大的代价，无法实现最终的改革目的，而且也会影响改革的总体效益。

改革走过了40年的历程，我们现在应该站在战略的高度，减少这种传统路径依赖，更加注意改革的自觉性、主动性、系统性，把改革更多地从自发转为自觉状态、孤立状态转为系统状态，使各个领域之间相互支持、相互促进，更多地采取“战略决策规划——体制机制改进——鼓励示范创新——全国普及推开”的新型改革模式。最终实现改革运行机制的协调化、改革总体代价的最小化、改革总体效果的最大化。

在全面深化改革中，既要坚持经济体制改革这个重点，也要协同推进经济体制、政治体制、文化体制、社会体制、生态文明体制和党的建设制度改革。党的十八届三中全会通过的《关于全面深化改革若干重大问题的决定》之所以冠名“全面”二字，就是表明中国改革从改革开放以来“经济体制改革”为中心，转向囊括了经济体制、政治体制、社会体制、文化体制、生态文明体制等领域的系统化、全方位、整体化的综合改革。“全面改革”并不是说经济体制改革已经大功告成，而是说必须走向深入、走向全面。这是因为，有些经济问题并不是经济体制自身问题造成的，而是由于经济体制之外的原因造成的，如政治体制、行政体制、生态环境体制造成的。因此，如果我们仅仅把改革的主要精力用在经济体制的改革上，改革既不可能深入，也是难以奏效的。只有把经济、政治、文化、社会、生态等领域的改革协同配套起来，形成整体联动，形成强大合力，全面深化改革才会出现乘数效应，达到一加一大于二的效果。

其次，我们必须用全局观念、整体观念指导全面深化改革面临的利益冲突，正确看待自己的利益得失，把自己的利益得失放在全局中来考虑，舍小我保大我，实现全局利益的最大化。

改革开放是一个由浅入深的过程，是一个从符合所有人利益到触及改革者自身利益的过程。改革初期，改革对象主要是针对影响和束缚全社会所有成员积极性创造性的体制机制。可以说，改革成果几乎是人人受益，人人共享改革，人人支持改革。人民群众对于改革的各项政策，共识度比较高，推动起来也比较容易。但是，要释放更大改革红利，必须在一些重大问题和根本性问题上获得突破。改革开放初期，我们只是在某种程度上利用市场机制，到了20世纪末开始提出建立社会主义市场经济体制，发挥市场在资源配置中的基础性作用。但是，基础性作用依然无法满足社会生产力的发展，政府这只“有形的手”对市场这个“无形的手”干预依然过多，一些不必要的行政审批严重阻碍着市场的发展，阻碍着资源的有效率合理配置。为此，党的十八届三中全会提出，要使市场机制在整个资源配置过程中起决定性作用。这就是说，全面深化改革就要革政府自身的命，就是要简化和取消各类束缚企业积极性的行政审批制度。相比以往，革别人的命十分容易，感情上不怎么在乎，利益上自己没有什么损失。但是，现在轮到革自己的命，要动自己的奶酪，这就难了，从感情上来说就不太情愿了。所以，在推进取消和下放行政审批这个问题上，一些人敷衍了事、阳奉阴违，搞弹簧门，明放暗不放，虽然表面上取消或削减了，但是暗地里通过其他形式又保留下来。这其实就没有顾全大局，过于注重自己的一亩三分地，把自己分管的部门和领域看成独立王国。中国共产党人是彻底的辩证唯物主义者，既然改革也是一次革命，那就应该是彻底的、无所保留的，对别人是彻底的，对自己也应该是彻底的。在全面深化改革时，我们不能只顾自身利益，有选择性地进行改革，合意则取、不合意则舍。各地各部门不能总盯着自己的一亩三分地而不顾改革总体利益，搞各取所需、挑三拣四。改革者既是改革的主体，同时也是改革的对象、客体，不能把改革者排除在改革之外，任何人在改革面前没有特权。在改革面前人人平等，要看对国家、民族、社会、人民群众的整体、长远、根本利益是有利还是有害，要以人民利益为重，把握大势、胸怀大局，坚持立党为公、执政为民。

总之，我们要以马克思主义为指导，从全局的高度，处理好整体与部分、全局与局部的辩证关系，既坚持重点论又坚持两点论。按照战略思维的全局性、整体性要求，在全面深化改革的创造性实践中，既要强调基层群众创新的重要性、充分发挥群众改革创新的探索精神，同时更要加强顶层设计和整体谋划，提高改革的协调性、系统性和整体性，推动各领域、各部门、各地区的改革协同发展，实现全面改革、深化改革整体效益的最大化、最优化。

二、抓住系统联动，形成整体合力

全局思维要求我们把握全局、把握整体。全局和整体并不是部分、要素、局部的简单相加之和，而是一个由各种要素、部分组合而成的结构性的存在，即系统性的存在。也就是说，事物都是作为系统而存在的。这就要求我们从系统的观点和方法看问题，培养和提高系统思维能力。

系统是普遍存在的。世界是个系统，事物是个系统，构成事物的要素也是一个系统。世界上任何事物，大到宇宙、小到原子，都是一个系统，都是系统性的存在。关于系统的内涵，学术界一直众说纷纭，给出的定义有很多种。其中，比较常见的有“系统是诸元素的给定集合”，“系统是有组织的和被组织化的集体”，“系统是有联系的物质和过程的集合”，等等。比较公认的定义是：系统是由各要素以一定结构或形式组合起来构成具有一定功能的有机整体。在这个定义中，系统包括了构成要素、结构形式、功能作用三个要素。对于系统，按照不同的视角维度，有很多分类方法。按照是否有人类活动干预，可以分为自然系统和人工系统；按照涉及领域，可以分为自然系统、社会系统和思维系统；按照系统的大小，可以分为宏观系统、中观系统和微观系统；按照系统自身与外界环境之间的关系，可以分为开放系统、封闭系统，等等。系统具有等级结构性、对外开放性、复杂性、整体性等特征，其本质特征是整体性。

系统思维的核心是把世界万物都看作系统，而不是各个要素、各个部分的机械或者简单相加。系统和要素是一对矛盾。系统由要素构成，系统具有要素所不具有的性质和功能，在一定条件下，系统和要素会相互转化。系统之所以不同于要素、具有各要素和各要素之和所不具备的性质和功能，是因为系统是一个结构性的存在，也就是说，系统具有要素及其之和所没有的“结构”或“形式”。结构是事物各要素的结合、组合方式。要素相同，结构不同，事物也不同，功能也不同。系统正是通过“结构”或“形式”把各个要素“组织”或“建构”成不同的事物，使事物具备各个要素在孤立状态下所不具有的性质和功效。亚里士多德所说的“整体大于部分之和”就是这个道理。在系统中，各个要素性能即使很好，如果结构不好，整体功能不一定会很好；相反，各个要素的功能虽然不怎么好，如果有相应的结构，整体功能则不一定会不好。这是因为，在系统中，要素不再是简单的要素，也不再孤立地存在着，而是被系统“结构地”“形式地”规定着、建构着。要素通过结构或者形式形成特定的关联，构成了系统这个不可分割、具有特定功能的整体或者全局。系统中的每个要素都被安排在特定的位置上、角色中，不是独立地起着自己原始角色的作用，而是发挥着系统规定着的特定作用。在系统中的要素才是真正意义上的要素，如果离开系统这个整体，要素就发挥不出其在整体中的功能，要素将不再是要素，正所谓离开了人体的手将不再是手一样。系统和要素是辩证统一的。要素构成系统，系统规定要素，系统决定要素的性质和功能。以局部要素、局部功能说明系统的整体功能是机械论、形而上学的观点；反过来，以整体功能去说明局部要素则是系统论、辩证法的观点。

以系统作为研究对象的科学叫“系统科学”或“系统论”。“系统论”是研究系统的一般模式、结构和规律的学问，与信息论、控制论一起被称为“老三论”。系统论的形成经历了一个漫长的发展演变过程。从历史来看，我们可以把系统科学的历史分为四个不同阶段：古代整体系统思维方式——近代机械系统思维方式——辩证系统思维方式——现代复杂系统思维方式。我们现在讲的系统论是一门现代科学，是在近代机械论基础之上发展形成的现代复杂系统科学。系统论作为一门现代科学，学界比较公认的是美籍奥地利理论生物学家 L.V. 贝塔朗菲创立的。他在 1937 年提出了一般系统论原理，奠定了系统科学的理论基础，但其论文《关于一般系统论》直到1945年才公开发表，1948年他在美国再次讲授一般系统论时，系统论才受到学界重视。1968年，贝塔朗菲发表了专著《一般系统理论基础、发展和应用》，正式确立系统论的学术地位，该书也被公认为是系统论的代表作。系统论的任务就在于：通过认识系统的内部构成和运动规律，来调整优化系统的内部结构形式，合理安排系统内各要素的关系，进而控制、改造、利用或废弃、破坏这个系统，使之符合自己的需要，为自己的目的服务。总之，对于运行功能和效果好的系统，进一步改造优化它的内部结构为自己服务；对于运行不畅和功能不好的系统，尽快废除、破坏这个系统的结构形式和效果作用，把其负面效果降到最低，或者重新建立一个新的系统，服务于自己的目的。系统论的产生对现代科学发展产生了划时代影响，使得科学研究的对象由事物内部的要素、部分转向事物内部的结构、形式、机理。

在系统论产生之前，以往的科学研究方法更多地是把复杂系统还原为简单要素，把整体还原为部分，把全局还原为局部，然后再用部分说明整体，用简单事物说明复杂事物，用局部说明全局。从笛卡尔以来，这种科学研究方法就已经在自然科学研究中被广泛采用，也是系统论产生之前科学界普遍流行的方法。相对来说，这种研究方法在中国传统科学中并不是太盛行，因为中国传统思维更注重整体，更注重发现事物之间的联系，更习惯于把事物作为一个整体来看待。

还原论的研究方法，其着眼点和重点在于局部和要素，强调要找到研究事物的“阿基米德点”，然后对事物的内部结构再进行精细的分析。这种研究方法更多地是分析而不是综合，善于从具体事实出发来说明整体。它的优点在于：事物必须从自身内部原因而不是外部原因得到说明，避免对事物还没有进行深入研究就轻率地得出结论的错误做法。这对于打破流行了几千年的神秘主义或者武断独断的思维方法具有重要意义。这种思维方法在现代科学历史上具有重大贡献，是现代科学形成的基本标志。但是，它的缺点也是十分明显的。它过于重视要素而忽视结构，过于重视局部而忽视整体，忽视了没有结构或者形式要素便没有办法存在和运动，整体也不等于各个要素的简单相加。它只能对简单事物进行认识，而无法认识复杂事物，也无法认识事物之间的内在联系。在对事物进行分析时，这种方法具有浓厚的机械的因果决定论或者机械唯物主义倾向，个别时候甚至把因果决定论神秘化，带有唯心主义宿命论的色彩。

当然，这种还原论的、分析的研究方法在科学产生的最初阶段是必然性的、必要的，也是合理的。因为，受生产力发展和时代的局限，当时的自然科学还处于分门别类地搜集材料而不是整理材料的阶段。现代科学经过了几百年的长期发展，积累了丰富的科学研究成果，事物内部的本质结构和事物之间的内在联系开始逐渐呈现在了人们面前。随着社会生产力的飞速发展，人类面临的科学技术难题越来越多，社会结构变得越来越复杂，社会问题也越来越多样。传统分析方法的缺陷日益显露，面对新的复杂问题，也越来越无能为力。正当传统的分析方法在解决现代复杂社会问题、工程问题力不从心、一筹莫展时，系统论等新兴学科和研究方法便应运而生。它与信息论、控制论等横断科学一起提供了解决复杂问题的新方法、新思路。可以说，系统论既是现代社会化大生产的直接结果，也是现代科学发展的必然结果。作为应对现代复杂社会问题、工程问题的科学方法论，系统论一经出现，便得到了高度重视和广泛应用。

马克思主义认为，方法和理论是一体的，很难分开，理论的应用就是方法，方法由理论决定，有什么理论就有什么认识方法。这个认识在系统论与系统思维的关系上也是成立的，系统论的科学理论与系统论的思维方式是统一的。系统论既是一门科学也是一种科学的认识论、方法论——既是研究系统内部的构成要素、结构形式、系统与外部环境的关系、系统运动规律的科学理论，也是一种研究事物的科学方法。系统思维与形象思维、分析思维都不同，它首先是一种理性的逻辑抽象能力而不是感性思维能力。系统思维不是就事论事，而是强调对事物做全面的思考，把需要认识和处理的对象看作一个系统或者一个更大系统中的一个子系统，分析这个系统的构成要素、结构形式、功能效果、外部环境以及变化规律。因此，系统思维方法不是简单零碎的，而是具有整体性、立体性、动态性、全局性和系统性等特征。

系统思维特别强调思维的整体性。它强调要从要素的相互联系和相互作用中去理解整体，要从系统的整体结构和形式来理解各要素，来理解整体对要素的支配关系。在研究一个对象时，既要把这个对象看作一个整体，也要把这个对象所处的外在环境看作一个整体。在中国传统哲学中，这种整体性的思维方式特别流行。《周易》就把天、地、人结合在一起，当作一个宇宙整体即系统来研究，研究天、地、人之间的相互感应、相互作用。中医就是把人自身看作一个小宇宙即系统来研究，反对头痛医头、脚痛医脚，而是强调各个器官之间、身体与精神之间、身体与宇宙之间的相互影响和相互作用。治病就是使“身体小宇宙”这个系统的各个要素重新归位，也就是使其运动机理重新恢复正常。这点恰恰是中医的优点和价值所在，现在医学界兴起中西医结合，就是在利用中医这个传统优势。系统思维强调，认识主体必须对事物的整体情况有所了解，然后提出需要实现的整体目标，分析实现目标需要的总体条件，然后在此基础上拿出解决整体问题的方案。由此可见，整体既是系统思维的出发点也是归宿点，系统要素不过是中间环节。这和传统思维方法强调从要素出发到整体有着明显区别。

系统思维特别强调思维的结构性。系统思维特别强调结构，要素虽然是功能的基础，但是要素要发挥作用必须经过结构这一中间环节。在要素相同的情况下，起区别作用的就只能是结构了。再好的要素如果没有好的结构或者形式来对它们加以“容纳”或者“配置”，也发挥不出好的功能；再差的要素如果有好的结构或者形式，也会发挥意想不到的功能或作用，因为要素数量和质量上的问题可以通过结构或者形式来加以弥补。在解放战争期间，数量较少而且装备较差的解放军之所以战胜数量较多而且装备精良的国民党军队，是因为解放军自身的军队结构、管理方式比国民党要好，是因为解放军这个系统与党组织、人民群众这两个外界环境关系处理得比较好。就要素数量来说，解放军的数量少于国民党军队，但是解放军的结构要高于国民党军队的结构，优等的结构、优等的环境带动数量较少的要素，最终带来了中国解放战争的胜利。

事物的功能不仅取决于事物的内部要素，而且更取决于事物的内在结构和外在环境。事物的结构决定事物的功能。也就是说，事物的本质和功能不能仅仅用要素的本质及其功能来说明，而且更要用事物内部结构去说明。系统思维认为事物的属性和功能由其结构决定，结构是事物外在功能的内部本质，功能是事物内部结构的外部表现，二者是一个事物的两个方面。事物之所以具有优良或劣质的功能，不能只是从其要素本身的优劣去说明，而更应从事物结构的优劣去说明。一个功能优良的事物，不仅在于有好的要素，更在于事物内部有好的结构；反之亦然。如果事物没有良好的结构，不仅外在功能提升不了，而且会消耗、牺牲大量内部要素自身具有的功效，需要长期不间断地投入大量要素来保证、维持其外在功能，成本十分巨大，最终难以为继，不是停滞倒退，就是自行消亡。因此，要改善、提升事物的功能和功效，就必须对要素和要素的结构同时进行优化升级。但是，在要素无法立即改变的情况下，便应首先从改良结构入手，努力创造、优化内部结构，实现系统的最佳功能。比如，在社会生产力这一系统中，生产力的一些要素在一定历史时期是既定的，很难在短时间有质的根本性改变，就是说，诸如劳动者的素质、生产资料的科技含量等，一时难以有质的改观，但是可以通过改变生产力要素的结构和组合方式，即改变生产关系、改革经济体制等，来提高生产力的水平、提高生产效率。又如，在军队这一系统中，指战员的素质能力、军事装备的质量效能等要素，很难在较短的时间内有根本性的提升，也就是说，想通过迅速提高指战员的水平和改良军事装备等来提升战斗力是很难的，但同样可以通过改革军队的结构即各要素的组合方式来提高战斗力。毛泽东在我军建设过程中，通过确立支部建在连上、改革官兵关系和军民关系、实行“三大民主”等，把一支主要由农民兵为主体的军队建设成为了一支具有较高战斗力的人民军队。

改革开放前，我国农村实行人民公社制度，由于生产关系这个经济结构对劳动力、生产资料配置的不科学不合理，导致生产力长期低下，人民群众的温饱问题都解决不了。家庭联产承包责任制实行以后，还是那些人，还是那块地，还是那些生产资料，但是有了良好的经济结构——家庭联产承包责任制，粮食产量一下子就上来了，很快就解决了人民群众的生活问题，农村生产力也得到了巨大提高。改革开放40年来，由于我们长期以来依靠粗放型的发展方式，不合理的经济结构导致大量资源浪费、生态破坏、污染严重，对我国可持续发展战略构成了严重挑战。要实现经济发展的质量和效益的提高，就必须从转变经济发展方式、调整经济结构着手。由于长期没有合理的、科学的权力监督制约结构，导致权力的运行没有严格的边界和约束，贪污腐败猖獗，个别地区、个别部门甚至出现了“塌方式腐败”。现在，党中央十分强调反腐败和党风廉政建设，“苍蝇老虎一起打”，使领导干部做到“不敢腐”“不想腐”“不能腐”。“不能腐”其实就是从“运动反腐”转向“制度反腐”“法治反腐”。我们必须依靠制度和法治来做好监督制约权力的结构，把权力关进制度的笼子里。我们现在进行的全面深化改革，就是试图打造最佳的生产关系结构——经济体制改革，发挥市场在资源配置中的决定性作用，实现市场资源的最佳配置结果。

系统思维还重视思维的立体开放性、视野宽阔性。在系统论看来，任何事物都包含三重“系统”：第一，事物自身就是一个系统；第二，事物内部包含许多子系统；第三，事物属于一个更大系统的子系统。作为一个独立系统，这个系统在时间维度内不断发展延续，作为一个更大系统的子系统，它与其他子系统一起发展延续。作为涵盖了各个子系统的母系统，它又保持相对稳定不变。我们研究事物时，不能静止孤立地看待事物，即不能就事实自身考察事实，一定要放开眼界、开阔视野，把事物放在纵横交错的交叉点上来观察分析，既注意对它进行纵向比较，又注意对它进行横向比较；既要研究与其他事物的横向联系，又要认识事物自身的纵向发展。唯有如此，才可以全面准确地把握事物自身的规定性。需要特别强调的是，我们要更加注重横向思维。横向思维要求我们跳出自己的狭小圈子，不再局限于自己的狭隘视野，把事物置于横向的多重联系中来考察，在相互比较中来真正认识、确定自己的属性和价值，不搞自我欣赏、孤芳自赏、闭门造车。正所谓：不识庐山真面目，只缘身在此山中。同时，需要注意的是，横向思维必须基于纵向思维，纵向思维越深刻，横向思维越准确。因为，在系统的横向关系中，各个纵向关系是“要素”。对系统自身的纵向发展没有比较清楚的理解，便无法把握各个系统横向之间的关系。另外，横向思维有助于纵向思维的拓展，对事物横向关系的把握越清楚，对事物纵向关系的理解就会越深入。因此，所谓系统思维的“立体性”，或者说“立体思维”，就是指人们在认识事物时，既要注意纵向的层次分析，又要注重横向之间的要素关系分析；既要在纵向的时间维度中把握事物，研究事物发展演变的过程，又要在横向的空间维度中把握事物，研究事物与事物之间的复杂关系，最终实现时间维度与空间维度的辩证结合。也就是说，在系统思维中，纵向思维和横向思维不再是各自独立、相互分割的，而是相互统一的。世界是个时空统一体，任何事物既是时间性的存在，同时也是空间性的存在。事物作为时间性的存在，都有其自身产生、发展的过程；作为空间性的存在，则会受其他事物的制约和作用，从而影响事物发展的进程。从这个角度看，纵向思维亦即时间思维，主要考察事物自身在时间中的运行方式和轨迹；纵向思维亦即空间思维，主要研究事物内部各要素之间、事物与事物之间的联系，分析事物存在的结构和网络，及其对事物发展的影响。不研究、理解事物自身及其发展过程，便无法了解事物之间的相互关系；不了解事物之间的相互关系，也不可能正确地把握事物自身及其发展规律。因此，必须把事物看作一个完整的系统，既要纵向思维，也要横向思维，并且把二者有机统一起来；同时，既要坚持横向思维以纵向思维为基础，注意事物的变化发展，又要做到纵向思维以横向思维为依托，注意事物的相互联系，最终实现两者相互补充和有机结合，从而形成事物完整的、立体的认知。

系统思维也要求注重思维的动态性。系统的稳定和平衡是相对的，系统的不断变化发展和不平衡是常态。任何系统都有自己的生成、发展和灭亡的过程。这是因为，首先，系统内部诸要素的位置及其结构都是不断变化的；其次，系统与周围的物质、信息、能量之间的关系都时时刻刻处于不断变化之中；再次，周围的环境也时时刻刻影响着系统功能的发挥，外部矛盾有时也能转化为内部矛盾。系统思维的动态性正是系统动态性的直接反映，系统的动态变化要求我们的思维必须与之相适应，具有变动性。当系统的要素和结构处于上升发展阶段、系统的功能高效发挥时，我们就必须保持系统的相对稳定；当系统的要素和结构处于下降阶段、功能逐渐减弱时，我们就没有必要再使系统保持稳定状态，而应当勇于改变或打破这种稳定状态，构建新的系统。

第四节　明晓战略底线　防止出现颠覆性错误

战略思维，不仅要解决“做什么”“怎么做”的问题，而要解决“不做什么”“怎么不做”的问题。战略决策，既要有战略雄心，制定管大局、管长远的战略目标，也要有战略底线，确定战略边界和战略“红线”，避免出现颠覆全局的方向性的战略错误。战略实施，既要有敢于试、敢于闯的创新和拼搏精神，敢于杀出“血路”、善于开拓新路；又要有坚如磐石的战略定力、顽强的战略意志，严防死守战略底线不动摇，防止越界而犯颠覆性的错误，坚决不走“老路”、不走“邪路”。习近平同志多次强调：“中国是一个大国，不能出现颠覆性错误。”这里所说的“颠覆性错误”，就是战略底线。全面深化改革，无论改什么、怎么改，坚持中国共产党的领导、走中国特色社会主义道路都不能改，这是改革发展的底线，是事关中华民族前途命运的底线。

一、战略底线的内涵和特点

战略底线与底线思维，恰如战略和战略思维，是相互联系在一起的。底线，一般包含三层意思：一是人们对某种事态最低的心理承受力；二是人们或社会为人的言行设定的最低标准；三是人们为某一行动实现设置的最低的预期目标。“底线思维”，是一种以底线为基本导向、调控事物或行为朝预定目标运行的一种思维方式和思维方法。底线思维也是一种系统战略思维，是确定事物存在、行动实施的边界或临界点，以及如何避免突破临界点而带来最坏结果的一种思维方式、思维方法。它不仅指出事物存在的界限或限度，指出一种战略、一个行动可能会出现的风险和挑战，可能会发生的最坏情况及结果，以做到心中有数；而且告知或警示人们哪些措施是不能采取的，哪些事情是不能作为的，以及提醒人们如何防患于未然，如何避免风险、化险为夷，变危机为机遇，变挑战为动力。简言之，底线思维，就是一种遇事从最坏处着想，然后做最充足准备，在有限条件下努力争取最好结果的思维方式。底线思维不是一种消极、被动的思维方式，也不是一种只被动防范不主动出击、只消极防御不积极进攻的思维方式。底线思维，实际上是一种积极主动的思维，一方面，它要求人们思考和明确事物的界限，底线在战略布局中的地位，超越后突破底线的最大危害、如何规避重大风险等问题；另一方面，它要求人们从底线出发，坚守底线，步步为营，在确保战略核心利益的前提下，敢于闯、善于“冒”，争取获得最大的战略利益。

底线思维作为一种战略思维，要求在布局谋篇、制定战略规划时，必须把底线纳入总体战略布局的决策，必须把底线纳入战略目标、战略规划、战略实施之中，明确战略的最高目标和最低限度，即最好的结果和最坏的结果，明确战略实施的行为准则，哪些可为、哪些不可为，哪些必须坚定地做、哪些必须坚决不做，等等。这就是战略底线。战略底线不仅要明示哪些结果是必须追求的，哪些举措是必须采取和贯彻落实的；而且要明示哪些结果是决不能允许出现的，必须坚决避免，哪些战略措施是决不允许施行的，即哪些错误是决不能犯的，必须坚决抵制和杜绝。必须做的，坚定地去做；绝对不能做的，坚决不去做。这就是坚守战略底线。反之，必须做的，却不去做，即不作为；不能做的，却去做，即乱作为。这都是不顾或突破战略底线。不顾或突破战略底线，就是犯颠覆性的错误，必将受到惩罚。

确定和明晓战略底线，必须要弄清楚以下问题：战略全局的系统包含哪些要素，各要素之间的关系是什么，即系统的结构是怎样的，各要素哪些居于主要地位、起着关键作用，哪些居于次要地位、起着一般作用，各要素之间的运行方式和因果逻辑链条是什么，战略布局的大环境如何，有哪些因素是有利的、哪些是不利的，有利的因素是否可以持续，不利的因素是否可以转化为有利，有利的因素是否可能变为不利，等等。只有搞清楚了这些问题，才能增强危机意识、忧患意识、风险意识，才有可能避免战略的片面性、颠覆性，从而更好发挥战略底线的预测作用和预防作用，接受更大的挑战，争取最佳的结果。总之，战略底线可以使我们深处险境时，不致手忙脚乱、无从应对；能够使我们有备无患、遇事不慌，从最坏处着手，创造性地开展工作，化挑战为机遇，牢牢把握战略主动权。

战略底线思维蕴藏着深刻的哲学内涵，体现着对辩证法对立统一规律的自觉应用。在研究分析事物及其发展时，既要雄心勃勃也要谨慎行事，既要看到机遇也要看到风险，既要看到事物积极的一面还要看到消极的一面。在实践中，既要积极抓住和利用机遇，又要尽力规避风险，化险为夷；不仅要善于利用积极因素，为实现目的服务，而且要善于减弱消极因素的影响，且促使不利向有利转化，变不利为有利、变消极为积极。战略底线思维也体现出对辩证法质量互变规律的自觉应用。在谋事创业时，既看到了事物质的规定性，也看到了事物量的规定性，而且要看到质量统一的“度”的规定性。任何事物都是质和量的统一，都在质和量的统一，即“度”中才能存在和发展。一事物超出其存在的“度”，即量的“限度”，事物的质就会发生改变，事物的统一体就会破裂，一事物就会变成另一事物。当事物是新事物，就应当且必须保持事物质的相对稳定性，并推动其发展壮大，而不应当突破其存在的限度；反之，当事物是旧事物，或当事物的某些方面和环节已经严重危及事物的存在和发展时，就必须毫不犹豫地促使旧事物向新事物转换，或者积极推行改革，改变那些阻碍、危及事物存在和发展的方面与环节，优化事物的结构和功能，促进事物健康协调持续发展。

二、全面深化改革要严守战略底线

推进全面深化改革伟大事业，为什么要培养底线思维、坚持战略底线？必须坚持哪些战略底线？

（一）全面深化改革必须坚守战略底线

在全面深化改革中要有底线思维，必须坚持战略底线，这是由改革的性质和目标决定的。

首先，改革是中国社会主义的自我更新和自我完善。改革所要改变的是与生产力发展不相适应的所有生产关系和上层建筑，是中国社会形态和面貌的根本性变革。改革是中国社会的第二次革命，并且是一场深刻的革命。全面深化改革更是一场深刻的革命，是对当前我国生产关系、上层建筑“刮骨疗伤”的变革，其阵痛以及对中国社会发展所产生的影响与结果并不亚于、甚至要超过激烈的新民主主义革命和社会主义革命。可以毫不夸张地说，今天的全面深化改革是中国历史几千年“未有之大变局”。

其次，改革是决定中国命运的关键一招，是发展中国特色社会主义的必由之路。改革直接关乎党运、国运和人民的命运。因此，不得不改革，必须改革。正如邓小平所说，不改革就是死路一条。任何反对改革的言论，必须坚决回击和纠正；任何逃避改革、阻碍改革的行为，必须坚决制止。同时，乱改革，不切实际的改革、没有底线的改革，或改革不深入、改革不全面，也会是死路一条。就是说，改革开放发展到了今天，只有全面深化和推进改革，才能消除体制机制的顽瘴痼疾，才能激发经济和社会活力。如果不继续全面深化改革，40 年的改革开放的成果就会葬送，中国特色社会主义的事业就会夭折。同样，如果在全面深化改革大局中，不能把握战略底线，不能坚持改革的正确方向，在战略上犯颠覆性的错误，其结果与不坚持全面深入改革是一样的。

再次，当前改革进入了“攻坚期”“深水区”，必须要“涉险滩”“啃骨头”。改革所面临问题的复杂性和难度前所未有，改革所承担任务的艰巨性和风险性前所未有，改革所处环境的复杂性和险恶性前所未有，改革所承载的对实现中华民族伟大复兴战略目标的重要性和影响力前所未有。也就是说，全面深化改革的使命、任务、范围、力度、深度、难度、影响等可谓是空前的，也可能是绝后的。今天的改革，不仅是伤筋动骨、刮骨疗伤的，而且是牵一发动全身、一子不慎满盘皆输的。因此，全面深化改革不仅是革命性的，而且也是有章法、有原则的。改革既是全面的，也是深刻的，是对我国的经济关系、政治关系、文化关系、社会关系、人与自然的关系等方面的根本变革，是对我国的社会面貌、生活面貌、精神面貌的根本变革，为的是要把我国建成社会主义现代化强国。这是战略高线，也是战略底线。另外，全面深化改革绝对不能在根本性问题上破窗，绝不能否定社会主义基本制度、不能偏离社会主义发展方向。

总之，全面深化改革是中国社会的深刻革命，是中国社会亘古未有的“大变局”。“大变局”必定有大作为，也必定有大风险。因此，全面深化改革必须既要有战略目标的引领，又要有战略底线的约束。

（二）全面深化改革必须坚守的战略底线

全面深化改革需要坚守哪些战略底线？改革之初，邓小平就为改革开放定好了调子，制定了改革的战略底线，那就是“四项基本原则”。1987 年，党的十三大确立了社会主义初级阶段的基本路线。1992 年，邓小平在南方谈话中强调指出，基本路线要管 100 年，必须坚持基本路线不动摇。可以说，基本路线既确立了改革的战略目标，也明确了改革必须坚守的战略底线。从根本上讲，坚持初级阶段的基本路线，就是坚守改革的战略底线。习近平同志在 2017 年 11 月 20 日主持召开的十九届中央全面深化改革领导小组第一次会议上提出了“三个不能变”的改革底线：无论改革什么、改到哪一步，坚持党对改革的集中统一领导不能变，完善和发展中国特色社会主义制度、推进国家治理体系和治理能力现代化的总目标不能变，坚持以人民为中心的改革价值取向不能变。这“三个不能变”更加坚定了全面深化改革的正确方向，必须坚决坚持、严格坚持，不断使改革在新的起点上实现新的突破。

总体而言，全面深化改革必须严守的战略底线可分为两个不同的层次：宏观方面与微观方面。“基本路线”“三个不能变”，讲的改革的领导者、发展方向、道路等，属于宏观上的底线。改革是通过对各领域、各地区、各部门的具体制度、体制、机制、行为方式等的破旧立新来施行的，改革宏观方面的底线是必须落实到具体的领域、环节才能生效和成功的。因此，在改革的具体领域、地域等之中，必然有其必须坚守的具体底线。经济体制改革有其必须遵守的底线，政治体制、社会体制等领域的改革也有其必须恪守的底线。这属于改革微观方面的底线。当然，宏观和微观是相对的，也是统一的，它们是相互联系、相互影响、相互作用的。

1. 宏观方面的战略底线。

（1）在改革的大方向、根本道路问题上，战略底线就是坚持中国特色社会主义旗帜、道路、制度、理论不动摇。习近平同志指出，“道路问题是关于党的事业兴衰成败第一位的问题，道路就是党的生命”。

改革必须坚持中国特色社会主义道路，高举中国特色社会主义伟大旗帜，不走封闭僵化的老路，不走改旗易帜的邪路。改革之所以必须坚持中国特色社会主义这个方向和原则的战略底线，是由改革的性质所决定的。改革是不断推动社会主义制度的完善和发展，而不是铲除社会主义制度。党的十八届三中全会明确指出，“改革开放的成功实践为全面深化改革提供了重要经验，必须长期坚持。最重要的是，坚持党的领导，贯彻党的基本路线，不走封闭僵化的老路，不走改旗易帜的邪路，坚定走中国特色社会主义道路，始终确保改革正确方向”。“我们在改革开放上决不能有丝毫动摇，改革开放的旗帜必须继续高高举起，中国特色社会主义道路的正确方向必须牢牢坚持。”全面深化改革，既要通过改革对过去的一些不合适或者错误的做法进行批判、反思、矫正，也要通过社会主义的基本原则对改革进行理想引导、价值规范，使中国特色社会主义在改革开放进程中更为快速健康。

中国为什么走中国特色社会主义道路？这实际上是一个如何对待马克思主义、对待社会主义的根本问题，也是一个在中国如何建设社会主义的重大实践问题。经典作家提出的社会主义社会，是建立在资本主义高度发展基础之上的新的社会形态。我国的社会主义是在特殊的国际国内环境下建立起来的，是建立在半殖民地半封建的社会基础之上的，无论是生产力水平还是社会民主程度，都远远落后于西方资本主义国家。在特殊的基础之上建设社会主义，就不能教条地照搬照抄马克思主义经典作家的理论，也不能走苏联社会主义的发展道路，更不能“回头补课”、走西方资本主义发展的道路，而是必须把社会主义的基本原理与当代中国基本国情结合起来，走自己的道路，建设中国特色社会主义。但是，由于理论准备不足、实践经验欠缺，加之一些领导人主观主义膨胀，在建设社会主义的探索中，脱离中国实际，脱离特殊国情，一会儿照搬别国模式，一会儿“跑步进入共产主义”，一会儿“政治挂帅”“以阶级斗争为纲”，走了一段较长的弯路，出现了重大的方向性失误。方向和道路本是生命，迷向和迷路可能会灭亡。邓小平曾经指出：“我们的现代化建设，必须从中国的实际出发。无论是革命还是建设，都要注意学习和借鉴外国经验。但是，照抄照搬别国经验、别国模式，从来不能得到成功。这方面我们有过不少教训。”以邓小平为核心的第二代中央领导集体在总结世界、特别是我国社会主义建设的经验教训的基础上，坚持解放思想、实事求是的思想路线，提出了“把马克思主义的普遍真理同我国的具体实际结合起来，走自己的道路，建设有中国特色的社会主义”的新主张。邓小平认为，这是我们总结“长期历史经验得出的基本结论”。党的十二大提出“建设有中国特色的社会主义”是一个伟大的命题，找准了中国社会发展的方向，找准了中国社会发展的正确道路，解决了我国社会主义建设发展的“根本性问题”。

中国特色社会主义是我们全面推进改革开放的基本战略遵循、战略底线，这是因为无论是中国特色社会主义道路、中国特色社会主义制度，还是中国特色社会主义理论体系、中国特色社会主义文化都体现了科学的方法论，那就是马克思主义的基本原理、社会主义的基本理念与中国基本国情的结合问题。我们党从不同的维度将这种“结合”的结果概括为：社会主义的基本路线、基本理论、基本纲领、基本经验、基本要求等“五大基本”。

对于中国特色社会主义，国内外有很多误解。有人认为中国特色社会主义就是中国特色资本主义，“中国特色”四个字只不过是块遮羞布。其实，这是一种严重误解。中国特色社会主义是在我国已经建立社会主义制度的基础上发展起来的，无论其“特色”有多么突出，坚持的都是科学社会主义的基本原则。科学社会主义的基本原则，我们在任何时候都不能丢，丢了就不是社会主义了，就是什么其他的主义了。改革、尤其是全面深化改革，尽管要大力学习借鉴西方发达资本主义的先进技术、管理经验模式、价值理念等，尽管要大力发展市场经济、建设民主政治、构建和谐社会、繁荣自由、公正、民主、法治等核心价值观为主体的文化，等等，但这些并不是资本主义的专利（虽然过去和现在曾有人认为是资本主义的专利）。先进的科学技术、管理模式、市场经济等，都是推动社会发展的手段、工具，即便是那些吸附在上层建筑、意识形态之上的诸如权力分立与制衡、选举制、任期制等，也是促进社会制度完善的工具，并没有明显的所谓“姓社”“姓资”的本质属性。这些都是工具理性，资本主义可以用，社会主义同样也可以用。恰如某些布料，既可以为男人做衣裳，也可以为女人做嫁妆。尽管抛弃了、并将继续舍弃传统社会主义那些陈旧的与生产力发展不相适应的做法，那些附加在马克思主义、社会主义之上的“非马克思主义”“非社会主义”的观念和做法，那些脱离实际的超越时代特征的“乌托邦式”的理念和做法，但是，这些并不是抛弃社会主义，反而恰恰是回归科学社会主义的本义，恰恰是为了更好地坚持科学社会主义的基本原则。因此，那种认为中国特色社会主义是中国特色资本主义的看法，是缺乏理论依据和实践根基的，是完全错误的。当然，那种借全面深化改革之名，全盘西化、或“走回头路”等，就完全背离和抛弃了科学社会主义的基本原则。这样的改革就违背了初衷，就不是在走中国特色社会主义道路，而是走了别的什么路。这必将是中国发展的灭顶之灾。对此等“国之大事”，“不可不察也”，我们切不可大意，必须予以高度重视和警惕。

在方向道路这个重大的战略底线问题上，有人主张全盘西化，走新自由主义道路；也有人主张全面回头，走传统社会主义道路。其中的原因是很复杂的，既有意识形态方面的争论，也有利益方面的较量，还有科学理论认识方面的错误等原因。

在社会主义国家搞改革，是前所未有的伟大事业。在社会主义国家搞市场经济，更是一大历史创举。随着改革开放的发展，由于旧体制打破新体制还没有建立起来，或者由于新体制虽然建立起来但还未有序健康运行，也由于改革一时出现疏忽或者某些局部问题考虑不周酿成一些局部矛盾，导致人与自然、社会各利益群体之间出现很多矛盾。特别是在当前经济社会快速发展和社会急剧转型期，各种矛盾和问题集中出现，显得特别“扎眼”，让人感觉“晕头转向”。人民群众面对各种矛盾很难保持理性平和心态，很难理性地去认识这些矛盾和问题，不能正确认识改革开放的成绩与代价。一些群众开始把改革开放中出现的各种矛盾和问题看作改革开放的“恶果”，甚至认为改革开放本身就是错误的，质疑中国的社会制度还是不是社会主义。尤其在当前贫富差距较大、生态环境破坏严重、贪污腐败严重的形势下，很多中下层人民群众由于对现实不满，开始怀念过去，甚至有些人开始怀念晚年毛主席、怀念“文化大革命”，主张把改革开放以来的发展方向重新改到改革之前去。理性地看，这些问题和矛盾属于改革开放和社会发展中出现的正常问题，是“成长中的烦恼”，是改革还不够到位的结果，需要通过进一步全面深化改革来解决，而不是“因噎废食”，“把孩子连同洗脚水一起倒掉”。不搞社会主义的改革是条死路，不搞改革的社会主义也是死路。

中国特色社会主义也许还不够完善，还需要改革，但是它总体上适应中国当前的经济基础，能够协调好人民群众内部的各种矛盾。我们提出完善发展国家治理体系现代化，就是奔着改革和完善中国特色社会主义制度体系。我们在发展过程中，肯定会吸收借鉴人类文明的一切优秀成果，但是不会照搬照抄西方资本主义国家的制度体制，而是以我为主、有所取舍。随着中国的进一步发展，我们在道路、制度、理论方面会更加自信，在中国特色社会主义文化、价值观方面也会更加自信。

我们之所以要坚持不走别的什么道路，而坚定走中国特色社会主义道路，是有着深刻历史必然性的，是历史经验教训的深刻总结。2012年，习近平总书记在中央政治局第一次学习会上谈到如何历史地看待中国特色社会主义时强调指出：“中国特色社会主义，承载着几代中国共产党人的理想和探索，寄托着无数仁人志士的夙愿和期盼，凝聚着亿万人民的奋斗和牺牲，是近代以来中国社会发展的必然选择，是发展中国、稳定中国的必由之路。”2013年，习近平同志在十二届全国人大一次会议闭幕会上提出，实现“中国梦”必须走“中国道路”，“中国道路”就是中国特色社会主义道路。他说，这条道路来之不易，它是在改革开放30多年的伟大实践中走出来的，是在中华人民共和国成立60多年的持续探索中走出来的，是在对近代以来170多年中华民族发展历程的深刻总结中走出来的，是在对中华民族5000多年悠久文明的传承中走出来的，具有深厚的历史渊源和广泛的现实基础。

的确，一个国家走什么道路，是由这个国家的基本国情和面临的根本性问题决定的。一个国家实行什么样的“主义”，关键要看这个“主义”能否解决这个国家面临的根本性问题。当代中国，只有中国特色社会主义而不是什么其他“主义”能解决“中国问题”。只有中国特色社会主义才能发展中国，使人民群众过上幸福生活。中国特色社会主义道路之所以能够引领中国发展进步，使广大人民群众富裕，关键在于我们坚持理论联系实际、一切从实际出发，关键在于使马克思主义与中国实践相结合，实现马克思主义中国化，关键在于既坚持了科学社会主义的基本原则，又根据中国国情赋予其他时代特征、民族特征、中国特征。为此，我们一定要增强对中国特色社会主义的理论自信、道路自信、制度自信、文化自信，在全面深化改革的创造性实践中，坚定不移坚持中国特色社会主义方向，沿着中国特色社会主义道路奋勇前进、开拓创新，在21世纪中叶，把我国建成社会主义现代化强国。

（2）改革必须做到“三个不能变”。①

全面深化改革，必须牢牢坚持党对改革的集中统一领导不能变。党的领导是中国特色社会主义的最本质特征。在全面深化改革中坚持中国特色社会主义，核心是坚持党的领导。党的十九大把坚持党对一切工作的领导，确立为新时代坚持和发展中国特色社会主义基本方略的首位，即第一基本方略。全面深化改革坚持党的集中统一领导，一方面要坚决服从服务于中央对于重大改革项目的决策部署，不能有任何的打折缩水，更不能脱离中央领导搞任何形式的地方保护主义甚至假改革、乱作为；另一方面要通过全面深化改革，不断巩固和加强党的领导，使党始终成为中国特色社会主义的坚强领导核心，不能也不允许假借“改革”之名，涣散或削弱党的领导。各领域、各地区、各部门要切实增强政治

---

① 参见《人民日报》2017年11月21日。

意识、大局意识、核心意识、看齐意识，强化落实责任，结合实际，把党中央提出的战略部署、特别是党的十九大提出的改革任务和举措，转化为本领域本地区本部门的工作任务。

全面深化改革，必须牢牢坚持推进国家治理体系和治理能力现代化的总目标不能变。推进国家治理体系和治理能力现代化是党的十八届三中全会确立的全面深化改革的总目标。只有社会主义才能救中国，只有改革开放才能发展中国、发展社会主义、发展马克思主义。坚持全面深化改革，必须坚持和完善中国特色社会主义制度，不断推进国家治理体系和治理能力现代化，坚决破除一切不合时宜的思想观念和体制机制弊端，突破利益固化的藩篱，吸收人类文明有益成果，构建系统完备、科学规范、运行有效的制度体系，充分发挥我国社会主义制度的优越性。全面深化改革，就是要通过思想观念和体制机制方面的改革创新，不断增强中国特色社会主义制度的生机与活力，促进社会公平正义，实现国家治理体系和治理能力现代化，为实现“两个一百年”奋斗目标、实现中华民族伟大复兴的中国梦、实现人民对美好生活的向往提供坚强保障。

全面深化改革，必须牢牢坚持以人民为中心的改革价值取向不能变。人民是历史的创造者，是建设中国特色社会主义事业的历史主体，是决定党和国家前途命运的根本力量。发展中国特色社会主义归根结底是中国人民的事业。坚持以人民为中心的发展观，发展为了人民，发展依靠人民，发展成果由人民共享，是改革开放和中国特色社会主义的根本价值取向。实现人民对美好生活的向往是全面深化改革的根本任务和价值目标。党的十八大以来，坚持以人民为中心，积极推进社会改革，把促进社会公平正义、增进人民福祉作为审视、判断、检验各项工作、各种体制机制、各条政策规定的一面“镜子”和“试金石”。党的十九大报告由始至终贯穿着以人民为中心的发展观，彰显以人民为中心的价值导向，把实现人民对美好生活的向往作为治国理政的奋斗目标。坚持以人民为中心是新时代坚持和发展中国特色社会主义基本方略的核心。新起点上的全面深化改革，必须坚持以人民为中心的价值取向，把始终维护和增进人民群众的根本利益作为出发点和落脚点；必须遵循以人民为中心的价值取向，把是否有利于实现人民的美好生活作为衡量改革的根本标准和要求。唯有如此，改革才能赢得和凝聚民心，才能汇聚民智民力，才能助推中国特色社会主义不断向前发展。

总之，在全面深化改革的征程中，“怎么改，改什么，要有我们的政治原则和底线，要有政治定力”。衡量各项改革是非得失的标准，就是看它是不是符合、坚持了中国特色社会主义，如果忘记或者偏离了这条主线，就会迷失方向，甚至误入歧途。同时，要根据时代特征、国情变化和人民愿望，在总结党的建设、社会主义建设经验教训的基础上大胆改革、勇于创新，改掉一切落后于实际、阻碍生产力发展的制度体制机制，创建适应生产力发展、有利于激发社会活力的制度体制机制，不断根据新的社会实践发展赋予中国特色社会主义以新内容、新特征，不断将中华民族伟大复兴的事业推向前进。

2. 微观方面的战略底线。

全面深化改革不仅在基本方向和基本道路上确立底线思维，坚守战略底线，而且在改革的重大领域、重要方面也要树立边界意识、底线意识，坚持战略底线，保证改革的持续性和方向性。

（1）改革的力度，要有战略底线。不改革、不全面改革、不深化改革不行，那等于死路一条。力度小的改革也不行。那种不痛不痒的改革、隔靴搔痒的改革、花拳绣腿的改革，解决不了根本的、关键的问题，最后病入膏肓，也会是死路一条。力度太大的改革也不行。改革的力度太大，会超出社会的承受度，很容易造成大的社会震动，对人民群众的切身利益和心理造成强烈冲击。把握好改革的力度，既是一门领导科学，也是一门领导艺术。需要在全面深化改革的实践中不断探索、大胆创新、及时总结，找准改革的力度、发展的速度、社会的承受度三者最佳结合点。

（2）发展的速度，要有战略底线。中国经济发展进入新常态，经济发展的速度由高速转向中高速，经济发展的方式由数量效益型转向质量效益型。就当前经济发展形势而言，这个战略底线的上线就是防止通货膨胀，下线就是稳增长、保就业、保民生。发展速度既不能增长过快，也不能增长过慢。经济增速必须处于一个科学合理安全的区间之内，不能大起大落。经济增长有一定波动属于正常现象，但是大起大落就不正常了。这些年，高耗能、高污染、资源型产业的盲目扩张，给我们的资源环境带来了巨大压力，我们对防止经济增长过快有了一定的共识，但是对经济增长过慢带来的消极后果还没有清醒认识。我们要有面对经济下行的战略定力，但是也要有面对经济下行的战略底线。

为了转变经济发展、调整经济结构、提高经济发展效益，我们必须杜绝“唯 GDP 主义”“以 GDP 论英雄”，减轻对生态资源环境的压力，适当降低经济增长速度。但是，我们也要有战略底线，速度也不能太低。增长速度的降低也要有一个战略底线，这个底线是由民生保障、质量保障、效率保障等三大因素决定的。首先，庞大的就业需求决定了经济发展速度不能太低。经济发展速度太低就创造不了充分的就业岗位，老百姓的就业问题就解决不了。据有关专家估算，我国经济发展速度降低的底线就是年新增就业量不能少于 1000 万。如果提供的就业岗位少于 1000 万，经济发展速度就必须提上去。因为就业是最大的民生，没有就业人民群众的生活就无法保障，社会稳定肯定会出大问题。除此之外，如果经济发展速度无限降低，全面建成小康社会以及中华民族伟大复兴的中国梦也实现不了。因此，必须保持一定的经济发展速度，太低了就没有实现中国梦的物质基础，社会稳定也无法维持。其次，降低经济发展速度必须同时提高经济增长质量和增长效益，降低经济发展速度是为了提高经济质量，如果经济增长质量长期上不去，就没有什么大的必要牺牲经济增长速度了。也就是说，提高经济质量和效益、改善经济结构，也是降低经济发展速度的底线之一。再次，中国经济增长速度无论如何降低，也不能低于资本主义国家的经济增长速度。这是因为社会主义相对于资本主义的优越性一个主要的方面，就是可以创造更为先进、更为发达的生产率。如果经济增长速度长期大幅度落后于资本主义国家，我们社会主义的优越性就体现不出来。

在新常态下降速度、转方式、调结构进入攻坚期的关键阶段，我们既不能因经济指标一时出现波动而改变政策取向，毁掉来之不易的结构调整的大好机遇和已经取得的成效；也不能对经济发展方式转变、经济结构调整导致经济发展速度可能滑出合理区间，宏观经济出现大的起伏，缺乏警惕和应对准备。新常态下我国面临的经济形势越是复杂，越是能考验我们见微知著、趋利避害、应对复杂局势的能力。只有增强底线思维、明确战略底线，我们才能把握经济政策框架调整的终极边界。

（3）经济、政治、文化、社会、生态、党建体制改革和建设，要有战略底线。①

第一，全面深化经济体制改革和经济建设，既要坚持“市场经济的决定作用”，又要坚持两个“必须毫不动摇”。

全面深化社会主义经济体制改革，第一个方面的战略底线是要坚持市场经济方向。也就是说，经济体制改革必须是遵从和发挥市场起决定作用的改革，必须彻底革除与计划经济相联系的一切体制机制，建立市场起决定作用的市场经济体制。这是方向，也是底线。任何不能真正发挥或限制市场决定作用的经济体制及其改革，都是不能容忍的，也终将是要失败的。因此，要进一步加快完善充满生机和活力的社会主义市场经济体制，改变一切不符合市场经济运行规律的制度机制和做法，落实党的十八届三中全会和党的十九大制定的改革规划，处理好市场和政府的关系，发挥市场在资源配置中的决定作用，最大程度地提高资源配置

① 参见刘建伟、张静:《习近平国家治理的底线思维》,《广州大学学报》(社会科学版)2016 年 2 月。

效率。第二个方面的战略底线是要坚持两个“必须毫不动摇”。即“必须毫不动摇巩固和发展公有制经济，坚持公有制主体地位，发挥国有经济主导作用，不断增强国有经济活力、控制力、影响力。必须毫不动摇鼓励、支持、引导非公有制经济发展，激发非公有制经济活力和创造力”。两个“必须毫不动摇”是改革开放以来经济体制改革的基本经验总结，是建设中国特色社会主义经济的基本要求，也是新常态下中国经济发展应该坚持的基本原则。

只有守住各项经济工作的底线，从最坏处考虑，做最充分的准备，才能在复杂的形势面前趋利避害、扬长避短，赢得最好结果。面对增长速度换挡期、结构调整阵痛期、前期刺激政策消化期“三期”叠加的经济发展新常态，必须立足当前、着眼长远，正确处理好政府和市场的关系，防止政府“错位”“越位”“缺位”；同时要强化宏观调控的能力，使经济运行处于合理区间，经济增长率、失业率下滑不出“下限”，物价涨幅、通货膨胀不超出“上限”，推动经济转型升级，增强经济发展活力，实现持续健康稳步发展。

第二，全面深化政治体制改革和民主政治建设，既要“刮骨疗伤”，又要防止走“邪路”“老路”。

中国特色社会主义政治建设在“五位一体”总布局中居于核心地位，政治体制改革对整个改革事业起着决定作用。政治体制改革的质量、政治发展的水平，在很大程度上决定国家整体改革、发展的质量和水平，决定整个改革事业的方向和成败。从这个角度看，政治体制改革的底线就是全面深化改革必须坚持的底线。

当前我国政治体制改革总体上滞后于其他领域的改革是一个不争的事实，其他领域的改革推不动、不到位，各领域发展的不平衡、不协调等问题，在很大程度上是由政治体制改革的滞后造成的。可以说，改革能不能全面推进、深入到底，关键是看政治体制改革能不能全面深入。只有政治体制改革全面深入，其他领域的改革才能全面深入，整个改革事业才能全面深入并取得成功。因此，全面深化政治体制改革必须要舍得割肉，必须要伤筋动骨、必须要刮骨疗伤。任何幻想、观望、退却、浅尝辄止，不仅无济于事，而且会延误大事，甚至可能会拖垮和葬送整个改革大业。政治体制改革没有退路、不能停顿，只有必须改、坚决改、用力改。在这一点上，我们必须坚定有力，不能有丝毫的动摇。

深化政治体制改革，发展社会主义民主政治，就是要充分发扬人民民主，充分体现人民意志、保障人民权益、激发人民创造活力，用制度体系保证人民当家作主；就是要增强党和国家的活力，维护国家统一、民族团结和社会稳定，真正发挥社会主义的优势。

中国的政治制度由基本政治制度、具体政治制度以及保障基本制度、具体制度实施的体制机制组成。中国的政治改革是尊重和维护基本政治制度前提下的具体制度及体制机制的完善，不是改掉基本制度走“邪路”，也不是固步自封走“老路”。党的十九大报告指出：“中国特色社会主义政治发展道路，是近代以来中国人民长期奋斗历史逻辑、理论逻辑、实践逻辑的必然结果，是坚持党的本质属性、践行党的根本宗旨的必然要求。世界上没有完全相同的政治制度模式，政治制度不能脱离特定社会政治条件和历史文化传统来抽象评判，不能定于一尊，不能生搬硬套外国政治制度模式。”我们一方面要杜绝“看到别的国家有而我们没有就简单认为有欠缺，要搬过来”，“看到我们有而别的国家没有就简单认为是多余的，要去除掉”的片面做法，坚定道路自信、理论自信、制度自信；另一方面要博采众长，勇于学习世界上其他国家优秀的理论和实践并融入中国的元素加以创造性改造。

第三，全面深化文化体制改革和文化建设，既要坚持“双百”方针，又要坚持“导向不能改，阵地不能丢”。

思想的昌盛、文化的繁荣、满足人民日益增长的文化精神需要、实现人民对美好精神生活需要，是发展中国特色社会主义的重要目标，也是全面深化文化体制改革的根本目的。党的十九大报告指出：“满足人民过上美好生活的新期待，必须提供丰富的精神食粮。要深化文化体制改革，完善文化管理体制，加快构建把社会效益放在首位、社会效益和经济效益相统一的体制机制。”

改革开放40年来，生产关系的不断调整、社会结构的深刻变动、利益格局的深刻调整给人们思想观念带来了深刻变化，给人民的精神生活及其追求带来了深刻影响。随着中国文化的不断繁荣，社会主义新文化与传统文化、中华文化与西方文化的交融、碰撞和交锋，文化形态的多样性、价值观念的多元性、人们思想活动的多变性、精神生活追求的差异性、意识形态领域的复杂性明显增强。文化，任何时候都不可能是单一的、单向的，而是多样的、丰富的。因此，全面深化文化体制改革必须认清和面对当前我国的文化环境，尊重文化自身发展的规律和人民美好精神生活的需要，改变过去那种追求单一的、大一统的文化管理体制和文化发展模式，坚持“百家争鸣、百花齐放”的方针，建立开放、宽松的文化体制，促使思想、文化自由发展。唯有如此，中国特色社会主义文化大繁荣的时代才能真正到来。

同时，在意识形态领域和文化发展的价值目标上，要做到“导向不能改，阵地不能丢”。对此，党的十九大报告指出：必须“牢牢掌握意识形态工作领导权。”“意识形态决定文化前进方向和发展道路。必须推进马克思主义中国化时代化大众化，建设具有强大凝聚力和引领力的社会主义意识形态”。习近平同志也认为，文化建设，必须把握党性和人民性原则，不能在市场经济大潮中迷失方向，不能在为什么人的问题上发生偏差，在事关大是大非和政治原则问题上增强主动性、掌握主动权、打好主动仗；必须坚持社会主义先进文化前进方向，确立抵制腐朽和低俗文化的底线思维，帮助干部群众划清是非界限、澄清模糊认识，并保护好中华优秀传统文化。

第四，全面深化社会治理体制改革和社会建设，既要“增利益”，又要保安全。

“带领人民创造美好生活，是我们党始终不渝的奋斗目标。必须始终把人民利益摆在至高无上的地位，让改革发展成果更多更公平惠及全体人民，朝着实现全体人民共同富裕不断迈进。”社会治理体制改革和社会建设直接关乎民生，关乎人民群众的切身利益，必须坚持把解决好人民群众最关心、最直接、最现实的利益问题放在各项工作的首要位置，谋民生之利，解民生之忧，成民生之美。检验社会体制改革和社会建设一切工作的成效，就看人民是否得到实惠、人民生活是否真正得到改善、人民的权益是否真正得到保障、人民群众是否真的满意。党的十九大报告指出：“保障和改善民生要抓住人民最关心最直接最现实的利益问题，既尽力而为，又量力而行，一件事情接着一件事情办，一年接着一年干。坚持人人尽责、人人享有，坚守底线、突出重点、完善制度、引导预期，完善公共服务体系，保障群众基本生活，不断满足人民日益增长的美好生活需要，不断促进社会公平正义，形成有效的社会治理、良好的社会秩序，使人民获得感、幸福感、安全感更加充实、更有保障、更可持续。”

当前，社会建设面广、量大、头绪多，随着经济增速放缓，就业、社保、教育、医疗等民生问题愈发突出，压力越来越大。在这等情势下，社会体制改革和社会建设必须按照党的十九大提出的要求，坚持维护人民利益、增进人民福祉的根本原则不动摇，把保障民生、改善民生作为第一标准，切实做好以下几方面的工作：一是把教育事业放在优先位置，深化教育改革，加快教育现代化，办好人民满意的教育。二是提高就业质量和人民收入水平。坚持就业优先战略和积极就业政策，实现更高质量和更充分就业。三是按照兜底线、织密网、建机制的要求，全面建成覆盖全民、城乡统筹、权责清晰、保障适度、可持续的多层次社会保障体系。四是打赢脱贫攻坚战，确保到 2020 年我国现行标准下农村贫困人口实现脱贫。五是实施健康中国战略。要完善国民健康政策，为人民群众提供全方位全周期健康服务；深化医药卫生体制改革，全面建立中国特色基本医疗卫生制度、医疗保障制度和优质高效的医疗卫生服务体系，健全现代医院管理制度。六是打造共建共治共享的社会治理格局。加强社会治理制度建设，加强预防和化解社会矛盾机制建设，正确处理人民内部矛盾；树立安全发展理念，弘扬生命至上、安全第一的思想，健全公共安全体系。七是有效维护国家安全。维护国家安全是全国各族人民根本利益所在。

第五，全面深化生态体制改革和生态文明建设既要“绿水青山”，也要“金山银山”。

党的十九大报告指出：“我们要建设的现代化是人与自然和谐共生的现代化，既要创造更多物质财富和精神财富以满足人民日益增长的美好生活需要，也要提供更多优质生态产品以满足人民日益增长的优美生态环境需要。”这两个“需要”就是习近平同志所讲的“金山银山”“绿水青山”，即既要金山银山，又要绿水青山。这应当是生态文明建设和生态管理体制改革必须坚持的战略底线。

我国的生态环境积累性恶化，并呈结构性、压缩性、复合性特点，资源约束趋紧、环境污染严重、生态系统退化，环境承载能力已经达到或接近上限，严重影响到经济的可持续发展、公众健康和社会稳定。面对过去欠账太多、新旧问题错综交织的现状，一方面，要着力解决生态环境突出问题，加大生态环境保护力度，改革生态环境监管体制，坚决遏制生态环境进一步恶化的趋势，在生态环境保护问题上，不准“越雷池一步”；另一方面，必须坚持发展是硬道理，推进绿色发展，加快建立绿色生产和消费的法律制度和政策导向，建立健全绿色低碳循环发展的经济体系。为此，必须纠正两种片面倾向：一是不顾生态发展规律和自然环境的承受力，竭泽而渔、杀鸡取卵式的发展；二是以保护环境为借口，阻碍发展、特别是发展经济。亦即只要金山银山而不要绿水青山，只要绿水青山而不要金山银山。如果我们不善于运用系统思维、辩证思维，依旧只顾其一，或由一个极端走入另一个极端，那么，生态文明建设目标不可能实现，人与自然和谐发展的现代化建设新格局不可能形成，人口、经济、社会、资源和环境的可持续发展更不可能实现。

第六，全面深化党建体制改革和党的全面建设既要坚持人民性，又要抓住“关键少数”。

办好中国的事情，关键在党。中国要出问题，关键在党。党的建设水平决定中国发展的水准，党的建设质量决定中国建设的好坏。一个党、特别是执政党的先进性和战斗力决定国家政权的效能和价值取向。人民性是党的生命。党来自人民、植根人民、服务人民，什么时候坚持群众路线和根本宗旨，党就会有旺盛的生命力；什么时候脱离群众，就会失去生命力。中国共产党坚持以先进的理论为指导，坚持全心全意为人民服务的根本宗旨，始终保持先锋队的本色，赢得了人民，赢得了政权。然而，党的先进性不是与生俱来的，必须通过自觉的先进性建设不断增强拒腐防变的能力才能得以保持。同样，党的执政地位也不是一劳永逸的，必须通过执政能力建设不断提高执政水平才能得以稳固。党的十九大报告指出：全面从严治党永远在路上。“全党要清醒认识到，我们党面临的执政环境是复杂的，影响党的先进性、弱化党的纯洁性的因素也是复杂的，党内存在的思想不纯、组织不纯、作风不纯等突出问题尚未得到根本解决。要深刻认识党面临的执政考验、改革开放考验、市场经济考验、外部环境考验的长期性和复杂性，深刻认识党面临的精神懈怠危险、能力不足危险、脱离群众危险、消极腐败危险的尖锐性和严峻性，坚持问题导向，保持战略定力，推动全面从严治党向纵深发展。”执政党最大的问题是立党不为公、权力不为公，执政党最大的危险是执政不为民、严重脱离群众。所谓坚持问题导向，“推动全面从严治党向纵深发展”，根本在于坚持人民性和根本宗旨，切实解决权力不为公、执政不为民这一执政党的致命问题。党的理论、思想、组织、制度等建设都必须围绕这个问题的解决来进行和展开。这个“根”上的问题解决好了，其他问题就会迎刃而解。因此，可以说坚持人民性是治党、建党的根本方向和基本要求。当前，依然要集中力量彻底纠正违背党的性质和宗旨、人民群众反映强烈的“四风”问题，不断加强党的先进性和纯洁性建设。

党是中国问题的关键，党的领导干部、特别是党的中高级领导干部，即“关键少数”，则是关键的关键。抓“关键少数”，是“牵牛鼻子”，是重要的工作方法论。抓“关键少数”，不仅是搞好各项工作的方法论，而且更是搞好党的建设伟大工程的方法论。在国家权力体系中，“关键少数”身居高位要职，手握重大权力，掌控众多资源，担负重要职责，起着主导作用，决定权力运行的轨迹和国家发展的方向。在很大程度上，党运国运定于“关键少数”。党能不能建设好，能不能建成一个现代化的执政党，能不能带领中国人民建成现代化的社会主义强国，取决于“关键少数”、特别是“关键少数”的党性。“关键少数”的政治立场、政治方向、政治原则，从根本上决定着党的政治性、原则性和战斗性。因此，新时代党和国家领导制度的改革和党的建设，一要把党的政治建设摆在首位。因为党的政治建设是党的根本性建设，决定党的建设方向和效果。二要从制度、规矩上保证“关键少数”正确的政治方向及其先进性和纯洁性，防止和阻止“关键少数”在政治上出不良问题。三要建立党的政治建设、思想建设、组织建设、反腐倡廉建设、执政能力建设等相协调、相统一的机制，保证“关键少数”薪火相传、后继有人，且一代更比一代强。党的十九大报告指出：“伟大的事业必须有坚强的党来领导。只要我们党把自身建设好、建设强，确保党始终同人民想在一起、干在一起，就一定能够引领承载着中国人民伟大梦想的航船破浪前进，胜利驶向光辉的彼岸！”

除了在改革的力度、发展的速度等重大问题以及经济、政治、文化等重大领域的改革建设上需要具有战略思维、底线思维、战略底线外，在其他一些事关民生和国家安全、发展的方面，也要有战略底线。

粮食安全、能源安全和金融安全并称为当今世界三大经济安全，特别是粮食安全在国家安全中的地位日益突出，而耕地则是粮食安全的根本依托。近年来，随着工业化、城市化和城镇化的发展，人们的生活、生产空间挤占了生态空间，耕地面积不断减少，国家粮食安全受到严重威胁。

在中国，解决将近 14 亿人口的吃饭问题是天大的事情，是第一大的事情，必须要有战略底线。解决中国人的吃饭问题，是几千年来历朝历代面临的难题；解决好中国人的吃饭问题，是中国共产党人的一大功劳。我们要稳定完善强农、惠农、富农、支农政策，充分保护和调动农民种粮的积极性，因为手中有粮，心中不慌。我国将近 14 亿人口，解决吃饭问题主要还是靠自己，不可能主要靠进口粮食来解决吃饭问题，如果粮食出了问题谁也救不了我们，只有把饭碗牢牢端在自己手中才能保持社会大局稳定。要保证粮食安全，就必须筑牢耕地红线。要按照人口资源环境相均衡、经济社会生态效益相统一的原则，科学布局生产空间、生活空间和生态空间，保证耕地红线不能动、农民利益不受损，确保国家粮食安全。

在对外开放中，我们必须有战略底线。在对外交往和国际合作中，我们提倡和平崛起，走和平发展道路，与各个国家发展友好合作关系。但是，在维护国家核心利益这个底线方面我们不能有丝毫松动和妥协。习近平同志在中央政治局第三次集体学习时指出了中国和平发展的原则和底线：决不能放弃我们的正当权益，决不能牺牲国家核心利益，任何外国不要指望我们会拿自己的核心利益做交易，不要指望我们会吞下损害我国主权、安全、发展利益的苦果。

每个国家都有其核心利益、重要利益、一般利益。对一个国家来说，国家的战略底线是其国家核心利益。所谓国家核心利益，就是在所有国家利益结构中处于核心地位的利益，主要是指领土、主权完整，关系到国家的生存、独立和发展。生存是一个国家存在的基本前提，主要包括领土是否完整、主权是否统一和国家是否安全。独立牵涉到在政治上是否有自主权，是否成为其他国家的附庸，社会政治制度和意识形态系统是否基于本国的实际发展情况，发展是否有利于经济社会发展和人民群众福祉的增长。国家的核心利益在国家的各种利益结构中具有最为优先的位置，在核心利益、重要利益、一般利益发生矛盾时，一定要把核心利益放在首要位置。为确保核心利益不受损害，在特殊形势下可以牺牲其重要利益和一般利益。在国家资源投入上，国家的战略资源必须优先投在核心利益上，如果出现资源紧张，必须首先确定核心领域中的资源保障。任何国家不会因为经济、文化一般利益，而抛弃其领土完整和主权独立；任何国家也不会在无法保障其国防安全的形势下，还继续保障其经济利益、文化利益。国家的核心利益在国家利益结构中处于牵一发而动全身的统领地位，核心利益的实现有助于一般利益和重要利益的实现，核心利益的受损则危及重要利益和一般利益的维护。如果一个国家领土主权完整遭到破坏，沦为他国的附庸，其经济利益和文化利益就会看他国眼色行事。因此核心利益是不容争议、不容妥协的，任何国家在维护其核心利益时必须立场坚定、旗帜鲜明，不能委曲求全，否则全体国民都不答应。正因为国家核心利益处于各种利益的首要位置而且关系到国家利益全局，因此在当今国际斗争中，国家核心利益成为各国斗争的最前沿，时常受到敌对国家的威胁。相互竞争和敌对的国家如果不是为了核心利益而斗争，斗争则失去其应有意义。当代中国的核心利益是台湾问题、新疆问题、钓鱼岛问题、南海问题等领土完整问题，包括能否实现政治和社会大局稳定，包括文化安全、意识形态安全、网络安全在内的整个国家安全体系，包括中国能否实现可持续发展在内的国家经济利益。

三、领导干部要坚持好政治底线、从政底线

中国共产党是中国的执政党和领导党，是中国特色社会主义建设的领导核心，解决好中国问题、办好中国事情，关键在于我们党。我们各级干部是党的干部，我们必须有自己的政治底线、从政底线。

改革开放 40 年来，党情、国情、世情已经发生巨大变化，要深刻认识党面临的执政考验、改革开放考验、市场经济考验、外部环境考验等“四大考验”的长期性和复杂性，要深刻认识党面临的精神懈怠危险、能力不足危险、脱离群众危险、消极腐败危险等“四大危险”的尖锐性和严峻性，深刻认识增强自我净化、自我完善、自我革新、自我提

高能力的重要性和紧迫性，坚持底线思维，做到居安思危。

党的领导干部首先要讲政治，坚定政治立场，严守政治底线，永葆政治本色。“旗帜鲜明讲政治是我们党作为马克思主义政党的根本要求。党的政治建设是党的根本性建设，决定党的建设方向和效果。保证全党服从中央，坚持党中央权威和集中统一领导，是党的政治建设的首要任务。全党要坚定执行党的政治路线，严格遵守政治纪律和政治规矩，在政治立场、政治方向、政治原则、政治道路上同党中央保持高度一致。”政治纪律、政治规矩是党员、干部任何时候任何情况下都不能跨越的底线。党规党纪是党章的必然要求和具体体现，作为党员必须主动遵守。讲纪律、懂规矩是对党性的考验，是对党忠诚的重要标准。党规党纪严于法律法规。如果说法律是中华人民共和国公民的底线，那么纪律和规矩是中国共产党党员的底线。作为党员干部必须认识到自己不同于普通公民，必须比普通公民更加严格要求自己。对党员干部，如果说遵守法律只不过是一个基本底线，那么遵守和执行党纪党规意味着更严的标准、更高的要求，是一条更严的底线。社会上有许多事情，普通公民可以做，但是党员干部不能做；普通党员干部可以做，领导干部不能做。在遵守纪律规矩上，领导干部又严于一般党员干部，一般干部可以做，高级干部不能做。一些贪污腐败干部的案例表明，领导干部往往是从违反纪律、破坏规矩开始违法的。全面从严治党，就是要求必须对各级领导干部执纪必严。现在问题的关键不是党规党纪不明确，而是执行不力、落实不够。当前，要用刚性手段，提高纪律规矩的严肃性和权威性，不搞法不责众、情有可原、下不为例，抓住一例处理一例。要大力加强纪律教育，强化纪律执行，让党员、干部知敬畏、存戒惧、守底线，习惯在受监督和约束的环境中工作生活。全党同志特别是高级干部要加强党性锻炼，不断提高政治觉悟和政治能力，把对党忠诚、为党分忧、为党尽职、为民造福作为根本政治担当，永葆共产党人政治本色。

领导干部要夯实思想根基，筑牢思想防线。在思想建设底线上，我们特别强调“革命理想大于天”，坚守共产党员的精神追求。党的十九大要求党员和领导干部“要把坚定理想信念作为党的思想建设的首要任务，教育引导全党牢记党的宗旨，挺起共产党人的精神脊梁，解决好世界观、人生观、价值观这个‘总开关’问题，自觉做共产主义远大理想和中国特色社会主义共同理想的坚定信仰者和忠实实践者”。习近平同志指出，广大党员、干部要在思想上理论上受警醒、明底线、知敬畏，主动在思想上划出红线、在行为上明确界限，真正敬法畏纪、遵规守矩。民主集中制原则是我党的组织原则，也是我党政治生活的基本原则和领导方法、工作方法。民主和集中是统一的，只有“民主”与“集中”互为前提、相互并重，党内政治生活才既有“效率”又有“活力”，而不至于使权力过于集中于少数人。然而，现实是权力过于集中在少数人、甚至个别人手中。诸如在班子成员议事时，对于“谁有权力提出讨论议题”“议题讨论有什么机制”“遇到分歧如何统一”“正确意见如何判断”“谁来集中大家正确意见”等问题，基本上是由班子负责人说了算，这导致其自由裁量权太大、不确定性太强。在新的时代背景下，必须改变“集中”多于“民主”、“善于集中”而不“善于民主”的现状，探索和确立民主集中制新的制度形式和运行方式，制定保证不同意见按程序自由表达、不同意见得到重视、并予以回复的体制机制，形成既能集中统一又有民主自由的政治生态环境。

领导干部要清正廉洁、克己奉公，严守拒腐防变的底线。牢记“两个务必”，做到廉洁自律、拒腐防变是各级领导干部的从政底线。“腐败是我们党面临的最大威胁。”各级领导干部任何时候都不能把手中的权力当作谋取私利的手段，任何时候都要守住做人、处事、用权、交友的底线，这样就可以完成党和人民交给自己的政治责任，也就牢牢守住了自己的政治生命线。所有领导干部都必须把反腐倡廉当作政治必修课、当作中国共产党人的心学来认真对待。各级领导干部要认识到自己职业的特殊性，官员不同于企业家，前者是人民群众的公仆，为人民群众谋福利的；企业家则是自然人、法人，其首要目的是为了赚钱，是为自己谋利益的。领导干部要耐得住寂寞、守得住清贫，要明白鱼和熊掌二者不可兼得，当干部就不能整天想发财，想发财就不能再继续当干部。要发财我们党也允许，可以辞职，自己经营，合法发财，不能把公职当作谋取私利的手段。在市场经济大潮下，各级领导干部面临的最大考验不是革命战争年代的“枪弹”而是“糖弹”，不是生与死而是名与利。各级领导干部一定要算清廉政这个账本，时时刻刻做明白人、明白事。

领导干部要树立法治思维，遵纪守法，坚守法律规章的底线。遵章守法是各级领导干部作为一个公民的底线。法律是刚性规则，是底线道德。领导干部在推进依法治国方面肩负着重要责任，是依法治国的关键少数，任何时候都要带头维护法律尤其是宪法的权威和地位，真诚和认真地遵守法律、执行法律，做到办事依法、遇事找法、解决问题用法、化解矛盾靠法，不能干预司法活动，不能插手具体案件处理，牢记法律红线不可逾越、法律底线不可触碰。在我国、在党内，法律面前人人平等，制度面前没有特权，人人要守规矩守纪律。各级领导干部谋事创业，最低要求就是查看自己的所作所为是否合法，不能为个人政绩而把法律法规扔在脑后。对违规违纪、破坏法规制度踩“红线”、越“底线”、闯“雷区”的领导干部，要坚决严肃查处，不搞下不为例，不搞“刑不上常委”，不留“暗门”、不开“天窗”，坚决防止“破窗效应”。

当前，人治思想和长官意志是影响领导干部跨越法律底线的重要因素。“拜权心态”在相当一部分社会群体甚至个别领导干部中还有一定市场。与法治理念强调的“法律面前人人平等”相反，这里所说的拜权心态就是迷信“强人意志”，按照权力大小将人区分为尊卑贵贱，往往以为“官大”就是“老大”，“班长”就是“家长”，“同志”就是“陪同”甚至是“陪臣”。用这种心态看社会关系、人际关系，就只能是对象化与非对象化、统治与依附的关系，而不是自由平等的“主体间性”

关系。与“强人思维”相伴而生的是“帮派逻辑”“党同伐异”的狭隘心态。这种心态否定了人与人之间进行对话和相互理解的必要性和可能性，往往以为“意志”比“规范”重要，“立场”永远比“事实”重要，“站队”永远比“是非”重要。同事之间的讨论就是“争论”，同事的“质疑”就是“反对”，同事的“分歧”就是“分裂”，同事的“异见”就是“异端”。事实上，这种心态忘记了“强者”也是人民群众当中的一分子，也是来源于人民群众而且离不开人民群众，忘记了是人民群众而不是少数“能人”“强者”是社会历史的创造者。从唯物史观来看，这种心态显然没有正确处理好领导与群众、个人与集体的关系，坚持的不是群众史观而是英雄史观。由于没有正确的权力观，拜权心态根本不能正确对待权力与法律之间的关系。对于法律，这种心态往往坚持“虚无主义”或“工具主义”，而不是坚持“法律面前人人平等”“制度面前没有特权”。事实上，这种心态与商品拜物教、货币拜物教一样都是异化思维。它没有意识到现代社会已经是去魅化的后权威社会，社会整合依靠的已经不是“强人意志”而是法律和道德。要弘扬法治理念，就不能让“强人驱逐法律”“潜规则流放真规则”。

要切实杜绝行政权力对司法机关的干扰，使司法机关真正做到“以事实为依据、以法律为准绳”。我们在选拔任用领导干部时，不仅要考核其工作能力、民主作风，更要将其是否尊重司法权威作为一项重要指标。这样可以使领导干部带头学法守法，使领导干部在“雷厉风行”时依照法律，在“三五两下”时不脱离制度，不能再将“权力意志”放在“法律制度”之前之上，不再要求“法律为效率让路”“法度为速度亮绿灯”，不再迷信经济要“跨越式发展”、法制就必须要被“发展所跨越”。

权力“去魅”的关键在于加强对权力运行的制约和监督，让人民监督权力，让权力在阳光下运行，把权力关进制度的笼子。要让权力在阳光下公开运行、在制度的笼子里行使，就必须大力加强政府信息公开制度建设。由于几千年来黑箱政治的影响，人民群众已经习惯于从“权力斗争”而不是“违法乱纪”、从“政治”而不是“法治”的角度对重大事件做出理解：对涉事者的关注不是看其是否违法乱纪而是看其是否力大智多足以击败对手，更多地是欣赏戏剧式的刺激，而不是法律的严谨。这就要求我们必须大力加强信息公开制度建设，保障人民群众的知情权、参与权，培养和提高人民群众的法治思维，让人民群众及时了解事实的真相，使人民可以表达自己的声音、维护自己的权利，自下而上地对权力实施监督，营造法治思维的民众基础。

第三章　战略实施要着眼整体

战略活动包括战略制定和战略实施，二者构成一个完整的整体。战略制定是从客观到主观，战略实施则是从主观到客观，二者构成了客观——主观——客观的完整过程。这个过程既符合人类社会的活动规律，也符合人类的认识规律。战略制定要通观全局，从全局出发，把握事物的整体和全貌；同样，战略实施也要树立全局思维或整体意识，从全局或整体着手，努力实现整体利益的最大化。战略实施中的全局思维包括：协调好各种复杂矛盾，搞好战略统筹；领先创新潮流，抢占未来生长点，培植战略优势，使自己永远立于不败之地；抓住战略机遇，利用有利条件，化解风险矛盾；以最小代价和成本，最大限度地实现战略效果；扩大战略共识、战略理解，推进战略合作，实现双赢，减少冲突和摩擦；培养战略意志，维持战略定力，扭住目标不放松。

第一节　搞好战略统筹　解决复杂矛盾

事物是在矛盾中前进和发展的，制定和实施战略就是为了解决现实重大矛盾关系，战略目标成功实现的标志就是解决矛盾、克服矛盾。要解决矛盾、利用矛盾，必须协调矛盾，摆正它们各自的位置，协调好它们的先后、轻重、缓急、比例等各个方面关系，使它们在一定的系统和结构内发挥各自的作用，最后形成一个总体合力，这就是指做好战略统筹。

一、战略统筹的含义

“统筹”这一概念不是今人所创，其实早在清代已经出现。《太平天国·史致谔档案》曾将统筹运用在财政收入上：“职道每与善后筹饷各局员绅统筹出入，未尝不叹措手之难。”《清史稿·穆宗纪一》曾将统筹运用在军政事务上：“谕曾国藩统筹江北军务。”由此可见，“统筹”就是指通盘考虑、通盘筹划。“兼”的本意为“一手执两禾”，引申为同时进行几件事情或者占有几样东西。“顾”即照顾、照料。合在一起，统筹兼顾就是总揽全局、协调各方、兼顾全面，妥善处理各种利益关系，着力加强薄弱环节，抓牢牵动全局的重点方面，进行重点突破。从全过程运动来说，统筹兼顾就包括：统一预测——统一布局——统一计划——统一实施——统一指挥——统一掌控——统一获益——统一分配。从统筹对象来说，统筹兼顾就包括事关战略全局的各重大要素及其相互关系，比如在我国的发展战略布局中，就包括统筹城乡发展、统筹区域发展、统筹经济社会发展、统筹人与自然和谐发展；包括战略主体的各种利益诉求之间的统筹兼顾，比如统筹中央和地方关系，统筹个人利益和集体利益的关系，统筹局部利益和整体利益的关系，统筹当前利益和长远利益的关系；同时，还包括战略系统内外相互关系，比如统筹国内国外两个大局，统筹国内国际两个市场，统筹我国与大国的关系，统筹我国与周边邻国的关系，等等。

所谓战略统筹，就是着眼于战略目标，本着实现战略收益最大化的需要，统筹协调各种矛盾和各种关系，使它们相互协调、彼此支撑、相互促进，共同服务于战略目标，从而推动战略目标的实现。战略是个体系，是由各个不同的子战略构成的有机系统。在战略体系中，各子战略既相对独立，具有不同的地位和作用，又相互联系、相互制约、相互影响。同时，在不同的阶段，各子战略的地位和作用会不一样，战略实施的手段和方式也会不一样。这就要求战略指导者必须运筹帷幄，做好战略统筹，既要有战略定力，又要有战略调整、战略转移等。

战略统筹还有着深刻的哲学依据。辩证唯物主义认为，矛盾是事物的本质，世界是由多重彼此交织在一起的矛盾构成的。正是这些矛盾的运动发展推动事物和世界的发展，只有协调统筹好事物矛盾的内部各个要素以及诸多矛盾相互之间的关系，特别是主要矛盾与非主要矛盾的关系，并使它们相互支撑、相互协调、相得益彰，才能形成“一加一大于二”的效果。如果统筹协调不好事物的各种矛盾，则可能造成相互掣肘、两败俱伤，最终阻碍事物的前进和发展。毛泽东将统筹兼顾形象地比作“十指弹钢琴”，他说：“弹钢琴要十个指头都动作，不能有的动，有的不动。党委要抓紧中心工作，又要围绕中心工作而同时开展其他方面的工作。我们现在管的方面很多，各地、各军、各部门的工作都要照顾到，不能只注意到一部分问题，而把别的丢掉。凡是有问题的地方，都要点一下，这个做法我们一定要学会。”①

二、我们党历来重视战略统筹

我们党在各个历史阶段都十分重视战略统筹和统筹兼顾的作用。战略统筹是我们党在革命、建设和改革各个阶段形成的宝贵经验。

在抗日战争时期，我们党为了扩大抗日力量，赢得抗战胜利，团结一切可以团结的力量参与到抗战中来，积极倡导和推动建立抗日民族统一战线，在各个抗日根据地建立了一种崭新的统一战线性质的政权——“三三制”政权，为抗战胜利作出了重要贡献。根据这一政策，在抗日民主政权中领导人员的分配上充分贯彻统筹方法：共产党员大体占三分之一，左派进步分子大体占三分之一，中间分子和其他分子（不包含国

---

① 《毛泽东选集》第4卷，人民出版社1991年版，第1442页。

民党等顽固势力）大体占三分之一。“三三制”政权团结了各抗日阶级、阶层，争取了中间力量，孤立了顽固势力，巩固和发展了抗日民族统一战线，壮大了抗日力量。毛泽东认为，为了最大限度地凝聚抗日力量，必须及时调整各个阶层的利益格局，要照顾到各个方面的利益。毛泽东指出：“中国共产党提出的各项政策，都是为着团结一切抗日的人民，顾及一切抗日的阶级，而特别是顾及农民、城市小资产阶级以及其他中间阶级的”，“如果不顾及到这些阶级的利益……要想把国是弄好是不可能的”[①]，“在土地关系上，我们一方面实行减租减息，使农民有饭吃；另一方面又实行部分的交租交息，使地主也能过活。在劳资关系上，我们一方面扶助工人，使工人有工做，有饭吃；另一方面又实行发展实业的政策，使资本家也有利可图”，“就是要为全国一切抗日的人民谋利益，而不是只为一部分人谋利益”[②]。

在社会主义革命和建设时期，我们也注重统筹社会主义社会的各种矛盾，有时处理的好些，有时犯下了严重错误。1956 年初，在生产资料私有制的社会主义改造完成后，我国的工作重点开始转向社会主义建设。从 1953 年执行第一个五年计划到 1956 年，已有 3 年多的实践经验，在此过程中我们对受苏联模式指导的经济建设的经验教训已经有所了解。这个时候，总结经验教训，探索一条适合中国国情的建设社会主义道路的任务，已经成为中国共产党的一大历史任务。1956 年 2 月后，毛泽东先后用了两个多月的时间听取汇报，在这个基础上提出了社会主义建设必须注重的十大关系：重工业和轻工业、农业的关系，沿海工业和内地工业的关系，经济建设和国防建设的关系，国家、生产单位和生产者个人的关系，中央和地方的关系问题，汉族与少数民族的关系，党和非党的关系，革命和反革命的关系，是非关系，中国和外国的关系。其实，这十大关系就是十个需要协调和统筹的矛盾。《论十大关

---

① 《毛泽东选集》第 3 卷，人民出版社 1991 年版，第 808 页。
② 《毛泽东选集》第 3 卷，人民出版社 1991 年版，第 808 页。

系》就是论述如何在这十大矛盾问题上做好战略统筹。1957年，他《在省市自治区党委书记会议上的讲话》中说："统筹兼顾，各得其所，这是我们历来的方针。"[①] 同年，毛泽东在《关于正确处理人民内部矛盾的问题》中又提出："我们的方针是统筹兼顾、适当安排"，"我们做计划、办事、想问题，都要从我国有六亿人口这一点出发，千万不要忘记这一点"[②]。

改革开放以来，我们在社会主义改革进程中也特别注重战略统筹、统筹兼顾。邓小平曾经指出："现代化建设的任务是多方面的，各个方面都需要综合平衡，不能单打一"，"我们必须按照统筹兼顾的原则来调节各种利益相互关系"[③]。在战略统筹方面，他论述最多的就是"两个大局"思想。他认为沿海地区与内陆地区不可能同时发展，必须有先有后，在时间上必须统筹好。"沿海地区要加快对外开放，使这个拥有两亿人口的广大地区较快地先发展起来，从而带动内地更好地发展，这是一个事关大局的问题，内地要顾全这个大局。"同时他又说："发展到一定的时候，又要求沿海拿出更多力量来帮助内地发展，这也是个大局，那时沿海也要服从这个大局。"[④] 江泽民同志在党的十四届五中全会论述如何正确处理社会主义现代化建设中的若干重大关系时指出："在推进社会主义现代化建设的过程中，必须处理好各种关系，特别是若干带有全局性的重大关系。我们所有政策和工作，都应该正确反映并且有利于妥善处理各种利益关系，都应该认真考虑和兼顾不同阶层、不同方面群众的利益。"胡锦涛同志指出，科学发展观的根本方法是统筹兼顾，要按照"统筹城乡发展、统筹区域发展、统筹经济社会发展、统筹人与自然和谐发展、统筹国内发展和对外开放"的要求推进各项事业的改革和发展。在我国改革发展关键阶段，我们要推动科学发展，促进社会和谐，

---

① 《毛泽东文集》第7卷，人民出版社1999年版，第186页。
② 《毛泽东文集》第7卷，人民出版社1999年版，第227—228页。
③ 《邓小平文选》第2卷，人民出版社1994年版，第250页。
④ 《邓小平文选》第3卷，人民出版社1993年版，第278页。

必须更加主动自觉地运用统筹兼顾的根本方法，正确反映和兼顾不同方面的利益。统筹兼顾的本质要求就是协调和均衡。协调是事物及其内部诸方面保持量或质的平衡与适应的关系，是“五个统筹”的基本点和基本要义。按照协调的原则和标准，我国经济社会领域很多地方还不同程度上存在着不协调的问题。

党的十八大以来，在新的历史起点上，习近平同志特别重视战略统筹及其方法的运用。“两个一百年”奋斗目标的提出，充分体现了战略统筹思想及其要求。党的十八届三中全会不仅提出了市场在资源配置中的决定性作用的新观点，而且提出要处理好市场的决定性作用和政府的调控作用之间的关系，协调好和发挥好“看不见的手”和“看得见的手”的积极作用。2014年习近平同志提出“坚持全面建成小康社会、全面深化改革、全面依法治国、全面从严治党”四大战略布局，既强调“全面”，又强调协调。党的十八届五中全会提出了“五大发展理念”，其中“协调发展理念”就具有鲜明的战略统筹思想和要求。全会指出：坚持协调发展，必须牢牢把握中国特色社会主义事业总体布局，正确处理发展中的重大关系，重点促进城乡区域协调发展，促进经济社会协调发展，促进新型工业化、信息化、城镇化、农业现代化同步发展，在增强国家硬实力的同时注重提升国家软实力，不断增强发展整体性。增强发展协调性，必须在协调发展中拓宽发展空间，在加强薄弱领域中增强发展后劲。推动区域协调发展，塑造要素有序自由流动、主体功能约束有效、基本公共服务均等、资源环境可承载的区域协调发展新格局。推动城乡协调发展，健全城乡发展一体化体制机制，健全农村基础设施投入长效机制，推动城镇公共服务向农村延伸，提高社会主义新农村建设水平。推动物质文明和精神文明协调发展，加快文化改革发展，加强社会主义精神文明建设，建设社会主义文化强国，加强思想道德建设和社会诚信建设，增强国家意识、法治意识、社会责任意识，倡导科学精神，弘扬中华传统美德。推动经济建设和国防建设融合发展，坚持发展和安全兼顾、富国和强军统一，实施军民融合发展战略，形成全要素、多领域、高效益的军民深度融合发展格局。“绿色发展”“共享发展”等理念也包含了战略统筹的思想和要求。党的十九大提出的贯彻落实“新时代中国特色社会主义思想”的十四条“基本方略”，既是战略部署，也是战略统筹。另外，党的十九大还对实现“两个一百年”奋斗目标进行了新的战略部署和统筹，特别是提出了实现“第二个一百年目标”“两个阶段”的战略部署，充分体现了在方式方法、时间节点等方面的战略统筹要求。

三、推进中国特色社会主义“伟大事业”需要做好的几大战略统筹

新时代，推进中国特色社会主义伟大事业需要做好很多方面的战略统筹，既有社会主义与市场经济关系的统筹，也有中国特色社会主义建设与党的建设方面的统筹，也有国内、国外两个大局的统筹，还有改革方法论方面的统筹。从促进中国特色社会主义全面发展、完成党的十九大提出的新的战略部署而言，着重需要我们搞好以下几大战略统筹。

（一）统筹好社会主义和市场经济的关系

发展新时代中国特色社会主义，首先要统筹协调好的战略关系、战略矛盾是社会主义与市场经济的关系，这是我国最关键、最根本的战略关系。

20世纪90年代后，我们虽然认识到社会主义与经济运行体制没有本质联系，计划经济不等于社会主义，资本主义也有计划，市场经济也不等于资本主义，社会主义也可以搞市场经济。但是，社会主义在价值追求上更注重公平、平等、民主，更注重政府的宏观调控，而资本主义则更强调个人、自由、效率，更强调市场机制的灵活作用。虽然社会主义与市场经济在本质上没有矛盾，但在价值取向、社会分配方面还是存在着一些摩擦和不协调的。当前我国分配领域存在的贫富差距过大现象，与我们没有协调好社会主义和市场经济之间的关系有着重要联

系。人类发展的历史充分证明，只有市场经济才是推动经济发展、创造社会财富最有效的经济形式，市场机制在资源配置效率方面具有明显的优势作用。因此，中国特色社会主义建设，必须毫不动摇地坚持发展社会主义市场经济，必须毫不动摇地坚持和发挥市场在资源配置中的决定作用。为此，必须加大简政放权的力度和范围，取消或下放一些行政审批手续，更加注重市场机制在资源配置中的作用，真正让市场发挥在资源配置中的决定作用。但是，我们尊重市场规律不等于让市场机制排斥或取消政府宏观调控的功能和作用，更不是要偏离甚至放弃社会主义的价值要求。市场经济、宏观调控与社会主义，在理论上讲是一致的，但是，在实践操作中，可能会出现矛盾，甚至冲突。有时可能会过于强调市场的作用，有时则会过于强化政府的调控作用；有时可能突出效率优先，而忽视社会公平正义；有时则强调注重公平，而牺牲效率。出现这种矛盾和冲突，其实就在于我们没有从根本上协调好、统筹好市场和政府的关系、效率和公平的关系、市场经济和社会主义价值目标的关系。

市场和计划都是手段，市场配置与政府调控都是方法，手段、方法都是为一定目的服务的。在社会主义的中国，根本目的是维护好、发展好最广大人民群众的切身利益，是为了实现人民对美好生活的向往。因此，在新时代，依然要坚持邓小平提出的“三个有利于”标准，牢记社会主义的价值目标，大胆使用和发挥市场机制的决定作用，同时灵活运用政府的宏观调控功能，统筹协调好市场和政府、效率和公平、市场和社会主义的关系。

（二）统筹好国内和国际两个战略大局

实现建成小康社会和现代化国家的战略目标，需要我们处理、统筹好国内和国际两个大局的关系。这个大局的关系不是一般的关系，而是两个大的系统——国内系统与世界系统之间的关系。处理好了这两个系统之间的关系，无论对世界发展还是中国发展都是需要考虑的大事。

习近平同志指出：“在当今世界深刻复杂变化、中国同世界的联系和互动空前紧密的情况下，我们更要密切关注国际形势发展变化，把握世界大势，统筹好国内国际两个大局，在时代前进潮流中把握主动、赢得发展。”把国内大局和国际形势联系起来通盘考虑、统筹布局，把国内发展与对外开放统一起来，把中国发展与世界发展联系起来，把中国人民的梦想与世界各国人民的梦想联系起来，使内政与外交相互协调、相互促进，是我们党历来重要战略方法之一。我们的国内大局就是全面建成小康社会，建成富强民主文明和谐美丽的现代化国家并实现中华民族伟大复兴的中国梦。对中华民族来说，这就是我们的中心工作，就是我们最大的大局，没有比这更大的大局，全党全国各族人民都要为这个目标奋斗，都要服务服从于这个大局。为了更好地搞好国内大局，我们要坚定维护世界和平发展这一大局。中国之所以走和平发展道路，既是为世界考虑，也是为中国自身发展考虑。世界繁荣稳定是中国发展的机遇，中国的发展也是世界和平发展的机遇。中国和平发展、和平崛起能否实现，关键在于中国能否把国际机遇转化为中国机遇，世界能否把中国发展机遇转化为世界机遇，使中国梦与世界梦相通相连。

统筹国际大局服务国内大局，要处理好三个方面的关系。一是经略好与周边邻国的关系。这是因为：一个国家虽然可以选择朋友，但无法选择邻居，邻居是地理上的关系，是谁也无法改变的客观关系，无论自己是喜欢还是厌恶，它总是存在着并起着作用。无论是从理智上还是从感情上出发，我们必须与邻为善、以邻为伴，对周边邻家坚持亲、诚、惠、容的外交理念。我们提出建设“丝绸之路经济带”“21 世纪海上丝绸之路”，就是为了经略周边、睦邻安邻、互利共赢。二是要运筹好与大国的关系。因为中国与各个大国之间的关系是国外大局中的大局。在与各大国的关系中，处理好中美之间的关系最为重要。中美两国一个是最大的发达国家，一个是最大的发展中国家；一个是最大的资本主义国家，一个是最大的社会主义国家；一个世界经济总量排名第一，一个排名第二。两个国家的关系处理得好坏，无论对两国自身还是对整个世界都有着重要影响。中美两国应该相互尊重，合作共赢，走出一条不同于历史上大国冲突对抗的新路，共同努力构建新型大国关系，造福两国人民和世界人民。遗憾的是，近期中美关系因为贸易逆差等因素出现了一些问题，贸易战的硝烟正在扩展。中美贸易战虽然对双方都会带来不利影响，但影响最大的还是中国。中国经济发展“三驾马车”之一的“出口”会明显出现动力不足，因为毕竟美国是中国产品出口的最大市场，是赚取外汇最多的市场。再者，美国是世界最大的经济体，是科技、军事及综合实力最强的国家，也是世界影响力最大的国家。从一定意义上说，与美国关系处理得如何，在很大程度上决定着中国自身发展的进程及其自身目标的顺利实现。当然，中俄、中日以及中国与欧盟的关系也很重要，必须以灵活的战略战术协调和处理好上述诸国及共同体的关系。

（三）统筹好“伟大事业”和“伟大工程”之间的关系

党的十九大报告指出：“伟大斗争，伟大工程，伟大事业，伟大梦想，紧密联系、相互贯通、相互作用，其中起决定性作用的是党的建设新的伟大工程。推进伟大工程，要结合伟大斗争、伟大事业、伟大梦想的实践来进行，确保党在世界形势深刻变化的历史进程中始终走在时代前列，在应对国内外各种风险和考验的历史进程中始终成为全国人民的主心骨，在坚持和发展中国特色社会主义的历史进程中始终成为坚强领导核心。”中国共产党是中国特色社会主义建设的领导核心，中国特色社会主义建设不能脱离党的领导。但是，我们也不能仅仅强调党对中国特色社会主义事业的领导，还应该同时强调另外一个方面——党应该根据中国特色社会主义建设具体实践要求来加以改进。党的十八大提出，要把党建设成学习型、服务型、创新型的马克思主义执政党。党的十八大后，习近平总书记又对党的建设做出了一系列新的部署，如加强理想信念教育，加强思想政治建设，进行群众路线教育实践活动，注重作风建设，进行政治纪律、政治规矩教育，严格党内政治生活；坚持“苍蝇老虎一起打”，狠抓反腐倡廉建设；强调“把权力关进笼子里”，注重制度建设。这些新部署都不是一时心血来潮，而是围绕着中国特色社会主义建设的大局和总体需要展开的，体现了对中国特色社会主义建设与党的建设进行战略统筹的考虑。坚持和完善党的领导核心作用，不仅是发展中国特色社会主义“伟大事业”的内在要求，而且也是建成社会主义现代化国家和实现民族复兴的“伟大梦想”发展的内在要求。政党是现代政治生活的核心力量。对于以国家为主导的现代化发展来说，形成强大的政党领导，是现代化取得最终成功的关键，因为，强大的政党能够创造和保证现代化发展所需要的安定政治局面。对此，美国政治学者亨廷顿在研究了发展中国家现代化发展的经验后指出：“一个现代化中政治体系的安定，取决于其政党的力量。一个强大的政党能够使群众的支持制度化。政党的力量反映了大众支持的范围和制度化的水平。凡达到目前和预料的高水平政治安定的发展中国家，莫不至少拥有一个强有力的政党。”为此，党的十九大报告指出：“中国特色社会主义进入新时代，我们党一定要有新气象新作为。打铁必须自身硬。党要团结带领人民进行伟大斗争、推进伟大事业、实现伟大梦想，必须毫不动摇坚持和完善党的领导，毫不动摇把党建设得更加坚强有力。”

（四）统筹好全面深化改革进程中的各种重大关系和矛盾

对全面深化改革来说，更需要牢固树立战略统筹的思维。既然改革号称是“全面的”“深化的”，必然涉及方方面面的关系，必然触动原有利益格局。其中的矛盾复杂程度可想而知，在此形势下注重战略统筹，具有非同寻常的意义。在全面深化改革进程中，必须搞好以下五个战略统筹：解放思想与实事求是、整体推进与重点突破、顶层设计与摸着石头过河、胆子要大与步子要稳以及改革发展稳定的关系。

1. 统筹好解放思想与实事求是之间的关系。

解放思想和实事求是是辩证统一的，只有解放思想，才能做到实事求是；只有坚持实事求是，才能真正解放思想。统筹好解放思想和实事求是的关系，在战略上、方针上、政策上，我们才能既警惕右又防止“左”，走出一条符合中国国情的发展道路。

中国特色社会主义道路的成功开辟始于“实事求是”战胜“两个

凡是”，“实践标准”战胜“领袖标准”。正是依靠思想领域的拨乱反正，党才实现了党和国家工作重心的转移，结束了以阶级斗争为纲的错误路线。只有确立正确的思想路线，我们才科学认识中国社会的基本国情和发展阶段——社会主义初级阶段。初级阶段是当代中国最大的客观实际，是认识当下、规划未来，制定政策、推动工作的基本点。它科学定位了当代中国所处的历史方位，是建设中国特色社会主义的“总依据”。改革开放40年的发展，我国的社会生产力、综合国力和人民生活水平已经大幅提高，抛弃粗放型的发展方式，转方式、调结构、要效益正成为“新常态”。新常态虽属于社会主义初级阶段，但却是这个“长过程”中的“新阶段”。现在强调认识新常态、习惯新常态、维护新常态、发展新常态，就是强调主观与客观相符合，认识与实际相一致。党在执政实践过程中为什么必须坚持实事求是、一切从实际出发？这是因为它符合物质决定意识这个马克思主义哲学的基石：物质存在于人的意识之外、不依赖于人的意识又能为人的意识所反映。恩格斯在《费尔巴哈与德国古典哲学的终结》一文中对唯物主义曾经提出过两种定义。第一种是本体论的定义：凡认为精神对自然界来说是本源的，是第一性的，组成唯心主义阵营；凡认为自然界是本源的、第一性的，组成唯物主义阵营。第二种更多是方法论的定义：唯物主义就是“人们在理解现实世界（自然界和历史）时，决意按照它本身在每一个不以先入为主的唯心主义怪想来对待它的人面前所呈现的那样来理解；他们决意毫不怜惜地牺牲一切和事实（从事实本身的联系而不是从幻想的联系来把握的事实）不相符合的唯心主义怪想。除此以外，唯物主义根本没有更多的意义。”[①]前者讲的是如何在认识中做到“唯物主义”，后者讲的是如何在实践中做到“唯物主义”。因此，恩格斯虽然在同一文献中讲到唯物主义的两个定义，但它们却是相通的。

实事求是离不开解放思想。邓小平曾指出：“一个党，一个国家，一

① 《马克思恩格斯选集》第4卷，人民出版社1995年版，第242页。

个民族，如果一切从本本出发，思想僵化，迷信盛行，那它就不能前进，它的生机就停止了，就要亡党亡国。”[①]实践没有止境，解放思想也没有止境。40年前关于真理标准大讨论，拉开了改革开放的序幕。20多年前关于经济体制的大讨论，为确立社会主义市场经济的改革目标起到了积极促进作用。党的十八届三中全会提出了“三个进一步解放”，即“进一步解放思想、解放和发展社会生产力、解放和增强社会活力”。这“三个进一步解放”，既是改革的核心，也是改革的目的，三个方面相互联系、相互促进、有机统一。其中，解放思想是前提，是解放和发展社会生产力、解放和增强社会活力的总开关和原动力。解放思想是首要的、根本的解放，起到“总开关”的作用，是后两者的前提条件。如果思想不解放，我们就很难找到问题症结所在，就很难找到改革突破的方向和着力点，全面深化改革很难拿出创造性举措。当今社会发展步伐加快，新科技新知识日新月异，新情况新问题层出不穷，解放思想永无止境。全面深化改革，既需要全党全社会进一步解放思想，同时也需要通过全面改革进一步冲破各种思想观念的束缚，不断以思想解放推动理论创新、实践创新以及各方面创新，为经济社会发展提供源源不断的思想“活水”。但是，解放思想与实事求是也是辩证统一的，强调解放思想不等于胡思乱想，解放思想是在坚持马克思主义指导思想和中国特色社会主义的前提下进行的，解放思想是为了扩大共识、统一思想、凝聚力量。当然，解放思想并不等于“打擦边球”“闯红灯”“挖潜规则”。

2. 统筹好整体推进与重点突破之间的关系。

当前的改革既然号称是“全面的”“深刻的”，就应该在政治、经济、文化、社会、生态、党建、国防、外交等各个方面进行全面而深刻的变革。不仅在各个领域中进行全面改革，而且改革的力度、深度还应该彼此协调，只有这样才可以形成良性互动、相互促进、相互配套的局面，

① 《邓小平文选》第2卷，人民出版社1994年版，第143页。

最后形成合力，实现最大效果。在“全面深化改革”的新的社会变革中，不应再出现轻重、快慢、深浅不协调的现象，否则就会在原有不均衡、不协调的基础上造成更大的“短板”，导致更严重的“拖后腿”的结果，不仅会使改革整体效果大打折扣，而且有可能葬送改革开放以来取得的成就。因此，2012 年 12 月，习近平同志在广东考察时着重指出，要用中医治病的整体辩证的方法来推进改革：“改革也要辨证施治，既要养血润燥、化瘀行血，又要固本培元、壮筋续骨，使各项改革发挥最大效能。”

虽然当前的改革是全面深刻的，但也不是没有重点、眉毛胡子一把抓。全面深化改革如果不能找准重点领域，不能区分轻重缓急，就找不到经济社会发展的关键和抓手，就找不到改革的重点突破口，甚至迷失改革的方向。唯物辩证法告诉我们，事物的主要矛盾和矛盾的主要方面决定事物的性质和发展方向。因此，全面深化改革，一定要抓住“牛鼻子”，找到制约中国特色社会主义改革发展的主要矛盾以及矛盾的主要方面。党的十九大对我国新时代的主要矛盾进行了新的理论概括，对我国社会主义现代化建设提出了新的战略步骤，可谓是拿准了中国改革发展的“命脉”、找对了中国改革发展的“路数”。在新时代中国特色社会主义思想指引下，改革既要全面推进，也要重点突破，突出重要领域和抓住关键环节。要突出经济体制改革，把经济体制改革作为全面深化改革的战略重点，把处理好政府和市场关系作为经济体制改革的核心，把市场机制在资源配置中起决定性作用和更好发挥政府作用结合起来。同时，要扭住政治体制改革这个关键，争取在重点领域取得新的突破，通过政治体制改革保证经济体制和其他领域改革及发展的成果，真正使“五位一体”的改革和发展取得成功。

3. 统筹好“胆子要大”与“步子要稳”的关系。

邓小平在 1978 年改革开放之初就指出：“在实现四个现代化的进程中，必然会出现许多我们不熟悉的、预想不到的新情况和新问题。尤其是生产关系和上层建筑的改革，不会是一帆风顺的，它涉及的面很广，涉及一大批人的切身利益，一定会出现各种各样的复杂情况和问题，一定会遇到重重障碍。……实现四个现代化是一场深刻的伟大的革命。在这场伟大的革命中，我们是在不断地解决新的矛盾中前进的。”“干革命、搞建设，都要有一批勇于思考、勇于探索、勇于创新的闯将。没有这样一大批闯将，我们就无法摆脱贫穷落后的状况，就无法赶上更谈不到超过国际先进水平。我们希望各级党委和每个党支部，都来鼓励、支持党员和群众勇于思考、勇于探索、勇于创新，都来做促进群众解放思想、开动脑筋的工作。”①1992年在南方谈话中，他反复讲，搞改革开放，不能没有一股劲、一股气，不能像裹脚小女人，停滞不前。同时，他又强调，改革开放不仅胆子要大，而且步子要稳，要善于总结经验教训。

今天改革开放是在蹚“深水区”，是在涉“大险滩”，是在啃“硬骨头”。改革开放遇到的问题和矛盾比前40年的任何时段都要复杂得多。虽然机遇前所未有，但是挑战也前所未有。在从事伟大事业、实现伟大目标、进行伟大斗争、建设伟大工程中，面对新的问题和矛盾，没有高超的智慧和战略不行，没有大无畏的勇气和胆识也不行。邓小平指出，“改革开放胆子要大一些，看准了的，就大胆地试，大胆地闯。没有一点闯的精神，没有一点‘冒’的精神，就干不出新的事业”。②这对我们现在推进全面深化改革依然有指导意义。只有勤于思考、勇于探索、大胆突破，才可以解决全面深化改革面临的根本问题，打赢改革“攻坚战”。如果什么都不敢干、不敢闯、不敢试，什么都四平八稳、谨小慎微、胆小怕事、裹足不前，不仅解决不了根本问题，甚至原先取得的成果还会付诸东流。“四平八稳”表面上看没有什么危险和错误，但是却贻误了改革发展的最好时机，把小问题拖成中问题，把中问题拖成大问题，把大问题拖炸，最后使改革病入膏肓、无药可治。那些“四平八

① 《邓小平文选》第2卷，人民出版社1994年版，第145页。

② 《邓小平文选》第3卷，人民出版社1993年版，第372页。

稳”的干部虽然自己处于风平浪静的“港湾里”，但是却把改革开放的事业带进了“危险区”。这实际上是一种最大的危险。

我们虽然强调敢闯敢试，但是也不鼓励没有底线的盲目蛮干。改革也要通盘考虑、反复研究、反复论证、科学决策，不能犯方向性、颠覆性的错误。敢闯敢试有什么遵循呢？习近平总书记给出的判断标准就是“四个有利于”，即只要有利于解放和发展社会生产力，只要有利于推动经济社会持续健康发展，只要有利于实现好、维护好、发展好最广大人民根本利益和切身利益，只要有利于巩固党的执政基础和执政地位，就可以大胆试、大胆闯，就要坚决破、坚决改。

新时代，面对新的形势和任务，要提高战略思维能力，处理好“胆子要大”和“步子要稳”的辩证关系，要按照党的十九大的要求，增强两大“本领”——“改革创新本领”与“科学发展本领”。党的十九大报告指出：党的各级领导干部要“增强改革创新本领，保持锐意进取的精神风貌，善于结合实际创造性推动工作，善于运用互联网技术和信息化手段开展工作。增强科学发展本领，善于贯彻新发展理念，不断开创发展新局面”。

4. 统筹好“顶层设计”与“摸着石头过河”的关系。

改革开放初期，由于我们面临的任务很重、困难很大，缺乏现代化建设和市场经济的经验，对很多新事物、新情况还不熟悉，又加上受传统社会主义理念影响，一些保守守旧的人对各种改革措施非议、诘难、反对，因此，在改革开放和现代化建设中，我们党善于运用“摸着石头过河”的战略思路，既强调解放思想、敢闯敢干、干了再说、不争论、不因各种议论而丧失发展机遇，又强调坚持一切从实际出发，集思广益、走一步看一步和“回头看”。

“摸着石头过河”的战略思路具有重要的方法论意义。它不仅可以激发全党、全国、全社会的探索热情，凝聚全国人民的改革智慧，而且还可以降低改革的试错成本，减少错误决策的波及面，提高人民群众对改革出现的错误的容忍度。对一时还不那么有把握的改革，我们采取

“投石问路”的方法，取得经验然后再全面推开。改革开放40年的实践充分证明，没有人民群众的基层实践就没有全国性的全局设计，没有基层试验就没有上级政策，没有小点的突破就没有大面的告捷。这种改革方法符合马克思主义认识论和实践论，是贯穿改革开放的重要方法论，至今仍具有重大指导意义。

然而，随着改革开放的不断全面深入，40年的伟大实践，不仅积累了行之有效的丰富经验，而且形成了中国特色社会主义理论的几大理论成果，特别是形成了习近平新时代中国特色社会主义思想，为谋划中国特色社会主义伟大事业的重大战略提供了理论指南和重要遵循。

新时代，改革开放、中国特色社会主义建设、“两个一百年”奋斗目标的实现，任务更艰巨，形势更复杂，前进道路上的不确定性因素明显增多，风险明显增大，“摸着石头过河”作为行之有效的战略思路和方法依旧要继续坚持，但必须更加强调理论指导和顶层设计。对于一些简单矛盾和直观问题的处理，可以运用“摸着石头过河”的方法，但对于复杂矛盾和系统问题则必须善于搞好顶层设计。摸着石头过河，小河小沟可以摸，长江大河怎么摸？改革开放初期可以用，用之有效，攻坚克难阶段则不够用，用之则可能有所失。如果说“摸着石头过河”式的探索性、碎片化、试验性的改革举措在改革初期十分必要，那么当前已经进入攻坚期和深水区的中国改革，显然受到顶层设计、宏观制度稀缺的瓶颈约束。改革事业中各个领域复杂性明显增强，各领域之间的关联性、互动性则日益紧密，制度体制的顶层设计、宏观战略考虑就比以往任何时候都显得更加必要和紧迫。全面深化改革领导小组、国家安全委员会、中央网信办、中央财经小组等运行常态化，都是加强改革中央权力、优化顶层设计的表现。

20世纪90年代初，邓小平曾指出：再有30年的时间，我们才会在各方面形成一整套更加成熟更加定型的制度。回过头来看，这个论断是对中国改革事业和现代化进程的科学预测。因为，只有经过过去40年的改革开放实践，才能够为中国特色社会主义制度体系的成熟、定型积累经验基础。改革开放事业要走向更深更广更可持续，必须将40年改革开放的实践经验进行科学总结、提炼、升华和固定为制度、体制、机制，及时制定改革开放路线图和时间表，以此来保持中国改革事业的可持续性。

从改革开放到现在，我们初步掌握了社会主义规律和共产党执政规律，积累了相对丰富的改革开放和现代化建设的经验，我们也初步确立了中国特色社会主义制度，在各个方面形成了一套相对完善的管理机制体制，搞顶层设计也有了一定的基础。但是，在改革攻坚期，各种新问题新矛盾层出不穷，各个地区各个领域发展阶段发展水平很不统一，还需要继续鼓励基层创新、群众实践来总结提取有效的创新做法。只有将“摸着石头过河”与“顶层设计”有机结合起来，并且形成二者之间的有效互动，才可以有效推进全面深化改革。党的十八届三中全会通过的《关于全面深化改革若干重大问题的决定》，就是正确处理顶层设计与基层实践关系的典范。《决定》对全面深化改革的指导思想、目标任务、重大原则、战略重点、优先顺序、主攻方向、工作机制、推进方式和时间表、路线图等顶层设计问题进行了科学布局，在《决定》的形成和制定过程中，则又反复调研、论证、试点、探索，充分吸收了基层实践和群众创新。党的十九大报告对党的十八大以来我们党围绕新的时代课题——“新时代坚持和发展什么样的中国特色社会主义、怎样坚持和发展中国特色社会主义”及其重大基本问题的新探索从理论和实践结合上进行了系统回答，形成习近平新时代中国特色社会主义思想。以此为指导，提出了发展中国特色社会主义必须坚持的十四条“基本方略”。这些是我们党对中国特色社会主义建设的新的“顶层设计”。报告同时指出，必须尊重人民群众的主体地位，不断增强社会创造活力。这就是要求充分发挥人民群众和基层组织“养猫逮老鼠”“摸石头过河”的积极性和创造性。既用“基本方略”的长远性、协调性和系统性保证改革开放的方向，又用群众和基层的探索性、创新性增强改革开放的活力。

5. 统筹好改革、发展、稳定三者之间的关系。

改革是动力，是中国发展的“必由之路”“关键一招”；发展是“硬道理”，是解决中国问题的“总钥匙”；稳定是根本前提，是“硬任务”。如何看待“必由之路”“硬道理”与“硬任务”三者之间的关系？它们三个是一个完整的系统，关联性强、互为支撑。今日之改革啃的是“硬骨头”，涉的是“大险滩”，必定触动既有的利益格局、打破暂时平衡关系。不加快推进改革开放，长期制约经济持续健康发展的体制机制障碍就难以突破，稳增长、调结构、惠民生、防风险的目标就难以实现。因此，推进改革力度不能减少，改革不能修修补补。发展速度不能慢下来，中国人均 GDP 排名还在世界 80 名开外，还在全力加快建成全面小康社会。中国现代化属于后发追赶型，我们还没有完成基本实现现代化的任务，加快发展是必然要求。如果不加快发展，深化改革就没有应对风险的基础条件和回旋余地，社会稳定也是消极的，长期稳定也没有根基。何况，现在的稳定面对的是全球化、信息化、民主化浪潮的相互叠加。社会稳定一旦动摇，全面深化改革将无从谈起，推进发展也将停滞下来。全面深化改革必须有个科学顺序，使改革按照从易到难、从小到大、从外围到核心、从增量到存量的顺序不断推进。必须要坚持把改革的力度、发展的速度和社会可承受的程度统一起来，这个结合点就是人民群众的根本利益。改革、发展、稳定是我国现代化建设的三大支点，必须使三者协调起来，无论哪个点受力不均，“三角平衡”都会被破坏。如果“三角”严重失衡，中国特色社会主义伟大事业就会遭受巨大损失，“两个一百年”奋斗目标和民族复兴的伟大梦想就不可能顺利实现，甚至有可能会葬送整个事业。

第二节　培植战略优势　领先创新潮流

战略与创新紧密相关，本质上不可分割。制定和实施战略是针对特定的困难和问题，本质上就是为了解决重大的、根本性的、全局性的、长远性的问题。如果按照传统的理念、方法、步骤、组织、资源就可以解决问题，就谈不上什么战略了，或者说就根本不需要战略。战略之所以能够解决问题，依赖的就是新理念、新方法、新动力、新资源、新组织。从这个意义上说，战略的本质就是创新。

一、创新的内涵和重要意义

从经济学的视角讲，创新是指人们本着理想化的需要或为满足社会的需求，改进或创造新的事物、方法、元素、结构、环境，并能获得一定有益效果的行为。从哲学的观点看，创新是一种人的创造性行为，是对事物及其关系再创造，特别是对物质世界矛盾关系的再创造。人类通过对物质世界再创造，制造新的矛盾关系，形成新的物质形态。在认识论上，创新是新的观点、新的思维方式的出现。从本质上讲，创新是事物的质变，是事物由旧质状态向新质状态的转化以及新质的产生；创新是事物的否定，是新事物代替旧事物的必然环节。

对创新的理论研究最早始于经济学界，已经有100余年的历史。最早研究创新的是原籍奥地利的美国著名经济学家约瑟夫·A.熊彼特。1911年，他在《经济发展理论》一书中首次将创新定义为一种生产函数的建立，也就是企业主对生产要素的重新组合，形成新的生产能力，最终获得潜在利润。熊彼特在其著作中提出：创新是指把一种新的生产要素和生产条件的“新结合”引入生产体系。熊彼特的创新概念包含的范围很广，如技术性变化的创新及非技术性变化的组织创新。20世纪七八十年代，有关创新的研究进一步深入，开始形成系统的理论。厄特巴克（J. M. UMerback）在70年的创新研究中独树一帜，他在1974年发表的《产业创新与技术扩散》中认为，“与发明或技术样品相区别，创新就是技术的实际采用或首次应用”。英国研究创新理论的著名经济学家弗里曼认为技术创新在经济学上的意义只是包括新产品、新过程、新系统和新装备等形式在内的技术向商业化实现的首次转化，即创新是科技成果的商业化、产业化第一次运用。缪尔赛在20世纪80年代中期对技术创新概念作了系统的整理分析，他认为："创新是以其构思新颖性和成功实现为特征的有意义的非连续性事件。"著名管理学家德鲁克在1984年十分概括地定义了创新：运用资源创造财富的新能力。

我国从20世纪80年代开始了创新方面的研究。我国将创新这一概念引进来，从技术层面、经济层面迅速扩展到社会乃至制度体制的方方面面，并且从企业行为上升为国家战略行为，创新逐渐演化成以科技创新为基础，包括观念创新、管理创新、制度创新等内容的系统创新、全面创新。在党的文献里，主要提"理论创新、实践创新、制度创新、文化创新"，以及其他各方面创新。

中国特色社会主义进入了新时代，这是我国发展新的历史方位。新时代，是承前启后、继往开来、在新的历史条件下继续夺取中国特色社会主义伟大胜利的时代。可见，新时代也是个伟大的创新时代。当今世界进入了全球化的时代，新一轮科技革命方兴未艾，知识经济开始引领经济发展，跨国公司在全世界范围内配置资源，我国面临现代化、民主化、信息化、城镇化等多重浪潮，新旧挑战交织在一起，要应对这些挑战，我们必须依靠新的发展理念、发展道路。如果不能创新，一个民族就难以兴盛，难以屹立于世界民族之林。进入新世纪后，我们党从国家发展的整体层面、战略层面尤为强调创新的巨大作用。党的十七大报告提出，提高自主创新能力、建设创新型国家是国家战略的核心和提高综合国力的关键。党的十八届五中全会强调，要实现"十三五"时期发展目标，要破解发展中存在的难题和矛盾，培植发展的未来优势，必须贯彻"创新、协调、绿色、开放、共享"的"五大发展理念"。党的十九大报告强调指出：新时代必须"坚持新发展理念"。发展是解决我国一切问题的基础和关键，发展必须是科学发展，必须坚定不移贯彻创新、协调、绿色、开放、共享的发展理念。"创新发展"位居"新发展理念"之首。报告认为："创新是引领发展的第一动力，是建设现代化经济体系的战略支撑。”由此可见创新的地位及其重要性。这集中体现了“创新”在习近平新时代中国特色社会主义思想中的地位，也集中体现了“创新”对于夺取新时代中国特色社会主义伟大事业新胜利的重大意义。

“地位”就是“定性”，决定着我们的重视程度。只有认识上彻底了，行动上才可以跟得上，才可以自觉地去执行。在习近平同志看来，创新在我国经济社会发展全局和长远事业中具有重要的战略地位。这种战略重要性体现在各个方面：从中华民族和国家未来发展大的方面到市场经济微观主体即企业小的方面都需要创新；从经济方面转方式、调结构、提质量、要效益到文学艺术创作方面都需要创新；从寻求发展的未来优势、抢占未来发展先机到解决当前经济发展动力转换的现实考虑都需要创新，从创新是中华民族最鲜明的民族禀赋到寻求我国经济社会发展的不竭动力这个“永恒主题”来说，我们都可以而且都应该实现创新。

就关系中华民族未来发展命运方面这个宏观方面，习近平同志强调，“创新决胜未来，改革关乎国运”①，“实施创新驱动发展战略决定着中华民族前途命运”②,“综合国力竞争说到底是创新的竞争”③。这里，他将创新的重要性上升到关乎中华民族未来发展命运的高度。能否实现创新以及创新程度，关系到我们能否把握自己的未来命运，关系到能否实现中华民族伟大复兴的中国梦，关系到我们还能否立足于世界民族之林。对中华民族未来发展来说，没有比创新更为重要和关键的东西。从市场经济的微观主体即企业这个小的方面来看，习近平同志强调：“企业持续发展之基、市场制胜之道在于创新。”④ 也就是说，他将创新规定为

① 《瞄准世界科技前沿引领科技发展方向　抢占先机迎难而上建设世界科技强国》,《人民日报》2018 年 5 月 29 日。

② 《习近平：实施创新驱动不能等待观望懈怠》，新华网 2013 年 10 月 1 日。

③ 《习近平：抓住机遇立足优势积极作为　系统谋划“十三五”经济社会发展》，新华网 2015 年 5 月 28 日。

④ 《习近平在浙江调研时强调　干在实处永无止境　走在前列要谋新篇》，央视网 2015 年 5 月 27 日。

企业生死存亡、优胜劣汰的关键，这是因为企业的本质就是指以营利为目的，运用各种生产要素向市场提供商品或服务，实行自负盈亏的经济组织，如果它没有业内领先的核心技术，就无法及时满足市场需求，在消费者的自主选择面前就会处于不利地位甚至被淘汰。

习近平同志认为，创新对经济社会发展的各个方面都是生死攸关的。为此，他强调“全面创新论”。从经济方面转方式、调结构、提质量、要效益到文学艺术创作方面，他把创新都看作“生命线”。最需要创新的方面是经济方面，长期以来我国经济的高速发展依赖的是要素驱动，产业结构中多是劳动力密集型、资本密集型、资源密集型产业，产业层次大多处在“中低端”，要将产业结构提升到“中高端”，必须依靠创新。为此，要“加快形成以创新为主要引领和支撑的经济体系和发展模式”①。不仅在经济方面，文学艺术方面也需要创新。“创新是文艺的生命。文艺创作中出现的一些问题，同创新能力不足很有关系。”②创新是文学艺术发展繁荣的“生命线”，没有反映时代发展变化的文学艺术打动不了人心、吸引不了读者。长期以来我国文艺发展缺乏原创力，为此必须将创新精神贯穿文艺创作全过程。创新不仅对经济方面、文学艺术方面，对我们党也是生死攸关的。我们党之所以带领全国人民取得新民主主义革命、社会主义革命、建设、改革的胜利，从一个只有几十人的小党发展到近 9000 万党员的大党，从把一个积贫积弱的半殖民地半封建社会带到一个即将建成全面小康社会的大国，依靠的就是不断创新，“关键就在于不断进行实践创新和理论创新”③。习近平同志指出，“我们要继续与时俱进，推进马克思主义不断发展。”可以说，90 多年来，党要是没有实现自我创新、自我革命、自我否定，党就发展不到今天，也就没有我们今天蓬勃发展的中国特色社会主义事业。

---

① 《习近平：抓住机遇立足优势积极作为　系统谋划“十三五”经济社会发展》，新华网 2015 年 5 月 28 日。

② 《习近平在文艺工作座谈会上的讲话》，人民网—《人民日报》2015 年 10 月 15 日。

③ 《习近平在七大会址论党的实践创新和理论创新：永无止境》，新华网 2015 年 2 月 15 日。

在他看来，创新关系到未来发展大局，只有创新才可以培育出未来发展优势、发展潜力，抓住未来发展先机。我们不仅要占领当前发展的“制高点”，还要抓住未来发展的“生长点”。生长点怎么抓？要靠创新来挖掘、培植。“抓创新就是抓发展，谋创新就是谋未来。不创新就要落后，创新慢了也要落后。”[①]创新就是扬弃，创新就是开拓，创新就是发展。协调、绿色、开放、共享四大发展理念要取得突破并最终实现，最终还是要靠“创新”。如果说“绿色”“协调”“开放”“共享”四个理念是从横的维度、共时性方面对未来发展作出的新规定，那么“创新”则是从纵的方面、历时性方面对未来发展作出的新规定，因此必然是“贯穿”“串联”其他四个理念的一个主线。可以说，“创新发展”位居“五大发展理念”之首，对其他四个理念起着引领和统摄作用。从现实问题来看，创新也是解决当前新常态下经济发展动力转换的迫切需要。“我国经济发展要突破瓶颈、解决深层次矛盾和问题，根本出路在于创新”[②]。“适应和引领我国经济发展新常态，关键是要依靠科技创新转换发展动力。”[③]新常态的本质就是降速提质增效，就是强调发展速度在从高速增长转为中高速增长的情况下，如何使经济结构不断优化升级，如何使发展动力从要素驱动、投资驱动转向创新驱动。在无法维持以前发展的高速度、继续以前发展模式的条件下，如果不进行创新中国有可能跌入发展长期停滞、社会陷入动乱的“中等收入陷阱”。我们要增强科技进步、科技创新对经济增长的贡献度，形成新的增长动力源泉，推动经济持续快速健康发展。

创新也是中华民族绵延几千年来的生命力所在。习近平同志认为，创新是“中华民族最鲜明的民族禀赋”[④]。也就是说，创新是中华民族的

---

① 《习近平：加快东北老工业基地振兴发展》，新华网2015年7月19日。

② 《习近平在湖南考察时强调：深化改革开放推进创新驱动　实现全年经济社会发展目标》，新华网2013年11月5日。

③ 《择天下英才而用之》，《人民日报（海外版）》2015年3月6日。

④ 《坚持走中国特色自主创新道路　不断在攻坚克难中追求卓越》，《人民日报》2014年1月7日。

天赋，是中华民族的原始基因和生命密码。没有创新，中华文明无法绵延5000年，至今仍焕发生机。继承和发扬这个“优势基因”，即不断创新是我们当前的责任所在，也是我们的优势所在。今天的中华儿女，尤其是中华民族的先进分子更有责任发扬光大这种薪火相传、不熄不灭的“优势基因”，以更多的创新成果立于世界发展之林。

不仅对中华民族来说，对所有国家来说，创新永远是经济社会发展的不竭动力，“创新始终是推动一个国家、一个民族向前发展的重要力量”①。“创新是一个民族进步的灵魂，是一个国家兴旺发达的不竭源泉”②。2016年习近平同志在全国科技创新大会上指出：“纵观人类发展历史，创新始终是一个国家、一个民族发展的重要力量，也始终是推动人类社会进步的重要力量。不创新不行，创新慢了也不行。如果我们不识变、不应变、不求变，就可能陷入战略被动，错失发展机遇，甚至错过整整一个时代。”③创新也是一个只有起点没有终点、只有进行时没有完成时的永恒主题。“科技发展的方向就是创新、创新、再创新。”④辩证法认为运动是绝对的、静止是相对的。世界在变，创新不变。创新就是否定之否定，就是不断的吐故纳新。古人云：穷则变，变则通，通则久。对中国社会发展来说，停顿倒退没有任何出路，改旗易帜无异于葬送自我，只有不断探索、不断创新才可以走出一条康庄大道。如果不想自我否定、不愿寻求创新、不能启动变革，那就是自绝于发展，自绝于未来，也就是自绝于辩证法，“蔑视辩证法是不能不受到惩罚的”。⑤

中国改革开放和中国特色社会主义现代化建设的40年，就是不断创新的40年。改革开放和中国特色社会主义现代化建设就是不断创新

① 《习近平：加快实施创新驱动发展战略》，新华网2014年8月18日。

② 《坚持走中国特色自主创新道路　不断在攻坚克难中追求卓越》，《人民日报》2014年1月7日。

③ 《习近平：为建设世界科技强国而奋斗》，人民网—《人民日报》2016年5月31日。

④ 《习近平：坚定不移创新创新再创新，加快创新型国家建设步伐》，新华网2014年6月9日。

⑤ 《马克思恩格斯选集》第2卷，人民出版社2012年版，第324页。

的实践。可以说，没有创新就没有改革开放，就没有中国特色社会主义。改革开放开辟了中国特色社会主义道路，实现了对传统社会主义的创新，所以我们才强调当今改革开放不能走改旗易帜的邪路和封闭僵化的老路。我们抛弃了“两个凡是”，强调解放思想、实事求是、与时俱进、求真务实，实践是检验真理的唯一标准，这其实就是在强调我们党的指导思想要不断实现发展创新。改革开放创新了对社会主义本质的认识，不再把阶级斗争、无产阶级专政、计划经济当作社会主义的本质特征，而是从生产力的角度重新定义社会主义；不再把共产主义的实现理解为近在咫尺的眼前事，而是重新把我国的社会发展阶段理解为社会主义初级阶段。我们强调中国共产党要实现从革命党向执政党的伟大转变，做到“三个代表”，建设马克思主义的学习型、服务型、创新型政党，这是对党建伟大事业的巨大创新。当前，中国共产党面临执政考验、改革开放考验、市场经济考验、外部环境考验等“四大考验”，它们是长期的、复杂的、严峻的。这“四大考验”是中国共产党面临和必须解决的问题，也是加强党的建设创新发展的方向。能否在这些考验中突破瓶颈、实现创新，关系到党的生死存亡，关系到中国特色社会主义事业的兴衰成败。我们强调转变发展方式、调整经济结构，走集约型发展道路，这是发展方式发展道路的创新。当前中国改革事业正处于“攻坚期”“深水区”，面临的问题十分复杂，处理的矛盾十分尖锐，创新对改革战略来说就显得更加重要。没有改革理念、改革方法、改革动力的巨大创新，我们很难取得全面深化改革的伟大胜利。中国特色社会主义在改革创新中开启新的征程，取得举世瞩目的成就；新时代中国特色社会主义必将在改革创新中开创新的局面，夺取新的更大的胜利。

二、创新的内容与类型

创新作为人类的创造性行为，可以表现在人类活动的所有领域及其所有的环节和方面。哪里有人类的实践活动，哪里就会有创新。可见，创新的内容是极其丰富的。马克思主义哲学把世界区分为客观世界和主观世界，把人类活动区分为认识世界和改造世界两大类型。因此，创新也可分为认识创新或理论创新和实践创新。在我们党的文献中，创新的内容主要包括：理论创新、实践创新、科技创新、文化创新，以及其他方面的创新。理论创新是先导，实践创新是基础，科技创新是动力，文化创新是支撑，它们相互联系、相互促进、密不可分。

党的十八大以来，习近平同志对党的理论创新和实践创新作了新的论述和要求。在中共中央政治局第二十次集体学习时，他强调指出："要学习掌握认识和实践辩证关系的原理"，"要根据时代变化和实践发展，不断深化认识，不断总结经验，不断实现理论创新和实践创新良性互动"。他还认为："我们党之所以能够历经考验磨难无往而不胜，关键就在于不断进行实践创新和理论创新"，"把坚持马克思主义和发展马克思主义统一起来，结合新的实践不断作出新的理论创造，这是马克思主义永葆生机活力的奥妙所在"。在党的十九次全国代表大会上，他又指出："实践没有止境，理论创新也没有止境。世界每时每刻都在发生变化，中国也每时每刻都在发生变化，我们必须在理论上跟上时代，不断认识规律，不断推进理论创新、实践创新。"

马克思主义认为，"全部社会生活的本质是实践的"，实践是理论形成和发展的源泉。人们只有在改造世界的伟大实践中，才能逐渐认识自然界、社会和人类思维发展的规律，才能获得对客观事物和社会发展及其规律的正确认识和科学理论。因此，习近平同志强调，全党要"坚持实践第一的观点"。人民群众是实践的主体，更是改革开放和中国特色社会主义伟大实践的主体。必须坚持党的群众观点，坚持人民群众的主体地位，充分发挥人民群众的积极性、创造性，推动中国特色社会主义的实践创新。理论来源于实践，理论创新也必须建立在实践创新的基础之上。实践创新是理论创新的"活水源头"。习近平同志强调指出，要"坚持实践第一的观点，不断推进实践基础上的理论创新"，"只有聆听时代的声音，回应时代的呼唤，认真研究解决重大而紧迫的问题，才能真正把握住历史脉络、找到发展规律，推动理论创新”。理论与实践的统一是马克思主义的基本原则。实践创新无止境，理论创新无止境，实践创新和理论创新的统一也无止境。习近平同志认为，要使党和人民事业不停顿，一刻也不能停止实践创新和理论创新，尤其是不能在理论创新上停滞不前。我们党“如果缺乏理论思维的有力支撑，是难以战胜各种风险和困难的，也是难以不断前进的”。根据时代变化和实践发展，不断深化认识，不断总结经验，不断进行理论创新，这是党和国家事业兴旺发达的成功之道。在当前统筹推进新时代中国特色社会主义伟大事业、实现新的战略安排的新的历史起点上，全党同志、特别是领导干部必须进一步推进实践创新和理论创新。

另外，领导干部在不断推进中国特色社会主义实践创新和理论创新的同时，对于日常领导活动，要注重新的历史条件下的组织创新。因为，新时代，不仅中国特色社会主义建设的目标、任务发生了新的变化，实现新目标、完成新任务的实践方式也必然会发生新的变化，同时，人民对美好生活的需求、人民的行为方式、思维方式、生活方式都会发生新的变化。作为新时代中国特色社会主义事业的领导者和组织者，必须更加重视组织创新。所谓组织就是人的集合，就是权力运行的物质载体。正是在组织中，权力才实现了科学合理的产生、集中、分散、行使过程。如果组织的权力没有很好地组合，那么这个组织的效能必然是低下的，运行过程也不会健康持续长久，最后也只能分崩离析和丧失效能。当领导干部发现一个组织无法有效运转或者功能效果不佳时，就必须加强和改进组织的内部结构，实现组织创新。组织创新要遵循以下几个原则：第一要实现统一领导和分权管理相结合，这样才可以既能保证权力集中、劲往一处使，又能保证民主、发挥群众积极性。过分的权力集中只会扼杀群众的积极性，而且领导一个人或者少数人智慧毕竟是有限的。过分的分权只会影响组织的整体效能，因为无法将大家的力量引导到一个方向、一个节奏。第二，组织创新要尽可能合理地设置管理层次。过多或者过少的管理层次都不利于组织效能的整体发挥，如果组织层次过多，信息的上传下达将会经过多人之手，经手过多及时性就难以保障，而且信息的真实性也往往难以维持，甚至有可能被扭曲得面目全非。如果组织层次过少，也不利于组织的管理和运作，因为所有信息一下子就可以全部传递到最高层。高层既没有充足的精力，也没有充足的判断力去做出决断。只有设置相关的中间管理层，才可以分担高层在战略决策方面的时间和精神压力，同时也可以为高层领导干部决策的正确性科学性进行前期论证、最终把关。

创新有很多种类，根据创新的难易程度和方法特点，我们可以将创新分为三种类型：领先型创新、跟随型创新、依赖型创新。

顾名思义，领先型创新就是具有原创性、垄断性的创新，就是走在前列、独一无二的创新。无论是在重大发明成果，还是在组织架构形式，还是在经营管理理念等方面的创新，都属于领先型的。领先型创新的结果可以是生产一个全新的产品，催生一个全新的市场。比如，计算机、手机的发明使世界人民的日常生活发生巨大改变。再比如，“网上购物”这种全新的销售模式和销售渠道，可以使大家足不出户就能购买全世界各种商品。

领先型创新在给人们带来高收益的同时，自身也蕴含着高成本、高投入、高风险等特点。这种创新既然是前所未有、独一无二的领先，那么就需要聚集大量的人力、物力、财力、智力等要素，并且需要把它们以全新的模式结合起来。高回报意味着高风险，高风险意味着高回报。一旦实现了领先型创新，自己势必可以垄断某个领域或者产品，在特定时间内在某个领域中自己就拥有了绝对话语权，别人无法也没有能力去挑战自己。在这个领域内，自己也完全可以制定“游戏规则”，可以获得绝对收益。

领先型创新意味着巨大突破，这就意味着需要漫长的积累和准备过程，而不是一朝一夕就可以轻松实现的，有些领域的领先型创新往往是经历了几十年甚至几代人的努力才最终实现。领先型创新虽然经过漫长的创新过程和巨大的创新投入，但是并不是最后都可以实现。只有极为少数领先型创新目标才可以最终变为现实、最终成功，因此具有极高的淘汰率。那些带有领先型的创新产品、创新技术、创新理念或者创新组织结构往往与现存事物差别较大，大众往往已经习惯于当前正在使用的现存技术、现存产品、现存管理或现存理念，因此在感情和习惯上很难接受创新成果，又加上那些领先型创新在初期市场价格都过高，一些具体细节问题还没有根据受众意见进一步改进和完善，因此使用起来还不是特别顺畅，虽然功能效果远大于旧事物。

因此，要进行领先型创新，必须详细分析创新条件，特别是人力、物力、智力等条件，要实事求是地分析出哪些条件和素质自身不具备，哪些条件虽然现在不具备但是可以通过自身的努力创造出来，哪些条件现在不具备而且即使通过自身努力也无法创造出来。在创新过程中，要有针对性，不是所有的方面都要创新，创新要找到关键环节和重点领域，着重解决旧事物的根本局限和弱点缺陷问题。只有这样才能实现领先型创新，否则只是局部微小改进。在领先型创新要素中，必须要有雄心勃勃的创新目标，没有坚定的意志作为动力支撑，创新目标不会自动实现。正所谓，思想有多远，我们就能走多远。一些目前看似不可能的事情，恰恰就是创新的目标、方向、潜力所在。在进行领先型创新时，创新主体要全神贯注全力以赴地投入，不能因为早期获得少许成功就自鸣得意、裹足不前。因为，一旦其他创新主体发现领先型创新的成功之可能性和可能带来的巨大效益之后，也会全力以赴地跟随进来甚至可能“后来居上”。

跟随型创新，顾名思义就是在别人已经实现领先型创新的基础上再进行创新，也就是对别人已经研究出来的东西，但是还没有充分发挥其创新意义的产品、管理、体制、理念加以进一步完善、发展、创新，从而大范围地推广开来。这种创新主要不是关于体制机制、管理模式、发展观念等根本性、前沿性、基础性、全局性的领域和方面，而主要是一些技术性、局部性的领域和方面。

这种创新不是为了创新而创新，多是以市场拓展和解决一些临时性问题为导向。由于领先型创新已经解决了巨大的根本性问题，已经付出了巨大的人力物力财力成本，跟随型创新付出的成本相对较少。而且，与此相适应承担的风险也相对较少。由于没有在根本性、原创性的方面取得创新，因此就无法绝对垄断某个领域，核心技术还是依靠别人。与此相应的是，低风险意味着低回报。然而，在进行跟随型创新时，如果创新主体能够时刻分析大众对“产品”的潜在需求，善于挖掘既有产品、技术、管理、理念的优势特长和缺点局限所在，在继承其优势特长的基础上，着重改进其缺点和局限，即使优势更优、使短板更短或消失，也可能取得重大的创新成果。例如我国的高铁技术，就是如此。用哲学的话来说，这就是吸收借鉴、批判继承，就是否定之否定，也即“扬弃”。最初的创新者所取得的成绩虽然是伟大的，个别时候甚至是根本性的，但往往被后来的创新者所取代，原因就在于后者在前者的基础上向前更进一步，站在前人的肩膀上走得更远了。跟随型创新给我们的启示就在于：领先型创新并非永远领先，跟随型创新并非不能有大出息、大成果，并非不能后来居上。也就是说，即使我们进行的是领先型、原创型的创新，取得了根本性、实质性的成就，也不能故步自封，不能以为创新可以就此止步；在实现跟随型创新时，创新主体必须突破僵化固化的头脑观念，形成发展灵活的思想观念，时刻以创新结果的实际效用为转移，把创新重点更多地从理念、模型、理论转化为创新成果的实际运用。

依赖型创新，既与领先型创新不同，因为它不谋求也没有能力实现在某一领域中根本性、主导性的创新，又与跟随型创新不同，因为它不是对领先型创新的某些缺陷进行补救和完善。这种创新主要是谋求在大领域中占有自己的一定位置，因此大多时候默默无闻，但是不可替代。在没有能力进行领先型和跟随型创新的条件下，必须找准自己在创新系统和创新产品中的位置，将创新对象锁定在某个系统和过程中不可或缺的因素，但不一定是决定性因素。这种特点决定了依赖型创新不会面临严峻的竞争和挑战，只要它依赖的整体创新系统和主导技术没有解体或过时，它就可以永远生存与发展下去。但是，从某种意义上来说，这种优点也是其缺点，那就是一旦它依附的某种系统和产品不再能持续存在下去时，它的发展就进入了死亡期。

领先型、跟随型、依赖型创新各有优长，也有各自适宜的领域。在具体的实践活动中，特别是在战略制定中，应该根据不同的实际、不同的任务，采用不同类型的创新。一般而言，在事关核心利益、根本利益，以及关乎国家民族命运的重大领域，诸如社会基本制度、国家发展道路等，则应采用领先型创新战略，选择和确立适合本国国情、具有强大生命力的基本制度和发展道路。因为基本制度、道路等在一个国家和民族的发展中具有全局性、根本性作用，决定国家的性质、民族的前途、人民的幸福。另外，在决定综合国力竞争的一些高科技领域或部门，也适合选择采用领先型创新战略，保证一些核心技术的竞争优势。一个国家和民族，如果能够具有先进的社会制度，掌握一些重大科技领域的核心技术，并长期处于领跑地位，即拥有制度优势和科技优势，就必定会兴旺发达，繁荣昌盛。

三、当前中国的创新重点

党的十八届五中全会提出，要不断推进理论创新、制度创新、科技创新、文化创新等各方面创新，要让创新贯穿党和国家一切工作，让创新在全社会成员中蔚然成风。党的十九大报告指出：“世界每时每刻都在发生变化，中国也每时每刻都在发生变化，我们必须在理论上跟上时代，不断认识规律，不断推进理论创新、实践创新、制度创新、文化创新以及其他各方面创新。”报告还提出要“加快建设创新型国家”。

马克思主义哲学认为，世界是在由矛盾构成、推动发展的，但是世界发展是不平衡的。这是因为：在每个具体矛盾中，有矛盾的主要方面和次要方面。在各种矛盾中，有主要矛盾和次要矛盾。事物的性质和未来发展趋势由矛盾的主要方面和主要矛盾决定的。要解决矛盾、利用矛盾推动事物发展，必须研究各种矛盾的地位和性质，摆正它们之间的位置，协调好它们的先后、轻重、缓急、比例等各个方面关系，使它们在一定的系统和结构内发挥各自的作用，最后形成一个总体合力，也就是说做好战略统筹。在进行战略统筹时，我们首先要确定矛盾的主要方面或者主要矛盾，因为它是解决事物的“牛鼻子”，是“抓手”。抓住了“牛鼻子”，我们就会事半功倍。“眉毛胡子一把抓”，我们只会事倍功半。

毫无疑问，经济社会发展的方方面面都需要实践创新，只有这样才是辩证法的“两点论”，才可以促进社会的全面进步。但是，我们也不能不抓住重点和关键。

道路选择正确与否关乎生死存亡。因为“道路”决定“思路”，“思路”就是“出路”，“出路”就是“活路”，走上“邪路”只能“死路”一条。搞“创新大业”，首先要明确“创新大道”。在创新路径选择上，我们既要抛弃过去“僵化分割”的老路，也不能不考虑我国实际国情，不加分析地生搬硬套、盲目移植国外的“洋路”。可以说，这是我们创新事业的最大战略问题。

什么才是我国创新大业的正确战略道路呢？党的十七大报告提出，提高自主创新能力、建设创新型国家是国家战略的核心和提高综合国力的关键。习近平同志担任总书记后反复强调指出，必须走“中国特色自主创新道路”。“自力更生是中华民族自立于世界民族之林的奋斗基点，自主创新是我们攀登世界科技高峰的必由之路”①，“要坚定不移走中国特色自主创新道路，坚持自主创新、重点跨越、支撑发展、引领未来的方针，加快创新型国家建设步伐”②。

改革开放初期，由于我国经济科技长期落后于西方发达国家，我国采取了以市场换科技、以市场换管理的模式，学习和吸取了大量西方

---

① 《习近平：科技是国家强盛之基，创新是民族进步之魂》，人民网—《人民日报》2014年6月10日。

② 《习近平：坚定不移创新创新再创新 加快创新型国家建设步伐》，新华网2014年6月9日。

科学技术和管理经验，迅速提高了我国技术水平和管理能力，对我国经济、技术创新和发展起到了巨大的推动作用，这在当时有历史合理性和必然性。但是，实践证明，我们通过这种模式引进的技术和管理模式往往不是最核心最先进的科技成果，在高科技领域特别是核心技术方面西方国家一直对我们进行封锁。由于自主创新不足，特别是核心技术的创新严重不足，这些年来，我们已经形成了对西方国家科技的严重依赖。当今世界，我国对外技术依存度在 50% 以上，一般发达国家在 30% 以下，美国、日本则低于 5%。2010 年，我国首次超过美国成为世界第一"制造大国"，但是我国还不是"制造强国"，"中国制造"需要向"中国智造"转变。我国制造业多是处于价值链的低端，如原料、加工等环节，而研发设计、品牌销售等高附加值的东西却被西方国家所垄断。也就是说，我国并没有掌握核心技术，并没有自主创新能力和营销能力。然而，研发设计、品牌物流处于价值链的两端，附加值和利润率高，而处于价值链中端的加工制造组装，附加值和利润率则较低，而且消耗了巨大资源，破坏了生态环境。我国是个有着将近 14 亿人口、国内生产总值居世界第二的大国，有着完备的工业体系和国民经济体系。这么大块头，决定了我们在创新大业上不可能完全依赖他人。即使我们想完全依赖西方资本主义国家，他们也没有能力和精力解决我们这么大国家的所有创新问题。如果我们完全依赖他们，这就等于将我们发展的主动权和未来命运送给他们，最后完全受制于人。而且，西方国家自己也不允许我们完全依赖他们的，这是因为，为了提防和遏制中国创新发展，一些关键技术他们永远不会转让给我们。

长期以来，我国的创新道路和创新方法存在着严重的"三多三少"现象——"山寨多"而"产权少"，"模仿多"而"原创少"，"跟踪多"而"领跑少"。这种创新道路虽然在我国经济起飞和实施"走出去战略"时减少了"时间成本"，为我国利用"后发优势"提供了广阔空间，但是随着我国产业的发展以及其他国家经济的发展，我国"跟踪模仿"的道路越走越窄，"后发优势"开始出现颓势。这就要求我国必须改变观念、转换思路，更多地把“后发优势”转变为“先发优势”。正是这个原因，党的十八届五中全会确立“创新发展”的新理念，提出要塑造更多依靠创新驱动、更多发挥先发优势的引领型发展。事实上，我国已经到了这样一个发展阶段，也不得不走自主创新之路。首先，大部分一般性技术我们已经掌握，高科技引进的门槛越来越高，引进成本也呈累计上升趋势。同时，真正的核心和关键技术，我们无论花多少钱都是买不来的，因为人家压根就不会卖。“卖非所买，买非所买”的高科技市场倒逼着我们只能依靠自主创新。其次，当前全世界还没有真正走出经济低迷阶段，我国经济下行的趋势依然存在，中美之间的贸易战等不利因素，使那种依靠传统发展模式、依靠购买或引进西方高科技的幻想彻底破灭。虽然坏事总是坏事，但坏事在一定条件下可能促使好事早些出现。因此，当前国内外的复杂局面倒逼我国寻找新的经济增长点、进行自主创新、转变发展模式的良好历史契机。只有依靠产业模式、商业模式、技术模式的创新，才可以寻找新的经济增长点，提供新的就业岗位。再次，随着我国居民生活水平提高，消费层次和消费规模必将有一个大规模的提升，这也为我国自主创新能力提供一个巨大的市场潜力。最后，也可以说最为重要的是，经过改革开放40年的大发展，我们已经积累了相对完备的技术基础和科技人才优势，在实现自主创新方面，既具有客观的现实依据和坚定的意志力，又具有我国自身的一些优势。所有这些因素都决定我们别无选择，必须走“中国特色自主创新道路”。

习近平同志认为，在各种创新活动中，“科技创新”是战略重点、战略关键。“谁牵住了科技创新这个‘牛鼻子’，谁走好科技创新这步先手棋，谁就能占领先机、赢得优势。”[①] 党的十九大报告认为：“要瞄准世界科技前沿，强化基础研究，实现前瞻性基础研究、引领性原创成果重大突破。加强应用基础研究，拓展实施国家重大科技项目，突出关键共

① 《习近平：当好全国改革开放排头兵　不断提高城市核心竞争力》，《人民日报》2014年5月25日。

性技术、前沿引领技术、现代工程技术、颠覆性技术创新，为建设科技强国、质量强国、航天强国、网络强国、交通强国、数字中国、智慧社会提供有力支撑。加强国家创新体系建设，强化战略科技力量。”

为什么科技创新是战略关键呢？这是因为“科学技术是第一生产力”。根据历史唯物主义基本原理，只有我们在大力发展生产力上搞好了，制度创新、管理创新、理论创新、文化创新等其他方面的创新就会有新的希望。生产力的发展与创新是其他创新的基础，其他创新都受生产力创新和发展的影响。在一些西方发达国家，科学技术对经济发展的贡献已经达到80%甚至更高。然而，在我国科技对经济发展的贡献只在50%～60%。科技创新已经成为提高国家综合国力的关键支撑，成为社会生产方式和生活方式变革进步的强大引擎。“科技兴则民族兴、科技强则国家强。”因此，对我国来说，明确把科技创新作为创新的战略关键就尤为重要。

科学技术是生产力的核心要素，是第一生产力。生产力的创新发展关键是科技的创新发展。由此可以讲，科技创新是其他创新的基础，科技创新的能力不仅决定生产力发展的水平，而且决定制度创新、文化创新等其他创新的水平。所以，我们必须强调创新的战略关键在于抓住科技创新。我们还要认识到，当前我们经济社会发展的突出矛盾、突出问题等现实特殊情况，也需要把科技创新作为战略关键。习近平同志指出：“我国经济发展要突破瓶颈、解决深层次矛盾和问题，根本出路在于创新，关键是要靠科技力量。”因此“全党全社会都要充分认识科技创新的巨大作用，敏锐把握世界科技创新发展趋势”。

科技创新是创新的战略关键，但是科技创新也有自己的战略关键。习近平同志认为，这个战略关键就是“要牢牢把握科技进步大方向，瞄准世界科技前沿领域和顶尖水平，力争在基础科技领域有大的创新，在关键核心技术领域取得大的突破”。这个论述十分符合我国科学创新的规律。因为，基础科学研究的深度，直接决定了一个国家原始创新能力，只有夯实“地基”，才能矗立“大厦”，才能掌握领先技术和核心技术。在实施创新驱动战略上，习近平同志强调我们必须要有机遇意识，因为“我们正面对着推进科技创新的重要历史机遇”。历史的机遇往往稍纵即逝，机不可失，时不再来，抓住了就是机遇，抓不住就是挑战。全党全社会“不能等待、不能观望、不能懈怠”，要“紧紧抓住和用好新一轮科技革命和产业变革的机遇”，“迎头赶上、奋起直追、力争超越”。

从 20 世纪末到本世纪初，以生物技术、信息技术、纳米技术、新能源技术为代表的新一轮科技革命方兴未艾。这对改造我国传统技术，实现技术转型升级，推进生产力的跨越发展提供了重要的战略机遇。要有忧患意识、雷厉风行，创造条件抓住机遇。在抓战略机遇时，我们要把利用机遇与应对挑战很好地结合起来，机遇与挑战往往相生相伴。遇到机遇别人抓住了自己没有抓住，对自己而言就是挑战。遇到危机自己化危为安，危机就变成机遇。我们要学会转化，化挑战和危机为机遇，变压力为动力。

四、培养一流的创新人才作为创新的战略主体

“全部科技史都证明，谁拥有了一流创新人才、拥有了一流科学家，谁就能在科技创新中占据优势。”[①] 因此，党的十九大报告指出：建设创新型国家，必须“培养造就一大批具有国际水平的战略科技人才、科技领军人才、青年科技人才和高水平创新团队”。人是历史活动的主体，是生产力中最活跃的因素，更是科学技术最活跃的主体。“科学技术是人类的伟大创造性活动。一切科技创新活动都是人做出来的。”人是历史活动的发起者，是历史的创造者。创新是最具创造性的实践活动，一刻也不能离开人，特别是离不开创新型的人。所有的创新都是创新主体来从事和实现的。从普遍的意义上讲，人人都具有创新思维，人人都是

① 《瞄准世界科技前沿引领科技发展方向　抢占先机迎难而上建设世界科技强国》，《人民日报》2018 年 5 月 29 日。

创新者。今天我们确立建设创新型国家、创新型社会的目标，必须坚持人人都是创新主体、人人都可以创新这一马克思主义的基本观点，鼓励和支持人人参与创新、投入创新、享受创新。为此，必须实施和落实好“双创”，即“万众创新、大众创业”的政策，激发人们“创业”“创新”的热情，支持人们“创业”“创新”的活动，形成“双创”的新局面、新风尚。

历史唯物主义在强调“人民群众是社会历史的主体和创造者”的同时，并不否认历史个体特别是历史人物在历史发展中的重大作用。人民群众是物质财富的创造者，是精神财富的创造者，是推动社会发展的根本力量。这是历史唯物主义的基本原理。个人，尤其是那些头脑敏锐、品行高尚、具有创新精神的科学家等历史人物，是历史活动的发起者、引领者，他们是社会发展的“发动机”和“方向盘”。这同样也是历史唯物主义的基本原理。我们不能不承认，虽然人人都是创新者，但并不是人人都是一流的创新者，都是创新的领军人物，更不是人人都是影响历史进程或变革的创新者。因此，建设创新型国家、实施创新驱动战略，一方面，要大力倡导和发展创新文化，保护知识产权，形成全民创新的文化氛围。另一方面，必须大力培育和重点造就一大批顶尖级的创新人才，因为他们才真正是创新活动和创新事业的战略主体。习近平同志指出：“实施创新驱动发展战略，根本在于增强自主创新能力。人才是创新的根基，创新驱动实质上是人才驱动，谁拥有一流的创新人才，谁就拥有了科技创新的优势和主导权。要择天下英才而用之，实施更加积极的创新人才引进政策，集聚一批站在行业科技前沿、具有国际视野和能力的领军人才。”“我国要建设世界科技强国，关键是要建设一支规模宏大、结构合理、素质优良的创新人才队伍。要大兴识才爱才敬才用才之风，在创新实践中发现人才、在创新活动中培育人才、在创新事业中凝聚人才，聚天下英才而用之，让更多千里马竞相奔腾，努力造就一大批能够把握世界科技大势、研判科技发展方向的战略科技人才，培养一大批善于凝聚力量、统筹协调的科技领军人才，培养一大批勇于创新、善于创新的企业家和高技能人才。”强调领军人才是创新活动的战略主体，符合科学历史发展的基本事实、基本规律、总体趋势。大凡重大科学发现和关键技术，都是由具有一流科学头脑和科学素质的人才创造的。他们基础坚实、知识丰富、研究方法严谨，具有大无畏的进取精神，敢于对前人的科学成果提出质疑和挑战，具有永不满足的求知欲和创造欲，勇于探索未知领域，同时具有为科学而献身的科学精神和科学道德。尤其是在科学技术发展分化越来越精细和向高精尖方向发展的今天，重大创新活动和创新事业更需要世界一流的创新人才。

五、破除阻碍创新的一切思想和体制障碍

解放思想需要条件，需要环境。创新更需要条件，需要环境。邓小平认为，民主是思想解放的条件。我们也由此可以认为，自由是创新的条件。总体而言，当前我国社会缺乏创新的外部环境，制约社会创新的因素还有很多，诸如民主发育的程度不够高，社会自由度特别是思想自由度还比较低，影响创新积极性和动力的体制机制还较多，且顽固地存在着。就企业创新来看，一些产业的生产要素的价格还不能反映其稀缺程度，也没有反映其生态环境成本和社会效益，某些自然资源被严重低估，这就导致企业在不进行创新活动的条件下照样可以赚取高额利润，依然依靠大量消耗资源追求数量式、外延式扩张，走低成本发展的老路，而不是走质量式、内涵式的新型发展道路。一些国有企业由于没有认真贯彻现代企业管理理念，还不是真正的社会和市场主体，往往倚靠在政府身上，觉得大树底下好乘凉，缺乏明确的责任机制。由于政绩、业绩考核机制体制的不科学，管理层大多不会选择投入大、风险高、周期长的战略性项目。由于激励机制的不合理不到位，企业受益与个人利益没有实现成比例挂钩，管理层缺乏足够的创新动力。当前，由于我国知识产权保护不完善，一些技术、产品、专利没有得到有效保护，高额的成本投入往往给别人带来利益，这严重制约了创新能力和创新动力。

我国虽然形成了若干产业集群，但是这些产业群往往是低端重复，相互之间发生恶性无序竞争，发挥不了应有的整体提升、产业聚变的效果。除此之外，政府在当前创新活动中的越位和缺位也制约了社会整体能力的创新。一些本该由社会和企业负责的职能，政府却要越俎代庖，严重制约了社会大众的创新活力。而一些本该由政府负责的领域，政府却严重缺位，既不为企业和大众创新提供平台，也不提供服务，社会缺乏创新的条件，企业和大众则缺乏创新的动力和勇气。特别是在一些关系国计民生而又需要大量社会投入的领域，如政府不主动分担一些风险，社会和企业则就不敢去创新。

创新不是靠创造者个人的孤立的创新活动就可以完成的，而是一项系统工程，需要多个领域的共同支撑、协同共进。“实施创新驱动发展战略是一项系统工程，涉及方方面面的工作，需要做的事情很多。最为紧迫的是要进一步解放思想，加快科技体制改革步伐，破除一切束缚创新驱动发展的观念和体制机制障碍。”[①]因此，必须要建立国家创新体系，以此作为创新大业的战略保障和战略支撑。这个体系应该是：以政府为主导、充分发挥市场在资源配置中的决定性作用、各类科技创新主体紧密联系且有效互动的社会系统。为此，我国创新体制改革要以体制、机制转换为重点，实现科技与经济结合，促进科技成果转化和产业化。法律法规、体制机制是树立于创新活动之上的“上层建筑”，对创新活动起着积极的促进作用或者消极的阻碍作用。所以，理顺体制机制对推动创新大业的发展具有十分重要的意义。

在各种体制机制中，最为重要的有两种体制机制：市场机制和政策法规体制机制。在市场经济大潮下，我们要围绕经济社会发展需要和产业化的需要部署创新活动，实现创新活动与产业活动的无缝对接。在创新活动中，必须发挥市场机制在资源配置中的决定性作用。习近平同志强调指出，必须“处理好政府和市场的关系，推动科技和经济社会发

① 《习近平：实施创新驱动不能等待观望懈怠》，新华网 2013 年 10 月 1 日。

展深度融合，打通从科技强到产业强、经济强、国家强的通道，以改革释放创新活力”[①]。“强化科技同经济对接、创新成果同产业对接、创新项目同现实生产力对接、研发人员创新劳动同其利益收入对接，形成有利于出创新成果、有利于创新成果产业化的新机制。”[②]也就是说，必须消除创新活动中的“孤岛现象”，使创新活动紧盯产业革命大趋势，坚持需求导向和产业化方向，把经济社会发展作为主战场，围绕“产业链”抓“创新链”建设，把科技创新真正落到产业发展上，使创新成果更快转化为现实生产力。同时，政府也要改进和创新相关法律法规、管理服务机制，如夯实自主创新的物质技术基础，建设以国家实验室为引领的创新基础平台；把公共财政投资形成的国家重大科研基础设施和大型科研仪器向社会开放；完善知识产权运用和保护机制。总之，建设国家创新体系，推动创新发展，建立创新型国家、创新型社会，破除一切阻碍创新的观念、思想和体制障碍，同样存在着要把更好发挥市场在资源配置中的决定性作用和更好发挥政府作用结合起来的问题。因此，各级领导干部必须站在国家、民族长远发展的战略高度，深刻领会党的十九大提出的国家发展战略和战略安排，坚持创新发展的新理念，处理好发挥市场的决定作用和政府的有效作用的关系，破除阻碍创新发展的一切思想和体制障碍，为创新发展提供有力的保障和有利的环境。

第三节　抓住战略机遇　规避风险矛盾

战略思维主要是关注那些全局性、长远性和关键性的根本问题，而

① 习近平：《在中国科学院第十七次院士大会、中国工程院第十二次院士大会上的讲话》，《人民日报》2014年6月10日。

② 《习近平在江苏调研强调协调推进全面建成小康社会、全面深化改革、全面推进依法治国、全面从严治党　只争朝夕，把创新抓出成效》，《解放日报》2014年12月15日。

不是一般的局部性、暂时性的细枝末节问题。但是，对于一个总体战略来说，也存在着影响全局、扭转乾坤的个别领域、个别时期、个别问题。它们的存在和作用对全局的生死存亡有着至关重要的影响。对于战略机遇和战略机遇期，战略思维也应该给予应有的重视。

一、战略机遇期的内涵和特征

马克思主义哲学认为，“机遇”指的是事物发展过程中并非必然出现但一旦出现就可能改变事物现存状态和未来发展趋势的事件和条件，一般是指有利的，甚至最好的条件。机遇一般包含两个层面——内部和外部。机遇对于一个事物的存在和发展十分重要，这是因为它可能对事物发展产生巨大影响，引起事物的重大变化。机遇具有两个特点：第一，不确定性。机遇能否出现，何时出现，何处出现，以何种方式出现，往往都是不完全确定的。第二，非常驻性。机遇虽然会出现，但是，它并不是总是存在而且不会发生变化，也就是说：“机不可失，时不再来。”所谓“战略机遇期”就是战略机遇发挥作用的时间，就是指有利于战略制定、战略实施的历史阶段、历史环境、历史条件。相对一般的机遇期，战略机遇期持续和发挥作用时间较长，战略实施有更多的回旋时间。同时，战略机遇期存在的空间范围往往也比较开阔，比一般机遇期有更大的回旋空间和更多的回旋条件。对于影响全局、扭转全局的作用来说，战略机遇期比一般机遇期更大。

机遇是一种客观存在的条件和趋势，对现实的存在和发展有客观影响。但是，它不会自动发挥作用，我们必须自觉地利用它。这就要求培养主体的机遇意识——理解机遇、认识机遇、把握机遇，也就是必须意识到机遇从何而来、对现实有何影响、应该如何把握、如何利用。要抓住机遇，首先得认识机遇。机遇往往是留给那些有准备头脑的人。只有那些留心观察国际国内形势变化趋势、注意分析社会发展动态、悉心研究人民群众需求变动特点的人，才能准确认识和把握机遇；反之，即便机遇来到了身边，也会“视而不见”。重要战略机遇稍纵即逝，因此更要未雨绸缪、时刻准备，而不能麻痹大意、掉以轻心。我们绝不能抱残守缺、守株待兔、犹豫不决，而要有忧患意识、雷厉风行，创造条件认识机遇、抓住机遇。认识机遇是为了利用机遇。而机遇总是与挑战相伴相随的，有机遇就有挑战，有挑战也必有机遇。遇到机遇别人抓住了自己没有抓住，对自己就是挑战。遇到危机自己化危为安，危机就变成机遇。因此，我们在抓战略机遇时，要把利用机遇与应对挑战结合起来，要学会转化，化挑战和危机为机遇，变压力为动力。

邓小平反复强调抢抓机遇的重要性，“现在的问题是要注意争取时间，该上的要上”[①]，“抓住时机，发展自己”，“我就担心丧失机会。不抓呀，看到的机会就丢掉了，时间一晃就过去了”[②]。只要看准了机遇就果断地抓住，他反对坐而论道、搞抽象争论，为此他提出“不争论”。不争论不是真的不要任何理论争论、理论探索，而是不要脱离实际地理论争论，尤其是不要在实践已经证明了理论的真伪之后，还在那里搞理论争论。那种只为争论而争论是争论不出什么来的，因为理论的正确与否最终是要靠实践来检验的，实践才是检验真理的唯一标准。况且在理论争论时，很容易扣帽子、棍子，反而不利于实践。因此，当机遇来临时，先要大胆地试、大胆地干，而不要搞什么争论。“不争论，是为了争取时间干。一争论就复杂了，把时间都争掉了，什么也干不成。”[③]

把握和利用机遇最高的目标是牢牢抓住根本任务和主要目标不放松，朝这个方向做出最大努力，最起码的底线是“不折腾”。胡锦涛同志在纪念改革开放30年的报告中说：“只要我们不动摇、不懈怠、不折腾，坚定不移地推进改革开放，坚定不移地走中国特色社会主义道路，就一定能够胜利实现这一宏伟蓝图和奋斗目标。”“不折腾”是中国北方广大地区一个老少皆知的民间俗语，大体有三种意思：第一，翻过来倒

① 《邓小平文选》第3卷，人民出版社1993年版，第25页。
② 《邓小平文选》第3卷，人民出版社1993年版，第375页。
③ 《邓小平文选》第3卷，人民出版社1993年版，第374页。

过去；第二，反复做某事；第三，折磨。胡锦涛同志提出的“不折腾”基本是指缺乏坚定信念，抓不住中心任务，谋事创业反反复复、翻来倒去。综观当今世界，“折腾”往往有以下几种类型。第一是“穷折腾”，往往认为穷也没有关系，富也没有什么价值，平时不是将重心放在发展经济上，而是搞政治斗争，无端挑起意识形态争论，导致政局不稳、政变频繁，最后贫穷和折腾成为恶性循环。第二是“大折腾”，一些地区和领导干部往往不考虑自身实力，不自量力，热衷于各种政绩工程、面子工程，制定一些根本无法实现的宏伟计划和远大目标，靠瞎指挥来推动前进，最后劳民伤财。第三是“乱折腾”，一些人唯恐天下不乱，以“能折腾”为能力和本事，一天一个“想法”，一月一个“创新”，一个季度一个“规划”，一年一条“道路”，就是无法踏踏实实、安安稳稳谋事创业。

自从近代以来，中国人民吃够了“折腾”之苦，特别是“大跃进”、人民公社和“文化大革命”，闹得人民吃不饱肚子甚至国民经济到了崩溃的边缘。可以说，历史已经证明了折腾不是发展的办法，折腾只会带来相互斗争和内部消耗，大折腾大倒退、小折腾小倒退，只要一折腾，就无法前进，而且还会影响今后发展，子孙后代还要为今天的折腾去埋单和补课。只有“不折腾”，我们才可以一心一意谋发展、聚精会神搞建设，才不会走邪路、老路，而是走中国特色社会主义正路。

二、牢牢把握当代中国发展的重要战略机遇期

在世界近现代历史上，中国曾经多次没有真正认识并且也没有把握住战略机遇期，结果被其他国家远远甩在了后面，陷入被动挨打的局面。

自“新大陆”被发现、新航线被开辟以来，人类从公元1500年开始，各个民族国家孤立发展的历史便逐步卷进了相互作用的“世界历史”时期。这是世界各个国家和民族大发展真正面临的第一次战略机遇

期。但是，中国没有意识到并且没有把握住这个战略机遇期，仅有一部分欧洲资本主义国家抓住了这个战略机遇期。经过几百年的发展，这些国家最终在经济和军事实力上赶上并且超过中国。他们用坚船利炮打开了中国大门，中国开始一步步沦为半殖民地半封建社会。19世纪中叶到20世纪初，第二次工业革命蓬勃发展，人类又进入新的战略机遇期。有一批有识之士认识到了这次战略机遇期对于中国发展的战略意义，特别是那些地主阶级开明分子、资产阶级维新派、资产阶级革命派为了抓住这个战略机遇，进行了艰苦卓绝的斗争。但是由于帝国主义的侵略和封建保守主义的强大，最终没有抓住机遇融入世界发展潮流、实现自身转型。然而，作为蕞尔之国的日本，积极主动向西方资本主义国家学习，最终抓住了这一难得的战略机遇期，迅速把自己发展成为亚洲强国。第二次世界大战后，世界进入了相对和平的历史状态，全球化浪潮以更大的规模在世界掀起，资本主义国家充分利用和平时期和新一轮科学技术浪潮发展自己，最终实现了将近20余年的繁荣。但是，以苏联为首包括中国在内的社会主义国家，没有意识到资本主义依然可以通过发展科学技术和局部调整生产关系的手段继续向前发展，错误地以为资本主义在西方已经日薄西山、社会主义的全世界的胜利已经近在咫尺，所以在某种程度上采取了与资本主义阵营相对隔绝的状态，丧失了利用全球战略资源迅速发展自己的机会。结果，中国又一次丧失了战略机遇期，不仅与西方发达国家的距离拉得更大，而且被把握住了这次机遇期的“亚洲四小龙”甩在了后面。

从20世纪70年代开始，我国开始意识到不能永远隔离在世界主流文明之外，不能再丧失如此大好的历史机遇，必须适应全球化浪潮，积极融入国际社会。这时，我们开始打开国门，全面与西方资本主义国家尤其是美国和日本改善关系，利用世界资源发展自己，为抓住这次战略机遇期创造了前提条件。20世纪70年代后期，中国做出了改革开放的战略决策，全面融入了国际社会，尤其是2001年成功加入了世界贸易组织，更是全面促进了中国经济社会的发展。这样，中国就可以把国内国外两个资源、国内国外两个市场同时利用起来。在某种程度上，也正是基于这个考虑，2002年召开的党的十六大正式提出了“战略机遇期”这一概念。党的十六大报告指出，“综观全局，二十一世纪头二十年，对我国来说，是一个必须紧紧抓住并且可以大有作为的重要战略机遇期”。应该说，这个判断是对世界历史发展大势、新科技发展潮流和中国社会发展趋势进行客观分析的结果。事实证明，我国在新世纪开局不到20年的时间里，取得了巨大的发展成就。到2020年，建成全面小康社会，中国历史将翻开新的一页，实现历史性的飞跃。

中国改革开放经过了40年的历史发展，国际国内形势没有发生大的变动，从发展环境来看，我国仍处于大有可为的战略机遇期。进入21世纪后，从总体上来说，国际环境对中国发展依然十分有利。这是因为冷战结束后，和平与发展的力量不断增大，更将成为世界主流。虽然国与国之间尤其是大国之间的摩擦和矛盾依然不断，且有新的特点，但总体而言，大规模的冲突，特别是战争冲突会逐渐减弱，解决冲突的方式会更加理性化、政治化。

当前中国面临战略机遇期还有一个重要因素是经济全球化、政治多极化不断扩大和加深。中国可以充分利用这“两化”积极全面深入参与全球经济发展，利用全球化带来的好处发展自己，当然也要尽量避免或减轻全球化带来的风险与挑战。在全球化、多极化背景下，中国完全可以更加主动、深入地融入世界文明洪流，大力学习、借鉴和利用西方国家的资金、技术、人才、管理经验等文明成果，充分参与全球分工与竞争，发挥自己的比较优势。

与此同时，20世纪末到21世纪初，以生物技术、信息技术、纳米技术、新能源技术为代表的新一轮科技革命方兴未艾。这对改造我国传统技术，实现技术转型升级，推进生产力的跨越发展具有重要的推进和促进作用。如果说难以通过生产关系的跨越来推动生产力的跨越式发展的话，那么在新科技革命的助推下，通过科学技术的革新来促进生产力的跨越式发展是可以实现的。第二次世界大战后的日本、韩国、新加坡、中国台湾和中国香港等国家和地区的跨越式发展的事实，也证明了推动科技革命能够促进生产力的跨越式发展。

更为重要的是，改革开放以来我国的发展成就和成功经验也为战略机遇期创造了有利条件。我国的经济实力、科技实力、国防实力、综合国力上了新的历史台阶；我国的物质基础和技术积累已有相当规模，人力资本和研发投入相当可观，市场空间和发展潜力巨大。我们积累了利用机遇、发展自己的行之有效的经验。我们党利用战略机遇发展自己的能力、本领也在不断提高和加强。中国发展的势头依旧强劲。世界的发展为中国提供了机遇，中国的快速发展也为世界提供了机会。从这个角度看，战略机遇期也是中国人民自己的历史创造。

另外，我国面临的战略机遇出现了一些新内涵、新变化、新特点。第一，新一轮科技革命和第三次工业革命的兴起，为我国培育发展动力、拓展发展空间、实施创新驱动战略提供了有利条件。目前新型的科学技术和由其催生的产业结构有新能源、节能环保、生物技术等七大战略性新兴技术和产业，人类更加注重绿色、循环、智能、环保，这为我国长期倡导的转方式、调结构带来了技术支撑和产业支撑。第二，中国在国际社会中的“话语权”开始越来越强，这为中国发展模式在国际社会中获得更多的理解创造了条件。随着中国综合实力的上升，中国开始深度参与全球治理结构和治理体系，主动参与国家社会和国际游戏规则，积极塑造国际环境。中国开始利用金砖国家峰会、G20 峰会、APEC 峰会、亚信峰会发出自己的声音，获得了国际社会的认同和积极回应。中国在国际社会中“朋友圈”也越来越大，这为中国在国际社会中获得更多战略资源打下了基础。中国已经同多个国家和地区建立了不同程度的对话平台、合作平台，形成了基本覆盖全球的伙伴关系体系。另外，我国已经成为全球 120 多个国家的最大贸易伙伴，是全球贸易伙伴最多的国家，在对外关系上获得了更大的自主性和回旋余地。

正因如此，党的十八届五中全会强调指出：“我国发展仍处于可以大有作为的重要战略机遇期，也面临诸多矛盾叠加、风险隐患增多的严峻挑战。我们要准确把握战略机遇期内涵的深刻变化，更加有效地应对各种风险和挑战，继续集中力量把自己的事情办好，不断开拓发展新境界。”党的十九大依然认为，我国仍然处于战略发展期。“当前，国内外形势正在发生深刻复杂变化，我国发展仍处于重要战略机遇期……全党同志一定要登高望远、居安思危，勇于变革、勇于创新，永不僵化、永不停滞，团结带领全国各族人民决胜全面建成小康社会，奋力夺取新时代中国特色社会主义伟大胜利。”

同时，我们必须看到，虽然我国的发展前景十分光明，但挑战也十分严峻。我国开始进入矛盾叠加期，风险隐患明显增多和加重。从世界范围看，全球经济危机的复苏依然是漫长、曲折和缓慢的，西方国家的消费结构和消费能力必将发生巨大变化，全球围绕资金、技术、人才的争夺和重新布局将重新开始。国际金融危机爆发后，发达国家开始“再工业化”，注重发展实体经济，相当规模产业已经回流到西方国家和其他发展中国家。全球经济复苏缓慢导致大部分国家需求疲软，贸易保护主义迅速抬头，美国正扛着贸易保护主义的大刀到处砍杀，全球贸易壁垒和摩擦明显增多。从国内情况看，我国发展不充分、不平衡、不协调的问题依然突出，严重制约着我国经济社会的可持续发展。受中美贸易战等不良因素的影响，我国出口压力明显增大，出口乏力现象更为严重。与此同时，我国国内有效需求乏力，部分产能又严重过剩。经济“保增长”的压力越来越大。收入差距拉大导致社会心态失衡和社会和谐问题突出。2018 年 7 月底，中共中央政治局召开会议，分析研究当前经济形势，部署下半年经济工作。会议对下半年经济工作提出六个方面的要求，其中，在第一个方面要求中提出“六个稳”，即要做好稳就业、稳金融、稳外贸、稳外资、稳投资、稳预期工作。此前，7 月 17 日，中共中央在中南海召开党外人士座谈会，就当前经济形势和下半年经济工作听取各民主党派中央、全国工商联负责人和无党派人士代表的意见建议。中共中央总书记习近平在会上发表重要讲话，也强调了“六个稳”，即“稳就业、稳金融、稳外贸、稳外资、稳投资、稳预期”。“稳就业、稳金融、稳外贸、稳外资、稳投资、稳预期”，是中央针对当前我国经济运行内部变化和外部环境变化出现的新形势、新挑战而提出的有针对性的方针政策。此外，我国由于一些领域改革的不到位、不完善，改革的难度和压力较大。当前，我国还处于社会转型期，还没有完全跨过中等收入陷阱，经济失调、社会失序、心理失衡、价值失范等现象在某种程度上开始产生。所有这些问题，很可能会直接或间接地影响、制约甚至抵消掉发展的战略机遇。

当前，用好战略机遇期要特别注意把握未来五年时间，即从党的十九大到二十大。这五年将是中国发展最为关键的历史时期。因为，第一，从十九大到二十大，是“两个一百年”奋斗目标的历史交汇期。我们既要全面建成小康社会、实现第一个百年奋斗目标，又要乘势而上开启全面建设社会主义现代化国家新征程，向第二个百年奋斗目标进军。第二，从现在到 2020 年，是全面建成小康社会决胜期。这既是实现我们党确定的第一个百年目标——全面建成小康社会的最后冲刺阶段，也是实现第二个百年目标——实现中华民族伟大复兴中国梦的打基础阶段。第三，这期间关系到我国能否跨过“中等收入陷阱”，经济社会发展能否爬坡过坎。到目前为止，世界上还没有一个 10 亿以上人口的国家成为高收入国家。要紧紧围绕全面建成小康社会，狠抓全面从严治党、全面依法治国、全面深化改革。要统筹利用好国内国外两个大局，对内以经济建设为中心，通过降低发展速度，抓好转变经济发展，调整经济结构，对外坚持走和平发展道路，面对各种风险挑战保持战略定力。

由于战略机遇期瞬息万变、稍纵即逝，我们必须清醒地意识到这是一次难得的发展机遇，必须紧紧抓住这次机遇，用好用足这次机遇，只有这样才可以培养自己的优势，赢得发展的主动权，为中华民族伟大复兴争取时间。我们的各级领导干部，要本着对党和国家、人民、历史高度负责的精神，抢抓历史机遇、利用历史机遇，真抓实干、开拓创新，做好自己的事情。

第一，必须紧紧抓住发展这个中心任务。我们不能再像以前那么反复折腾，折腾只会浪费发展机遇、发展时间。我们自身越是实现了发展，我们自身的综合实力也就越大，处理左邻右舍关系越是有回旋余地，我们的格局也就越来越大。这样我们的发展阻力也就越来越小，这样我们的战略机遇期也会越来越长。所以，战略机遇期不完全是既定环境造成的，有时也是通过自身实力积累带来的。在这点上，我们特别应该向那些不折腾的国家学习。我们要加快发展，必须全面深化改革，不断释放创新创业活力。在改革进程中要不断开放，像改革开放之初那样以开放带动改革，以开放促进改革。在发展时，我们要在新常态经济形势下，尽快转变发展方式、调整产业结构，不能过于依赖投资和出口，要尽快培植发展的内在动力。

第二，积极主动维护好、经营好国际环境尤其是大国间的友好关系。要坚持走和平发展道路，在处理国与国关系上，要坚持互利共赢而不是零和博弈，只有这样才可以可持续地发展下去。营造有利的国际关系，要尊重其他国家的核心利益和重大关切，运筹好中国特色大国外交，充分积极地参与全球治理。

第四节　扩大战略效益　降低成本代价

战略思维既要考虑战略目标的实现、战略手段的选择，也要考虑战略成本或者战略代价的付出。离开战略成本孤立地去研究战略目标或者战略收益是毫无价值的。这是因为：如果战略成本大于战略收益，战略目标就毫无价值，就不值得去追求，还不如维持现状。维持现状还能有利于有机体的稳定，改变现状则可能会导致有机体的瓦解。因此，中国这样一个发展中的大国，在追求战略目标时，就不能不考虑战略成本和战略代价。

一、代价与代价思维

制定和实施战略是为了达到一定的战略目标，实现一定的战略目的，尽可能获得最大的战略收益。但是，为了获得一定战略效益，战略主体往往需要付出一定的成本或代价。早在中国古代兵书《孙子兵法》中，就讨论过战争要尽可能获得最大战略收益，减少战略代价。

“夫用兵之法，全国为上，破国次之；全军为上，破军次之；全旅为上，破旅次之；全卒为上，破卒次之；全伍为上，破伍次之。是故百战百胜，非善之善也；不战而屈人之兵，善之善者也。故上兵伐谋，其次伐交，其次伐兵，其下攻城。攻城之法，为不得已。修橹具器械，三月而后成；距堙，又三月而后已。将不胜其忿而蚁附之，杀士卒三分之一，而城不拔者，此攻之灾也。故善用兵者，屈人之兵而非战也，拔人之城而非攻也，毁人之国而非久也，必以全争于天下，故兵不顿而利可全，此谋攻之法也。故用兵之法，十则围之，五则攻之，倍则分之，敌则能战之，少则能逃之，不若则能避之。故小敌之坚，大敌之擒也。”

翻译成现代文，就是：大凡指导战争的法则，(使)敌国全部降服是上策，击破敌国就差一些；(使)敌人全军全部降服是上策，击破敌人一个军就差一些；(使)敌人全旅全部降服是上策，击破敌人一个旅就差一些；(使)敌人一卒全部降服是上策，击破敌人一个卒就差一些；(使)敌人一个伍全部降服是上策，击破敌人一个伍就差一些。因此，百战百胜，并不算高明中(最)高明的；不战而使敌人降服的，(才算)高明中(最)高明的。所以，上等的用兵(策略)首先是打破(敌方的)计谋，其次是挫败(敌方的)外交，再次是击败(敌方的)武装力量，下策才是攻城。攻城是不得已的办法。制造了望敌军的高车和攻城用的四轮战车，准备攻城用的器械，数月才能完成；构筑攻城用的土山，又要数月才能完工。将官忍不住自己的愤怒而命令士兵像蚂蚁那样去爬敌人的城墙，士兵(被)杀伤三分之一而城还攻不下来，这是攻城的灾害呀。所以善于指挥打仗的人，使敌人降服而不用硬打，夺取敌人的城堡而不强攻，毁灭敌人的国家而不必长期作战。一定（要）以全胜的策略争胜于天下，因而军队不受损失而胜利可以完全取得。这就是谋划进攻的法则。所以，用兵的法则，有十倍（于敌人的兵力）就包围他们，有五倍（于敌人的兵力）就进攻他们，有一倍（于敌人的兵力）就设法分散他们，同敌人兵力相等，就要设法战胜他们，（比敌人兵力）少就要摆脱他们，（实力）不如（敌人）就要避免同敌人作战。

那么，到底什么是成本或代价？《现代汉语词典》将“代价”的含义解释为：一是指获得某种东西所付出的钱；二是泛指为达到某种目的所费的物质或精力。《韦伯斯特大辞典》将与汉语中的“代价”对应的英语词汇 Cost 的含义之一解释为“丢失、丧失或灾害，它们或是作为获得某种东西的必要费用，或是作为一种行动的不可避免的结果或惩罚”。成本或者代价可以运用到很多社会领域。

如果把“代价”放在社会发展中进行考察，那就是“社会代价”。所谓“社会代价”，就是指社会主体为实现社会进步和社会发展在物力、人力、环境、文化等方面付出的牺牲以及未来可能受到的惩罚等各个方面的总和。为什么会有社会代价呢？这是因为社会发展虽然是自然历史过程，但是也不是自然而然就能够实现的，这需要作为社会活动主体的人在遵守社会发展客观规律的前提下发挥主观能动性。但是，由于社会历史条件的限制或者主体素质的制约，人的活动与客观规律往往不是十分吻合，在个别情况下甚至会完全背离。在背离客观规律的情况下，主体往往得不到收益，甚至会受到严厉惩罚。同时，人类不可能完全掌握自然和社会运动的所有规律，因此，人类的历史活动都是不断探索历史发展规律和不断遵循历史发展规律的试错过程。在人类尚未掌握社会发展规律之前，总需要为探索社会规律做出一定的努力甚至作出一定的牺牲，而且人类并不能保证付出的努力和牺牲就一定能真正推动社会进步，尽管人类的主观愿望都是为了促进社会的进步、实现人自身的幸福。此时，凡是为实现社会进步和人类自身幸福而做出的种种付出和牺牲都可称为社会代价。但是，在已经掌握社会规律的时候，如果因头脑发热等种种原因逆社会规律而动、去追求所谓的社会进步而付出的牺牲和成本，则不能被称为社会代价，而只能算是社会损失。比如说，新中国成立后，我们已经掌握了人类历史发展的基本规律——生产关系一定要适应生产力发展的规律、上层建筑要适应经济基础发展的规律，但是我们的领导层却不顾中国社会发展的实际，违背生产力决定生产关系、经济基础决定上层建筑的基本规律去折腾搞什么以阶级斗争为纲。这些折腾使中国社会经济发展到了崩溃的边缘，这就不能算是社会进步和社会发展中的成本或代价，而只能算是巨大损失。因此，社会代价只是相对于社会进步而讲的，是为社会进步而付出的。在社会发展的大趋势已经十分明显的情况下，如果还要逆社会发展潮流搞复辟、倒退，即使付出很大的努力和牺牲，也绝算不上是社会代价。相反，那些为反对复辟、倒退而做出的牺牲恰恰才是社会代价。社会代价的付出是为了获得更大的社会价值，是为了推进社会进步，离开社会进步谈社会代价毫无价值。

战略实施作为一种重要的社会实践活动，其最终目标应该是社会进步和人的幸福，即任何战略都应该以促进社会进步和增进人类幸福总量为目标。因此，实施战略需要考虑和控制成本或代价。战略主体在进行战略“成本控制”时，需要注意和把握以下几点：第一，必须进行战略成本核算。任何战略的实施只能付出必要的成本代价，避免不必要的代价，不能不惜一切代价。必须弄清楚哪些成本代价是任何时候都不能付出的，哪些代价是必须或不得不付出的，哪些代价是不必付出的；对于必须或不得不付出的代价，要尽可能减少或降低，而不是牺牲一切成本代价去实现战略目标。当然，这种战略收益与战略成本的核算，不能简单地以此时此地为标准，而应该考虑“时间差”和“地域差”。如果在彼时或彼地可以实现巨大发展和重大效益，那么此时或此地代价的付出就是值得的、可行的；相反，如果此时或此地付出的巨大代价却不能在未来的彼时或彼地获得高于该代价的战略成果，那么这种战略成本就是坚决不能付出的，这样的战略坚决不能制定、更不能施行，即使已经施行了，也必须坚决叫停。

第二，必须遵循“经济原则”或“节约原则”。从战略收益与战略成本之比看，大致会出现三种情形：有的是收益大于成本，有的是成本大于收益，有的是收益和成本等值。但是，在实际社会活动中，战略成本或收益对等的情况并不多见；同时如前所说，收益和成本对等的战略是没有意义的，是不值得考虑和实施的。因为人们制定和实施战略的主观目标或战略意图都是为了追求更高更大的战略收益。从战略收益和战略成本的大小关系看，有的是战略收益和成本都小，有的是战略成本和收益都大，有的是战略收益大而成本小，有的则是战略成本大而收益小。一般来说，人们总是愿意追求收益大而代价小的战略。然而，在战略收益和成本都小或二者都大的情况下，人们应该如何选择呢？这在实际的社会实践中是比较复杂的，需要考虑具体的实践环境和任务。在革命战争年代，人们也许更可能会追求高收益高风险的战略，因为战争本身就是一种高风险的活动。但在和平稳定的改革年代，则更适合选择渐进的、稳妥的战略。也就是说，人们更应该选择那些战略收益较小而成本、代价相比之下更小的战略，而不应选择那些虽然战略收益大但是战略成本代价相比之下更大的战略。

第三，必须注意战略收益和成本承载主体的一致性或相关性。战略主体除了确定是否付出代价以及付出多大代价，还应该确定谁来承担这种代价。科学合理的做法是：获得战略收益与承担战略代价是相互匹配的，不能一方享受战略收益而由另一方承担战略代价。如果战略收益的享有者与战略代价的承担者不一致，且过后不能对代价承担者予以必要的补偿，长此以往，既会使那些一直承担战略成本的人起来抵制和反抗，从而导致战略失败，也会使战略受益者遭受损失和惩罚。

第四，必须把握代价支付的时机和方式。任何战略的施行和实现都必须要付出一定的成本和代价，这是必然的。虽然付出代价和成本是必然的，但是并不意味着付出多少成本、什么时候付出成本、以什么方式付出成本是必然的，相反，这些都是偶然的，是人们发挥主观能动性便可以把握和选择的。也就是说，人们在实现战略的过程中可以选择支付代价的时间、空间和方式。在时间选择上，支付代价应当选择在发展机遇十分明显的时候，也就是最需要的时候，这个时候恰恰可以达到事半功倍的效果。如果时间太早，战略主体不一定愿意支持和承担，因为看不到发展的机遇和预期的收益。但是也不能太晚，如果太晚就会丧失战略机遇期，这个时候再去支付成本已经为时晚矣，支付出去也没有什么意义。在空间的选择上，要尽可能分散相关成本和代价，如在城市建设上，要防止大城市病，必须严控特大城市的无序发展，对相关人口和产业实行外迁，鼓励发展中小城镇。在方式选择上，支付成本和承担代价要尽可能分散化，这样，既可以减轻单位时间内的压力和阵痛，也可以降低单位空间内的成本和代价。如果单位时间内承担的成本过大，即使战略目标十分宏大或战略收益十分巨大，社会成员也不一定就心甘情愿地予以接受。相反，如果单位时间内承受的压力或代价还可以接受，那么社会成员就会对战略予以支持。这也是我们党始终强调要把改革的力度、发展的速度、社会的可承受度结合起来的一个重要原因。如果改革的力度太大，既得利益的触动过于强烈，人们还没有获得更大的利益，势必会激起社会反弹，成为改革的阻力。如果发展的速度过快，很可能会超出生态环境的自净能力，生态环境问题就会在短时间内集中爆发，生态环境遭受损害的代价就会抵消，甚至超出改革、发展所取得的成果，改革、发展的动力即会丧失。

虽然有发展就会有代价，有进步就会有付出，有收益就会有成本，但是我们共产党人治国理政，必须明白和坚守一条原则或底线：有些代价是任何时候都不能付出的。比如，为谋求一时的经济社会发展而去牺牲社会和谐。虽然由于人的主观认识很难达到与客观规律完全相符合，有时付出代价具有一定的必然性，但是也要注意并不是任何时候任何阶段都要付出代价、作出牺牲，只要方法运用恰当、措施实施到位，社会主体在一定的阶段完全可以少付出，也完全可以避免无谓的牺牲。

二、谋事创业要有成本思维、代价思维

发展需要付出一定的成本和代价，但是，不能因为发展而不顾或不计成本和代价。正确的做法应该是坚持“以人民为中心”发展观和新发展理念的基本精神与要求，以最小的成本或代价谋取最大的发展效益。因此，各级领导干部谋事创业要具有成本思维和代价思维，尽力实现以最小代价推动经济社会又好又快发展。也就是说，既要一心一意谋发展，又要一心一意降成本、减代价，这里的成本或代价，不仅是指经济成本，而且包括社会成本和生态成本。

（一）经济社会发展不能以牺牲人民群众的生命、健康和安全利益为代价

改革开放以来，在一段较长的历史时期，由于政绩考核指标和考核体系的不太科学，事实上存在着“以 GDP 论英雄”的指向，许多领导干部形成了浓厚的“GDP 情结”，这导致了一些地方或一些领导干部为了经济发展不惜牺牲一切，最为严重的是甚至不惜牺牲人民群众的生命和健康，或者在规划发展、部署工作时不是把人民群众的生命、健康、安全放在第一位，而是把 GDP 的增加摆在了首要的位置。其实，这是一种错误的工作思路。试想，广大人民群众的生命、健康、安全都无法保障，要 GDP 有何用呢？难道增加 GDP 仅仅只是用来升迁职务的吗？如果是这样的话，共产党的性质和宗旨、共产党人的本性和品格，变成什么了呢？不顾人民生命财产安全、片面追求 GDP 的增长，实际上是本末倒置，是物本压倒人本，是“要物不要人”的发展观。不损害人的生命和健康是发展的底线、红线、生命线、高压线。对红线，各级领导干部要有敬畏戒惧之心，必须以最坚决的态度去坚守，任何时候都不能失守。经济当然要发展，但是不能是带血的发展。各级领导干部要本着对党和人民高度负责的精神，既要强调快速发展，又要强调科学发展、安全发展。没有科学发展、安全发展，快速发展则无法保障，更没有意义。

始终把人民生命、健康、安全放在首位，是落实“以人民为中心”的发展观和新的发展理念的必然要求。“以人民为中心”的发展观坚持和丰富了科学发展观以人为本的核心理念和价值。以人为本，就是以人民群众的根本利益为本，而人民群众的最根本、最核心利益就是人民群众的生命、健康和安全，因此，以人为本、以人民为中心，首先就要以人民群众的生命、健康和安全为本，以维护人民群众的生命、健康和安全利益为中心。经济社会发展首先必须要增强人民群众的生命、健康和安全利益。发展不仅是指社会经济发展，而且是指人的全面发展。人的发展，其中首要的就是人的生命、健康、安全利益的增进，即人的生命周期的延长、健康素质的提高、安全利益的拓展和增强。人的发展是社会发展的前提和归宿，人的生命、健康、安全利益的发展则是人的发展和社会发展的首要前提。马克思、恩格斯在《德意志意识形态》中指出：生命的个人是历史发展的根本前提。因此，离开了人的生命、健康和安全，社会不复存在、发展无从谈起。危害人的生命、健康、安全的发展，不能称之为发展，也根本没有任何意义和价值。发展是“硬道理”，增进人民的生命、健康、安全利益的发展更是“硬道理”，反对不顾安全、不顾人民死活的“硬发展”也是“硬道理”。在实际生活中，任何以牺牲人民群众的生命、健康和安全利益为代价的发展战略、发展举措都不能成为议事议程；如果发现已经实施的战略、项目和举措存在着危害或损害人民群众生命、健康、安全利益的情况，必须立即叫停，待进行仔细研究论证、慎重考虑后，再决定是调整发展战略或是终止实施的战略等。例如，为了人民群众生命财产的安全，我们的发展必须防止特大安全事故，为此就必须减少高危行业在经济结构中的比例，淘汰那些不具规模、生产方式落后的小矿小厂，实现生产要素的集约，走技术密集型路线。再如，为发展经济而实施招商引资，就不是什么“商”都要招、什么“资”都可以引，更不能“招商引灾”，而是要注重招商选资；因此，在招商引资过程中，决不能只考虑就业、税收而降低安全标准，搞“特事特办、一路绿灯”等特殊化，而必须讲法治、讲规矩、讲程序。

在“新发展理念”中，共享发展是归宿。共享是社会主义本质的集中体现和根本要求。共享发展，一方面要求人人共享发展机会、共享发展条件，共同发展；另一方面要求人人共享发展成果，共同增进利益，共同实现人人向往的美好生活，最终实现“共同富裕”。当前，我们正在从事的全面建成小康社会、实现现代化和民族复兴的伟大实践，根本目的在于促进中国人民的全面发展，同时为世界人民的发展作出更大贡献。无论实现什么发展，无论实施什么战略，根本目的都是要让老百姓过上好日子、实现美好生活。好日子、美好生活的根本前提是人民的生命、健康和安全是得到尊重的，是有保障的。如果人民群众的生命、健康、安全不能得到尊重和保障，哪里还谈得上过好日子、拥有美好生活呢？可以说，没有对人民群众生命、健康、安全的尊重和保障，就没有人民的一切。因此，我们必须把维护和增进人民群众的生命、健康、安全利益放在首位，任何发展战略都必须把维护和增进人民群众的生命、健康、安全利益置于中心地位。我们讲全心全意为人民服务的根本宗旨，首先就是为增进人民的生命、健康和安全等根本利益服务。我们讲坚持立党为公、执政为民，最基本的要求就是把维护和增进人民群众的生命、健康、安全利益放在首位和中心地位。把人民群众的生命维护和增进人民群众的生命、健康、安全利益放在首位和中心，既是以人民为中心的发展观的要求，又是对领导干部执政为民能力的重要考验，是检查各级领导干部工作能力特别是保护人民群众生命财产安全能力的重要标准。

（二）经济社会发展不能以破坏自然环境为代价

人类首先是自然存在物，自然、大地是人类的“母亲”，人类的生存和发展一刻也离不开适应人自身居住的自然环境。自然（地理）环境作为社会存在的一个部分，是人类社会存在的物质前提和条件，对人类社会的存在发展起着重要作用。随着全球工业化、现代化的发展，人类生产对自然环境的破坏越来越严重，人类生存面临的生态形势越来越严峻，自然环境在社会存在系统中的地位和作用也越来越重要。因此，我们很有必要对自然（地理）环境在社会发展中的作用进行新的审视。

人类社会具有物质性、客观性，这是历史唯物主义的基本观点。人类社会的物质性、客观性集中表现为社会存在的物质性、客观性，以及人类实践的物质性和客观性。社会存在是社会生活的物质过程、物质方面，它主要包括地理环境、人口和物质资料的生产方式。社会存在是人类社会运行的基础，人类一旦离开它便一刻也不能生存。在社会存在的三种要素中，最重要的是物质资料的生产方式，它是人类社会发展的根本动力，决定着人类社会制度的性质和社会形态的更替。地理环境对社会发展也具有重要作用，或从“正面”促进社会发展或者从“反面”延缓社会进步，但它不能对社会发展产生直接作用，更不能产生决定作用。因为它作为前提条件只有在被纳入生产实践中，即作为生产力的要素——生产资料之后，借助于生产方式才可以影响社会发展的进程。因此，地理环境既不决定社会形态的性质也不决定社会形态的更替，因而不是社会发展的决定性因素。然而，尽管如此，地理环境在社会发展中的作用，是随社会生产力的发展而不断发生变化的。在近现代以前的社会形态中，由于生产工具简陋、生产力水平低下，人类改造自然的能力十分有限，几乎处在“一方水土养一方人”和“靠天吃饭”的状态，自然环境对社会生产、社会发展的作用巨大，在很大程度上不是人决定自然环境，而是自然环境决定人。由于在前工业文明时代，人受制于物、受制于天，虽然人类对生态环境有所影响，但是人口与资源、环境的关系基本上是和谐和平衡的。人类进入工业化时代以来，生产工具、科学技术的飞速发展，人类改造自然的范围和程度空前提高。马·瓦科纳格尔等人给出的人类生态足迹与地球承载能力图表显示，人类的生态足迹在20世纪80年代还保持在可持续的水平上，之后便超出了自然供给能力，到1999年已经超出了20%。[①] 也就是说，人类对自然的改造、征服

① 〔美〕德内拉·梅多斯等著，李涛等译：《增长的极限》，机械工业出版社2006年版，第16页。

能力在不断超出自然环境的自我恢复、自我修复能力。随着生产力的发展，自然资源大量开采，水资源、树林资源日渐枯竭、大气严重污染，自然环境以前所未有的速度和程度遭受破坏。与此相对应，自然环境对人类的过度活动进行报复和惩罚的力度也在不断增长，对人类社会发展的制约性日益凸显和不断增强。历史发展到了今天，人类面临着严峻的生态危机。生态危机，从本质上讲是人类的生存危机。如果不改变以往掠夺式的野蛮发展方式，人类社会能否持续存在将成为问题；谈发展，简直是一种奢望。可见，今天的人类对自然环境的依赖和依存度并没有因为科技的发展而减弱，反而是大大增强了。前工业时代人类对自然环境的依赖是因为大自然对人类的馈赠，今天的人类对自然环境的依赖是因为大自然生态系统的失衡和脆弱。因此，人类必须充分考虑生态和环境容量，改变以往的生产方式和生活方式，走可持续发展之路。20 世纪 70 年代以来，国际社会也开始关注生态环境对人类社会发展的严重限制性，可持续发展逐渐被人类接受。

当今人类社会发展的严峻现实以及以可持续发展为核心的生态文明理念的提出告诉我们：必须重新审视唯物史观关于自然环境在社会存在和社会发展动力中的地位和作用的观点。笔者认为，自然环境在社会存在格局中的地位比以往任何时代都更为突出和重要，其作用也更为强大。同时，优美的自然环境和良好的生态系统之于人类发展生产、构建幸福生活的意义和价值更为显著，也更为迫切。生产发展、生活富裕离不开良好的生态环境，离开了良好的生态环境生产发展和生活富裕也将毫无意义。今天，危机四伏的自然环境对人类生存的威胁已经成为了残酷的现实，人类的脆弱性在大自然的报复和惩罚面前表现得淋漓尽致、无以复加。如果不改变生态环境持续恶化的趋势，人类自身能否存在以及人类社会能否可持续发展将成为问题。为此，自然环境以前所未有的方式倒逼着人类不得不改变自身的生产方式、行为方式、生活方式，乃至思维方式。因此，我们现在便不能再轻易、简单地说自然环境对人类社会发展没有什么直接作用了。它对人类社会发展所起的作用已经不是传统意义上消极的、间接的“促进”或“延缓”了，而是积极的、直接的使人类“存在”或“不存在”的作用了。在某种意义上似乎可以说，自然环境的作用具有决定性的意义。

自然环境在社会存在系统中地位的改变，要求我们对自然环境的生态价值、生态文化的认知也要相应地予以改变。我们必须认识到自然是人类无机的身体，它也像人一样具有自身的内在价值，人本身也来自于自然。社会存在系统的改变也必然导致社会发展动力格局的改变。在生态文明时代，人类社会的发展动力不再仅仅是人与人之间的社会矛盾，人与自然之间的矛盾也对社会发展起到推动作用。社会发展不能再简单地被理解为生产力的进步、生产关系的调整、社会制度的变更，人与自然关系的和谐本身也是社会发展的重要推动力或者说重要组成部分。生态需要和生态利益构成了社会发展的新动因，与其他需要和利益一起推动社会进步。因此，唯物史观一定要关注生态环境，充分认识到自然环境在当今社会存在中新的重要地位。

改革开放以来，我国就一直十分重视经济建设与保护生态环境之间的关系，我国生态文明建设虽已初见成效，但生态危机和环境问题的拐点还远未出现。党的十八大报告将中国的生态环境问题概括为“资源约束趋紧、环境污染严重、生态系统退化”。党的十九大报告认为我国突出的环境问题主要有：大气污染、水污染、土壤污染、农业面源污染依然严重，固体废弃物和垃圾处置难度依旧大，等等。因此，“生态环境保护任重道远”。我国生态资源环境方面的国情是资源环境瓶颈制约加剧特别是环境承载能力已达到或接近上限，发展与人口、资源、环境之间的矛盾日益突出。生态环境问题已经与住房、医疗、教育、养老一起成为人民群众关心的重大民生问题。让人民群众呼吸新鲜的空气、喝上干净的水、吃上安全的食品已经成为党和政府必须解决的重大问题。资源环境已经成为实现全面建成小康社会目标最紧的约束、最低的短板，是一个躲不开、绕不过、退不得的必须解决的紧迫问题。

我们不能只顾当代人的发展，而不考虑后代人的发展。生态环境一旦被破坏便很难甚至不可以再恢复，某些不可再生资源能源一旦被耗尽便不可以再生产出来。在存在方式上，自然环境、资源能源不同于社会制度、精神理念，旧的社会制度被打破了还有新的社会制度取而代之，旧的科学理论被否定了还可以用新的科学理论取而代之。自然环境和资源能源如果被破坏了和耗尽了，后代人也就没有享受和消费的权利了。可再生资源即使可以再生产出来，人生百年与这种漫长的再生产时间相比太过短暂，在它再生出来之前人们消费和享受它的实际权利也被剥夺了。因此生态文明建设还关系到代际公正。作为一种新型文明形态，生态文明要求人与自然之间的关系更加文明，也就是说我们必须在自然环境、生态系统的承受能力范围之内推进发展。如果超出了自然环境、生态系统的承受能力，那就等于当代人剥夺了后代人生存发展的权利，这就是当代人与后代人在生态上的不公平。

所以说，经济社会发展不能以破坏环境、牺牲生态为代价，必须实施可持续发展战略，走可持续发展道路。关于可持续发展的内涵，不同学科的侧重点有所不同。生态学家着重从自然方面把握——不超越环境系统更新能力的人类社会的发展；经济学家着重从经济方面把握——在保持自然资源质量和其持久供应能力的前提下，使经济增长的净利益增加到最大限度。国际上比较公认的理解是1987年世界环境和发展委员会历经四年的研究报告《我们共同的未来》中的定义——“既满足当代人的需要，又对后代人满足其需要的能力不构成危害的发展”。这个定义之所以被普遍接受，是因为它不是从特定学科视角出发去给可持续发展下定义，而是在所有学科视角之间求得对可持续发展内涵的理解的最大公约数——对发展作理性的限制。可持续发展分为三个组成部分——经济可持续发展、生态环境可持续发展和社会可持续发展。人类追求的目标是“自然—经济—社会”复合系统的持续、稳定、健康的发展。经济可持续发展是可持续发展的基础。可持续发展鼓励经济增长，它既反对过分强调环保的“零增长”又反对过分强调经济增长的“零环保”这两种偏激思想，而是主张“既要生存又要发展”。生态环境可持续发展是可持续发展的条件。经济和社会发展不能超越资源和环境的承载能力，资源的持续利用和生态系统的可持续性是保持人类社会可持续发展的首要条件。中国是一个人口众多、自然灾害频繁、资源相对短缺、经济基础和技术能力仍然薄弱的国家。中国的经济快速增长和城市化进程的加快，给资源和环境带来了巨大压力，这就要求我们必须实施可持续发展战略。

第五节　减少战略冲突　增加战略共识

战略都是为了实现一定的战略目标，取得一定的战略利益。世界上不止一个战略主体，他们谋求的战略利益不可能是一致的、共同的，而是交叉重叠的、不同的，甚至是完全对立的。也就是说某一战略主体所追求实现的战略利益可能会对另一战略主体的战略利益带来损失，甚至一方获取的战略利益恰恰就是另一方受损的战略利益，反之亦然。在这个利益有限的世界，不同战略主体之间的战略竞争、矛盾甚至冲突是必然存在的，也是难以避免的。但是，这并不意味着在不同的利益战略主体之间解决利益冲突的途径只能是“你死我活”的，甚至是战争等暴力的方式。在现代社会，解决战略矛盾和冲突的最佳方式是政治的、和平的、共赢的方式。各战略主体为了避免零和博弈，实现合作共赢，需要进行战略对话，增进战略共识、战略理解和战略信任，不断减少战略矛盾和战略冲突，增加战略合作、战略协作和战略利益。

一、开展战略对话，克服战略焦虑

（一）战略对话及其意义

战略对话是解决战略矛盾、战略冲突最有利的方式，是消除战略误会、战略摩擦最有效的手段，是增加战略共识、实现战略合作、扩大战略利益的最佳途径。战略焦虑则是影响战略对话、进行战略合作、实现战略共赢的思想和心理障碍。战略焦虑是战略主体之间相互担心、忧虑对方挑战或妨碍自身战略地位、战略发展、战略利益的一种思想和心理状态。各个战略主体在实现各自的战略目标时，对另一或其他战略主体的战略活动没有明确的战略预期，唯恐自己的战略利益受到损失，从而对另一或其他战略主体在思想和心理上担忧、在行动上防范，严重时可能发展为战略误判、战略冲突，甚至战略对抗。战略焦虑既可以发生在弱小的战略主体身上，也可以发生在强大的战略主体身上。弱小的战略主体面对对自己不利的战略形势和落后的状态，总爱抱持“落后就要挨打”的心理强迫症，往往无法冷静理性分析、判断所处的客观形势，且总急于寻求解决方案，从而很容易造成战略误判和决策失误。强大的战略主体面对其他战略主体日趋强大的态势，唯恐自己的战略优势地位受到挑战，担心自己的战略利益受损，因而对其他战略主体的活动妄加揣度、猜忌，甚至采取敌视、遏制政策。这也是一种战略焦虑。

战略对话是避免和消除战略焦虑、化解战略矛盾的最好方式。因为战略对话最能够实现战略主体之间的相互理解，战略主体各方通过对话能够充分了解对方战略底线在哪里、核心利益关切是什么等，从而更好地理解各自的战略意图、战略目标、战略部署，增加战略共识和战略互信。与“麦克风外交”[①]不同，战略对话的双方或各方面对战略利益分歧和矛盾时，都愿意彼此坐下来一起沟通，对解决问题也抱有积极乐观态度，且对对方充满真诚和善意。因此，只要战略对抗还没有开始（即使对抗已经开始），战略矛盾各方都应该从大处着眼，积极进行对话合作，努力寻求各自利益的重叠处和共同点，追求战略合作和共赢。因为，在正常状态下，任何战略主体谁都不愿意承担全面对抗的代价，不愿意经受战略对抗所带来的巨大利益损失。

---

① 由于互信不够，沟通缺乏，在外交的过程中出现了各说各话，不顾及对方感受的现象，就好像两个人都在对着麦克风讲话，说话变成了对于两方之外观众们的表演，而不是双方沟通的有效方式。

战略主体都是利益主体，只要是不同的战略主体，就会有不同的战略利益，也必然会存在战略矛盾、利益冲突；而只要存在战略矛盾、利益冲突，就有必要进行战略对话。世界上没有无论在任何时候利益都完全一致的两个战略主体。利益的一致是暂时的，而利益的不一致、利益的相互冲突则是长久的。因此，战略对话不仅存在于两个战略利益相互矛盾、彼此冲突的战略主体之间，而且存在于战略同盟主体之间。开展战略对话，虽然彼此一时难以达成战略共识，但是对话可以释放诚意，打消对方的战略焦虑和担忧，也可以缩小战略分歧，为将来的对话和解决问题打下基础、铺垫道路。战略主体要达成战略共识，必须本着互利共赢的原则，在严守战略底线时做出智慧的妥协，而不是死守着僵硬、枯燥的原则不放。由于对话双方的实力以及外在环境的不断变化，战略目标的不断完成和实现，战略利益的冲突是永远存在的，这就需要经常进行战略对话，而不是一次就可以完成的。在开展对话时，只要对话双方尊重对方的战略底线和核心利益诉求，对话双方就可以管理好、处理好彼此之间的分歧和矛盾，就可以使彼此关系“更有温度、更有韧度、更有深度、更有广度”。总之，对话比不对话好，早对话比晚对话好，经常对话、机制性对话比偶尔对话好，深度对话比浅层对话好。

中国作为一个正在崛起的大国，作为一个蓬勃复兴的大国，作为一个向强国挺进的大国，在处理与周边邻国和世界主要大国之间的战略矛盾、利益冲突时，一定要坚持对话优先原则，坦诚而广泛地与其展开战略对话，这对于中国长期保持有利的和平发展环境具有特别重要的意义，也有利于消除世界各国因为对中国的快速发展与迅速崛起而产生的不适应感，以及普遍存在的“战略焦虑”，甚至是“战略恐惧”“战略威胁”。

（二）把中美战略对话摆在突出位置

在各种战略对话中，中美之间战略对话最为重要、最为关键。中国和美国，一个是世界上最大的资本主义国家，一个是最大的社会主义国家；一个是最大的发达国家，一个是最大的发展中国家；一个是决心维持“领导地位”的守成大国，一个是世界上崛起速度最快的大国；一个是喜欢讲“普世价值”的大国，一个是喜欢讲意识形态安全的大国。中国和美国，有许多的共同关切和利益，也有许多分歧和矛盾。中美作为世界上战略地位都十分重要的国家，两国关系的好坏，不仅直接影响着两个国家发展的全局，而且关系到国际社会和全人类发展的未来，影响巨大而深远。因此，中美之间，尤其要展开战略对话，避免战略僵持，切忌战略对抗。

在冷战中胜利的美国，成了当今世界唯一超级大国，在国际事务中充当“世界警察”。世界上无论发生什么事情，似乎都有美国的存在和插手。可以说，美国是当今全世界所有国家的“邻居”，每个国家都需要处理好与美国的关系。然而，随着中国综合实力的上升，美国开始觉得自己的超级大国地位、自己在国际事务中的话语权受到了挑战，各种不愉快、不习惯、不耐烦、不情愿的心理和动作随之而起，并形成了新一轮的“中国威胁论”。于是，有些美国政治家便不断叫嚣着“围堵中国”“遏制中国”。这就是美国对中国的“战略焦虑”。在这种战略焦虑的主导下，美国政府近期不时对中国做出不友好的、敌对的、危险的举动。美国发起的对中国开展的贸易战就是其中之一。中美贸易战，会严重损害两国关系和中美两国人民的利益，也会阻碍世界经济的复苏和发展，损害各国人民的利益。美国的政治家，特别是总统特朗普及其政府应保持理性和理智，要客观、综合分析判断当前中美两国的利益分歧和战略矛盾，在重大问题和利益关切上，开展战略对话与合作，而不是冲突与对抗。构建不冲突不对抗、相互尊重、合作共赢的美中新型大国关系，符合两国共同长远利益，符合国际社会和人类进步发展的潮流，也是对世界的责任。

中美两个大国如果不能经常性地开展战略对话，很可能会发生战略误判，从而形成战略对抗，甚至引发新的冷战，这对中美两国，乃至整个世界都十分不利，甚至是一场灾难。对中国来说，很可能会丧失和平发展的国际环境，外贸问题、台湾问题、南海问题都会因此受到很大影响，现代化建设和民族复兴的进程都有可能会延缓。美国也会因此丧失分享中国发展的大好机遇。当前美国对中国开展的贸易战，这种不利的影响开始初现端倪，后续的影响会更多，最终则会是中美的两败俱伤，而且是世界各国的“多败俱伤”。对此，邓小平早就有很清醒的认识，在 1989 年邓小平就对美国总统特使斯考克罗夫特说：中美两国关系不和谐，“不是中国之福，也不是美国之福”，“对双方都不利”。“中美两国之间尽管有些纠葛，有这样那样的问题和分歧，但归根到底中美关系是要好起来才行”。[①] 实际上，这道出了中美关系一个最基本的事实：中美两国都承受不起中美关系因战略冲突、战略对抗所造成的巨大损失。

中美保持战略对话、消除战略摩擦和冲突、实现战略合作，一方面需要美国政府必须持有与中国进行战略对话与合作的眼光、诚意和理智，另一方面也需要中国必须始终坚持一贯的“韬光养晦”战略，灵活、理性处理中美之间的战略分歧和冲突。在面对美国的战略挑衅以及两个国家的战略冲突时，在坚持战略底线不动摇的前提下，中国要保持战略克制，在国际事务中稳步而又智慧地提高中国的国家地位。从改革开放之初，我们提出“韬光养晦”，再到后来提出“和平崛起”“和平发展”，所有这些在本质上都是强调“永不当头”“永不称霸”。在处理与美国的关系上，中国政府一直视美国为战略合作伙伴，一直把处理好与美国的关系作为重中之重。中国的崛起和复兴战略，根本不会对美国的既有国际地位存在什么挑战和威胁。中国的发展战略表明两国完全可以避免“修昔底德陷阱”。况且，中国在重大国际事件上历来是避免与美国发生正面冲突的，不是与美国对着干，而是争取与美国合作，因此，大多采取“息事宁人”和“打太极拳”的回应方式。如果中国是当年的苏联，早就开展了另一场冷战。如果中国也像美国那样奉行结盟政策，当

① 《邓小平文选》第 3 卷，人民出版社 1993 年版，第 350—351 页。

前世界和平局面也早就打破了。

因此，在当前中国和平发展、和平崛起的关键时期，中美两国要在各个层次、方面的交往中“敢对话”“愿对话”“善对话”，尤其是中国要积极主动倡导对话、开展对话，建立各个领域、各个层次的对话机制，这对中国是极为有利的。“敢对话”展现的是战略自信，“愿对话”展现的战略诚意，“善对话”展现的是战略智慧，最终可以打消对方的战略猜忌、战略焦虑，乃至战略恐慌，增进战略共识和互信、扩大战略合作、实现战略共赢，为中国的和平发展、现代化建设创造良好的国际环境。

（三）助推“亚洲命运共同体”建设

要实现战略对话、达成战略共识，需要深层的战略价值的相互认同，中国在经营对外关系尤其是亚洲邻国关系时，需要与其他国家构建共同价值观。只有这样，对话和信任才是深层的和持久的。为此，笔者建议中国在亚洲国际社会中适时提出并倡导“亚洲核心价值观”，以此助推“亚洲命运共同体”。

世界大国都有自己的战略后院或者战略缓冲地，拉丁美洲之于美国，中东欧国家之于英法德、苏联中亚国家之于俄罗斯，具有同种意义。亚洲周边国家是中国外交的首要，地位十分重要和特殊。中国必须将亚洲周边国家尤其是中亚、东盟国家作为自己的战略后院。当前，亚洲拥有全世界 2/3 的人口和 1/3 的经济总量，是世界上最具有发展活力的地区，也是各种力量角逐最为激烈的地区。在历史上，中国与广大亚洲国家同属于殖民地或半殖民地国家，都有反对西方列强主宰自己命运、争取民族独立的共同诉求。但是，现如今中国强大了，许多亚洲国家不能理性地看待中国的发展与强大，开始怀疑中国与自己是否还有共同的历史命运，是否还能走和平发展道路、奉行和平外交政策。同时，美国开启重返亚太战略，域外国家不断挑拨中国与周边亚洲邻国的关系。为此，中国必须强调自己与亚洲国家的特殊关系——“亚洲命运共同体”。不仅亚洲命运共同体，中国在不同外交场合还提出了构建“中国—

东盟命运共同体”“中国—拉美命运共同体”“中国—非洲命运共同体”。

那么，在实施中国的亚太战略时，我们该如何阐释“命运共同体”？目前的解释大多是从历史关系、利益好处、军事安全的角度来展开，很少明确地从价值观或者哲学伦理的角度来阐述。一个群体，无论是国家、国际组织、社会组织，如果缺少共同的或基本的价值观或伦理信条，是谈不上真正的“共同体”的，更不要说“命运”共同体。因为共同的价值观是命运共同体的基石或基础。价值观是主体认定事物、辨别是非的一种基本思维或价值取向，具有稳定性和持久性，反映着主体对客体价值的认知和需求情况，对主体动机具有引导作用。只有价值观的认同才是最深的和最高的认同，只有价值观的黏合才是最巩固的和最持久的黏合。古人云“以利相交，利尽则散；以势相交，势去则倾；以权相交，权失则弃；唯以心相交，方成其久远”，讲的就是这个道理。这样，我们可以将“命运共同体”概括为：具有相似的历史遭遇和发展道路，具有相似的利益诉求和价值观，具有高度的政治共识和稳定的合作预期，可以经受一定的压力考验，彼此之间不会机会主义地利用对方弱点和困境向对方施压以获取在正常条件下无法获取的好处和利益的共同体。

倡导亚洲命运共同体，离不开亚洲核心价值观。亚洲核心价值观可以使亚洲国家清醒地认识什么是自己的根本利益，可以引导亚洲国家选择适合自己国情的发展道路、发展模式，增强亚洲国家的凝聚力。“亚洲核心价值观”可以让亚洲国家在亚洲找到自己的“身份认同”，而不至于在美国或者西方国家那里找虚幻的“自我认同”。其实，中国在不同的外交场合，已经含蓄或者隐含地提出了“亚洲核心价值观”。如习近平同志在2015年博鳌亚洲论坛主旨演讲中提出国际亚洲命运共同体的“四个坚持”[①]，以及2018年提出凝聚亚洲共识、共创“和平、安宁、

① “迈向命运共同体，必须坚持各国相互尊重平等相待；必须坚持合作共赢、共同发展；必须坚持实现共同、综合、合作、可持续的安全；必须坚持不同文明兼容并蓄、交流互鉴”，《人民日报》2015年4月1日。

繁荣、开放、美丽”亚洲的主张，其实就是亚洲核心价值观的含蓄表达，只不过是没有直接冠以“亚洲核心价值观”的名义。中国的亚洲战略不仅要讲好“亚洲故事”，如汉代出海、郑和远洋、万隆会议，还要会讲“亚洲伦理”“亚洲价值”“亚洲感情”“亚洲归属”。我们在实施自己的亚洲外交战略时，要更多地强调中国与亚洲国家是山水相连、血脉相亲、兴衰相伴、荣辱与共、同舟共济、守望相助、心心相印的好邻居、好朋友、好伙伴。如果我们在阐释“命运共同体”时提出“价值共同体”，恰恰可以使某些亚洲国家减轻或消除因中国巨大发展成就而产生的“陌生感”“排斥感”，增加“亲近感”“认同感”。

在历史上，提出“亚洲核心价值观”更多是西方人的事，而且多是从负面或者否定的意义来定义的：如专制、愚昧、迷信、落后。如今，亚洲国家已经实现了飞速发展，经济成功的背后必然有哲学或价值观的因素，这就很值得去挖掘和概括。亚洲核心价值观由谁来提出？中国作为亚洲国土面积最大、人口总数最多、文化影响最深远、经济规模最大、发展较快的国家，有义务有责任带领亚洲国家提炼概括“亚洲核心价值观”。不断发展、逐步强大的中国，既要带头“守规矩”，也要适时“立规矩”。现在要大幅改变西方世界主导的国际经济政治秩序下的不合理的游戏规则是毫无可能的，纯属幻想，但是，选择亚洲文化领域作为突破口则是现实可行的。中国对亚洲后院的整合，既需要亚投行、“一带一路”发展基金等硬实力，也需要“亚洲核心价值观”这样的软实力。

提倡亚洲核心价值观应把握和遵循以下几个方面的原则。首先，亚洲核心价值观应不同于某个具体国家的核心价值观。与国际法的主体一样，亚洲核心价值观的主体是亚洲的主权国家，而不是主权国家治下的人民。它虽然可以延伸到各国人民，但也要通过主权国家这一中间环节。也就是说，对亚洲核心价值观的概括，不能从纵向的国家、社会、个人的角度来进行，而要从横向的政治、经济、文化、安全的角度来阐释。其次，亚洲核心价值观要突出“亚洲”的“核心利益”和发展愿景。亚洲核心价值观必须反映亚洲国家及其人民当前的根本诉求和核心愿望、主要期待，体现亚洲国家的基本“洲情”、发展阶段、生活方式、民族文化、宗教信仰、生活方式，而不能照搬西方的核心价值观。当然，强调亚洲核心价值观的特殊性，并不是说它可以脱离世界文明主流，它也是开放的、发展的。最后，亚洲核心价值观不能与中国的核心价值观和中国的国家利益及其亚洲外交战略相矛盾。二者必须相容，至少不能相互冲突，同时必须反映和体现中国国家利益，否则中国首倡的亚洲核心价值观就毫无意义，弄不好还会搬起石头砸自己的脚。亚洲国家尤其是东亚、东南亚国家受中国儒家文化影响深远，中国率先和主导倡导亚洲核心价值观具有先天优势。中国应该利用好首倡权、主导权，在构建亚洲价值秩序时融入“中国智慧”。

遵循以上三个原则，笔者认为，“亚洲核心价值观”可以粗略和大致提炼概括为以下四点。政治观：相互尊重、平等相待。这是国际法的基本准则，每个国家虽有大小、强弱之分，但都是亚洲社会平等的一员，都有平等参与亚洲事务的权利，都有选择社会制度和发展道路的权利，各个国家必须尊重其他国家的核心利益和重大关切，努力求同存异、聚同化异。经济观：合作共赢、共同发展。大多数亚洲国家还处于第三世界，无论对于中国还是亚洲，发展依然是第一要务。在经济全球化和区域一体化的时代，要发展必须靠合作。要摒弃零和游戏、你输我赢的旧思维，树立双赢共赢的发展理念，在追求自身利益时兼顾他方利益，在寻求自身发展时促进共同发展。安全观：共同安全、共建和平。当今亚洲并不太平，传统和非传统威胁并存，必须坚持共同、综合、合作、可持续的安全观，走出一条共建、共享、共赢的亚洲安全之路，以集体之力、团结之力、合作之力，携手应对威胁挑战。文化观：兼收并蓄、彼此借鉴。亚洲文化多样性的特点仍十分突出，必须强调在比较中取长补短，在交流互鉴中共同发展。

中国在初步酝酿提出“亚洲核心价值观”后，可以利用亚洲博鳌论坛、中国—东盟峰会、中阿合作论坛、亚信会议、中日韩—东盟峰会、上海合作组织峰会、亚洲文明大会等多边外交平台，与相关国家领导人正式确立亚洲核心价值观的具体内容，发表《亚洲核心价值观共同宣言》。

二、看清客观趋势，不与大势为敌

“天下大势，浩浩荡荡，顺之者昌，逆之者亡。”选择发展道路、确立发展战略、规划战略目标、制订战略实施方案、进行战略部署，不仅要注意研究本国实际及其发展趋势，而且要注意研究世界发展的客观实际及其变化趋势和方向，特别是要注意研究和把握主要战略实体的战略目标及其发展趋势。认清世界发展的客观形势、顺应世界发展的滚滚潮流、利用世界发展提供的有利机遇，不仅有利于进行正确的战略决策、顺利实现自己的战略目标，而且有利于处理好战略主体之间的关系，实现战略双赢或多赢。因为，这个时候各战略主体制定的战略目标在方向上是大体一致的，从而具有较大的共同战略利益，便容易加强战略合作，减少战略矛盾和战略冲突，即使发生战略矛盾和利益冲突，也有利于开展战略对话。反之，如果不能正确把握世界发展大势，逆客观趋势而动，就很容易发生战略误判、战略失误和犯战略性的重大错误，也很容易与其他战略主体发生战略冲突、战略摩擦和战略对抗，从而丧失战略发展机遇，甚至葬送发展前程。因为这时战略主体制定的战略是反向而行的，恰如两列相对而行的列车，极容易撞车；撞车后，也很难进行战略沟通和对话，对抗在所难免。

因此，各战略主体制定发展战略、处理国际关系和国际事务、解决战略矛盾和战略冲突，尤其要注意把握世界发展的大趋势和总方向。近代以来，世界发展的大趋势和总方向就是现代化。尽管西方发达国家的现代化已经达到了比较高的水平，也有人认为已经进入了后现代，但是，这并不意味着西方现代化的任务已经完成，而是要继续向更高水平的现代化迈进，现代化依然是其发展的方向和前途。其他后起的现代化国家，即还未能进入现代化的国家，现代化更是其目标和方向。可以说，如果能够把握世界现代化发展的客观规律及其趋势，因势利导，顺势而为，定能从中获益；如果不能把握世界现代化发展的客观要求，就很可能被历史潮流所抛弃，势必遭到巨大损失。新中国成立后几十年来的发展，以及世界各国对中国发展的认识与交往的历史就充分说明了这一点。独立自主的中国必须改变贫穷落后的面貌、走现代化发展之路，建设富强、自由、民主、文明、和谐、美丽的社会主义现代化国家，实现中华民族伟大复兴，这是中国历史发展的必然选择，也是世界现代化运动的必然要求和趋势。我们如果能看清和把握这种必然趋势和历史潮流，事业就会取得胜利，反之就要栽跟头、受损失。“文化大革命”的10年，我们既没有看清世界现代化发展的趋势，也没有看清中国现代化发展的要求，结果使中国的现代化进程被迫中断，给国家发展和人民生活带来巨大损失。“文化大革命”结束后，以邓小平为代表的中国领导人，准确把握世界发展的趋势，以巨大的战略勇气重启中国的现代化之路，并确定在21世纪中叶基本实现现代化的战略目标。20世纪70年代末80年代初，“四个现代化”“建设社会主义现代化国家”“中国式的现代化”“实现现代化”是邓小平强调最多的一个问题。邓小平认为，中国的发展离不开世界，尤其离不开西方世界。关起门来搞现代化是绝对搞不成功的，必须融入世界现代化发展的潮流之中，必须打开国门、对外开放，特别是对西方国家开放。正因如此，我国向现代化国家和地区打开了大门，与世界上最大的现代化国家——美国建立了外交关系，大胆引进西方现代化国家的科学技术、人才、先进的管理经验和文化，也大胆把中国的人才送到西方各国去学习深造。在很大程度上可以说，中国改革开放的40年，是向以美国为代表的西方发达的现代化国家学习的40年，也是改变不适合现代化建设需要的制度、体制机制和思想文化的40年。为此，我国才能在改革开放的40年取得如此巨大的发展和如此辉煌的成就。

一些西方的政治家也深刻地把握了中国现代化发展的必然趋势，以及中国现代化对世界发展的积极作用，尤其是对本国发展的积极贡献，因此，极力排除来自各方的干扰，加强与中国的联系与交往，也极力把中国拉入世界发展的主流之中，为中国与世界互动提供有利条件。20世纪70年代初期，美国总统尼克松、国务卿基辛格等人认为结束与中国的敌对关系、实现中美和解，符合美国的国家利益，有利于世界和平与发展。于是主动与中国进行对话，并访问中国，签署中美联合公报，实现了中美关系的正常化。事实证明，中美关系的和解为结束冷战，促使世界走向和平与发展做出了重大贡献，也为中国今后走向改革开放打开了局面。20世纪末，中国改革开放20年取得了飞速发展。一些西方政治家对中国的快速发展充满疑虑和担忧，并试图阻挠中国进入更广阔的世界舞台。美国等西方国家实施对我国的经济制裁。但是，美国和西方的一些具有长远战略眼光的政治家认为，一个发展起来的现代化的中国对世界的和平与发展及其现代化进程有着特殊的重要性。在美国政府的积极斡旋和帮助下，中国成功加入世界贸易组织——WTO。事实证明，中国加入WTO使中国充分融入世界，成为世界经济发展的重要引擎之一，促进了世界经济的繁荣，也使中国可以充分利用全球资源，实现自身发展，一个强大了的中国可以为世界做出更多贡献。比如2008年从美国兴起并蔓延世界的金融危机和经济危机，中国政府和中国人民以其特有的善意积极帮助美国和世界各国，使其减少危机所带来的损失和阵痛，并通过中国经济发展的引擎力量和巨大的市场，推动和帮助美国和其他国家逐渐走出危机、经济也得以缓慢复苏。因此，只要美国政府看准中国改革开放、走向世界、融入全球现代化的大趋势，然后利用这个大趋势，即可以实现与中国利益的重合，支持中国的发展，又可以最终实现两国合作双赢。反之，只要美国没有看到社会主义在中国胜利的必然性以及中国特色社会主义的旺盛生命力，美国就会处理不好与中国的关系，而且做出一些违背两国利益的事情，导致两国战略冲突。

近年来，随着中国现代化进程的进一步加速、中国综合实力的进一步增强、中国在国际舞台上的作用进一步增大，中国进一步走向世界舞台的中心，一些国家及其领导人对中国强大起来的担忧也进一步增长，敌视、围堵中国发展的势力也乘势而起。美国总统特朗普及其政府无视中国现代化发展的历史必然趋势，无视中国现代化发展对人类现代化进程的历史性贡献，对中国开展的贸易战，挑起中美之间的战略冲突和对抗，企图阻拦，甚至中断中国现代化的历史进程。对此，我们要客观冷静、理性有度、把握大势、沉着应对、有礼有节，一定不能短视和冲动。

现代化有其客观的规律和固有的逻辑。西方国家的现代化已经走了几百年，现代化使它们进入到了发达国家的行列。我国虽然是一个文明古国，有着5000多年的文明历史，但是，我国毕竟还是一个正在进行现代化建设的后起国家，尽管改革开放40年来，在许多方面取得了长足进步，但与美国等西方发达国家相比依然有很大的差距，因此，我们一定要谦和谨慎，切忌孤芳自赏、盲目乐观、自吹自擂、自我封闭，要始终保持一颗谦虚的心，虚心向发达国家学习，掌握现代化建设的客观规律和成功经验，学习借鉴那些与现代化发展相适应的思想观念、制度体制和政策举措。同时，一定要保持战略定力、增强自信，一定要明白中国的现代化是中国发展的客观趋势，是任何人、任何势力都阻挡不了的，中国的现代化进程是不可能中断的。为此，必须尽可能加强与美国及其盟国，以及周边国家的战略对话，减少战略摩擦、消除战略冲突、避免战略对抗，为中国的现代化建设、为建成现代化国家赢得战略机遇，创造有利的国际环境。

第六节　保持战略定力　克服短期行为

“战略定力”就是在战略主体通过科学把握战略形势、战略环境、战略依据而确立远大的战略目标、战略意图的前提下，克服短期行为的诱惑和冲动，以相对超然的心态看待发展过程中的顺境与逆境、成功与挫折，坚持不为外界所动的沉着应对能力。也就是说，战略定力是正确把握战略大势，为实现战略意图和战略目标所具备的宽阔视野、理性睿智、沉稳坚定、一如既往的意志力和行动力，是不畏惧、不动摇、不放弃的自信力和坚守力。

进入新时代，我们比历史上任何时期都更接近、更有信心和能力完成建成现代化国家的战略目标和实现民族伟大复兴的历史使命。越是接近目标、越是形势大好，担子和压力会越重、干扰和阻力也会越多、挑战和风险也会越大，这时就越是需要我们保持战略定力，始终头脑清醒、坚毅沉静、处变不惊、临危不惧、从容不迫、沉着应对。面对新的挑战和不利条件，不能畏缩不前、提心吊胆、丧失斗志，而要未雨绸缪、提前谋划；面对新的机遇和有利环境，不能墨守成规、因循守旧、安于现状，而是因时顺变、锐意进取。

一、中国共产党是具有战略定力的政党

中国共产党自成立以来，经历风雨和险阻，但总是目标远大、初心不改、意志如磐，始终保持战略定力和战略自信，从低谷走向高峰、从弱小走向强大，带领中国人民经历了革命、建设、改革的伟大实践历程，使中华民族不断走向了独立、富强、民主、文明、自由、和谐的光明大道。

毛泽东作为第一代领导集体的核心，面对复杂的中国革命、建设形势，特别强调党必须要有战略定力。在抗日战争时期，针对国民党部分人的“中国必亡论”和“中国速胜论”，以及中国共产党部分人轻视游击战的倾向，他强调中国既不会亡国也不会速胜，只要有战略定力，通过持久战就可以取得胜利。在《论持久战》中，毛泽东指出：日本虽然强大，但它的侵略战争是非正义的、野蛮的；中国国力虽然比较弱小，但反侵略战争是进步的、正义的。日本战争力量虽然强大，但日本

是一个小国，而且跑到中国本土进行打仗，势必经不起长期的战争；而中国却是一个大国，地大物博，能够支持长期的战争。日本侵略行为也得不到国际同情与援助；而中国反侵略战争却能获得世界上广泛的支持与同情。这就决定了最后的胜利属于中国而不是日本，中国人要有战略定力进行持久斗争。因此，他强调，对于战争，要坚持你打你的，我打我的。要以歼灭敌人有生力量作为作战的主要目标，不以保守或夺取城市和地方为主要目标，城市和地方的夺取或保守是大量歼灭敌人有生力量的结果。要歼灭敌人的有生力量，必须贯彻集中优势兵力，各个歼灭敌人的原则。力求打歼灭战，力避打得不偿失或得失相当的消耗战。

新中国成立后，面对国外反社会主义势力对我国的敌视、遏制、围堵，毛泽东强调全党要有战略定力，要看到社会主义新生事物的优越性，以及战胜一切反动派的必然性。他指出，帝国主义和一切反动派在取得统治权力前后的一段时间内虽然是真老虎，但随着新中国的发展壮大以及社会主义力量的发展，“真老虎”就会“逐步向反面转化，化为反动派，化为落后的人们，化为纸老虎，终究被或者将被人民所推翻。”“所以，从本质上看，从长期上看，从战略上看，必须如实地把帝国主义和一切反动派，都看成纸老虎。从这点上，建立我们的战略思想。另一方面，它们又是活的铁的真的老虎，它们会吃人的，从这点上，建立我们的策略思想和战术思想。”[①] 因此，在国家安全上，坚持独立自主；在经济建设上，坚持自力更生；在国防建设上，坚持积极防御；在外交领域，倡导和平共处五项原则。

邓小平作为党的第二代领导集体的核心，同样特别重视党要有战略定力。改革开放之初，邓小平就庄严宣告：“走自己的道路，建设有中国特色的社会主义”，这就是我们的基本结论。一方面，“中国的事情都按照中国的情况来办，要依靠中国人自己的力量来办”，另一方面，“我

① 《毛泽东选集》第 4 卷，人民出版社 1991 年版，第 1192 页。

们坚定不移地实行对外开放政策，在平等互利的基础上积极扩大对外交流”[①]。在1989年政治风波发生后，面对国内外对改革开放等基本政策的怀疑和质疑，邓小平指出：“我们的一些基本提法，从发展战略到方针政策，包括改革开放，都是对的。要说不够，就是改革开放得还不够。”“我们原来制定的基本路线、方针、政策，照样干下去，坚定不移地干下去。”[②]20世纪80年代末90年代初，面对苏联解体、东欧剧变，面对社会主义在全世界范围内遭受挫折，很多人对我们社会主义是否还可以搞得下去，产生了疑问，丧失了信心。针对这种形势，邓小平提出“冷静观察、稳住阵脚、沉着应付、韬光养晦、有所作为”的战略方针。在提出这个思想时，他还强调了中国“决不当头”“绝不做老大”。那时，国际国内都有人希望中国继承苏联成为社会主义的扛旗者，邓小平说，不能当头，一当就坏了，搞霸权主义名声很坏。回过头来看，这是多么正确的政治考虑。他还指出，即使将来中国强大了，也永远不当头，永远不称霸，永远不谋求势力范围，不结盟去搞“集团政治”，不干涉内政，而是要埋头实干，以经济建设为中心，尽快发展壮大自己。面对社会上对马克思主义、社会主义的怀疑思潮，邓小平指出：“我坚信，世界上赞成马克思主义的人会多起来的，因为马克思主义是科学。……社会主义经历一个长过程发展后必然代替资本主义。这是社会历史发展不可逆转的总趋势。”[③]

习近平作为党的领导集体新的核心，依然特别重视和强调全党要具有战略定力。在中国共产党的话语体系中，他是第一个提出“战略定力”这一概念，也是最多强调战略定力在治国理政中重要性的领导人。从2012年在党的十八大上宣布任总书记以来，几乎在所有的重大会议和讲话中，他都强调全党要提高战略思维能力，增强战略定力。2012年在中央经济工作会议上，他指出，“我们要充分认识这种战略变化的客

① 《邓小平文选》第3卷，人民出版社1993年版，第3页。
② 《邓小平文选》第3卷，人民出版社1993年版，第307页。
③ 《邓小平文选》第3卷，人民出版社1993年版，第382—383页。

观必然性，把握好大国关系演变的特点，保持战略清醒和战略定力”。2013 年 1 月，习近平同志在中央政治局第三次集体学习时提出，中国将坚持走和平发展道路，要加强战略思维，增强战略定力。2013 年 12 月，在纪念毛泽东同志诞辰 120 周年座谈会上的讲话中，他指出，实现我们确立的奋斗目标，我们既要有“乱云飞渡仍从容”的战略定力，又要有“不到长城非好汉”的进取精神。在 2014 年全国政协新年茶话会上，他又强调，在当今世界，机遇和挑战并存。风云变幻，最需要的是战略定力；竞争激烈，最重要的是激流勇进；迎接挑战，最根本的是改革创新。在 2014 年经济工作会议上，他说“关键是要保持战略定力，应势而谋，深入研究管用的措施和办法”。2015 年 5 月，他在浙江视察期间谈及我国经济进入“新常态”时，强调“关键是要保持战略定力，应势而谋”。2016 年 5 月，习近平同志在主持召开中央财经领导小组第十三次会议谈及推进供给侧结构性改革时强调指出：我们“不能因为包袱重而等待、困难多而不作为、有风险而躲避、有阵痛而不前，要树立必胜信念，坚定不移把这项工作向前推进”。同年 9 月，在 20 国集团工商峰会上发表的演讲中，他说：“中国改革的方向已经明确、不会动摇；中国改革的步伐将坚定向前、不会放慢。”2017 年 7 月 26 日，在党的十九大召开前夕，习近平同志发表重要讲话，强调全党要提高战略思维能力，“增强理论自信和战略定力”；要全面从严治党，毫不动摇推进党的建设新的伟大工程，以更大的决心、更大的勇气、更大的力气抓好党的建设。强调提高战略思维、增强战略定力，这既是党在新时代担负新的历史使命的政治自觉，也是加强党的建设、提高治国理政能力的现实要求。在党的十九大所作的报告中，他指出：“全面治党永远在路上。”全党要“坚持问题导向，保持战略定力，推动全面从严治党向纵深发展”。

正因如此，中国共产党自诞生以来，无论形势如何变化、道路如何艰险，始终不忘初心、牢记使命，保持战略定力，从实际出发，艰苦奋斗，一个接一个地完成不同时期的历史任务。正如党的十九大报告所说：“为了实现中华民族伟大复兴的历史使命，无论是弱小还是强大，无论是顺境还是逆境，我们党都初心不改、矢志不渝，团结带领人民历经千难万险，付出巨大牺牲，敢于面对曲折，勇于修正错误，攻克了一个又一个看似不可攻克的难关，创造了一个又一个彪炳史册的人间奇迹。”

二、应对复杂国际形势和适应社会进入新时代，需要保持战略定力

伟大目标需要伟大战略，伟大战略需要伟大意志。在中国共产党带领全国各族人民实现中华民族伟大复兴的中国梦时，面对各种机会和有利条件时，我们不能得意忘形、忘乎所以，在面对各种挑战和不利条件时，我们不能妄自菲薄、丧失斗志。在当前中国改革发展的伟大事业中，最需要坚持保持战略定力的领域就是中国发展道路，也就是要坚持中国特色社会主义发展道路。由于我国处于并且长期处于社会主义初级阶段，美好的社会主义社会需要几代人、几十代人坚持不懈的努力奋斗，这就要求我们坚持走中国特色社会主义不动摇，不能不切实际地选择其他发展道路。在政治制度模式上，就是要坚定中国特色社会主义制度体系不动摇，咬定青山不放松、任尔东西南北风。由于这一部分与战略底线有交叉，这里就不着重论述了。当前，在改革发展稳定、内政国防外交、治党治国治军各个领域，我们都需要战略定力。这里着重强调两个地方尤其需要战略定力，一个是中国在实现和平崛起进程中面临复杂国际形势时需要保持战略定力，另外一个是在社会发展进入新时代时更需要保持战略定力。

（一）面对复杂多变的国际形势要保持战略定力

改革开放以来，我国综合实力不断上升，国际影响力大幅提升，在国际舞台上话语权开始增强。目前的中国进入了新时代，正处在全面建成小康社会和现代化国家的关键阶段，正处于实现和平崛起、最终实现中华民族伟大复兴的关键时期。全面建成小康社会，人民群众的基本生活就有了保障，经济社会发展就有了腾飞的基础，对外战略就有了更

多的回旋余地。这个时期，我国尤其需要安全稳定的国际环境和周边形势。

当前，随着世界几个大国实力发生变化，国际形势也正发生深刻变化。随着中国不断崛起，美国开始将对外战略的重点从欧洲转向亚太地区，加大对中国的打压、遏制甚至围堵力度。

由于各种历史原因，周边邻国与中国的领土主权争端也有白热化、长期化的趋势。中国在钓鱼岛和南海与日本、菲律宾、越南存在着领土争端和矛盾。美国不是直接冲在前面与中国斗争对抗，而是怂恿与中国有领土争端的国家挑战中国、挑衅中国，向它们出售先进武器，在联合国等国际舞台和会议上为它们的无理要求摇旗呐喊、打气壮胆，非难和指责中国，甚至为它们提供军事保护伞。

除此之外，西方传统强国和周边邻国还没有完全适应中国综合国力和国际地位已经大幅提高的现实，对中国变得强大怀着各种恐惧和担忧，猜测中国会变得“国强必霸”“国强必战”。一些国家开始怀着不健康的“羡慕嫉妒恨”的心理，通过各种途径展现自己的既有实力，在各个方面有意无意与中国进行明显的或者暗地里的较劲，妄图使中国在它们以前制定的世界经济政治旧秩序下生存发展，不愿意中国因自身发展壮大改变、打破旧秩序、建立新秩序。这也是中国为什么多次解释自己只会和平崛起、和平发展，不会“国强必霸”，更不会像历史上西方列强那样通过发动战争确立自己的大国地位。近年来，中国在处理与美国关系时更是多次指出，中美要确立“新型大国关系”。其实，中国也就是在向美国解释中国不会通过发动战争的方式，来改变中美关系或者国际经济政治秩序。

随着中国经济的发展以及深度融入全球经济，就更需要保持战略定力。能源安全已经成为中国国家安全的重要组成部分，中国需要在全世界范围内保障自己的能源供给安全。中国需要在世界范围内开发石油资源，势必受到美国控制的世界主要产油国的排斥和挤压，这个时候更需要战略定力、战略克制，不能因为小事与西方国家轻易发生大规模冲突和矛盾。

除此之外，当前中国还面临着其他复杂的国际形势。世界金融危机爆发后，中国吸引外商投资和对外出口下降严重，西方国家贸易保护主义有所抬头。这就要求中国与西方国家搞好关系，借助外力助推中国发展。另外，中国还面临着很多非传统安全形势，如生态危机、恐怖主义、大规模传染性疾病，这些挑战不是一个国家就可以成功应对的，需要西方国家与中国一起合作进行。

面对当前复杂的国际形势，我们该如何看待和如何应对，如何利用好国际矛盾、经略好有利的国际环境为我所用，这里特别需要战略定力。

中国连续快速发展了 40 年，实实在在比以前强大多了，但是我们不能听人把中国的成就和形势说得一片大好，就目空一切、盲目自大、盲目乐观；听人说中国问题很大、中国即将崩溃、中国即将停滞，就妄自菲薄、丧失信心、手忙脚乱。我们必须保持足够清醒的头脑，维持足够稳定的战略定力，不能被别人打乱自己阵脚，从而跟在别人后面受人摆布，而是坚持自己的战略规划、战略目标、战略节奏、战略方案不动摇，对其他国家无谓的争端、挑衅采取“不接招”“不上当”的做法，防止战略目标模糊不清、战略心理患得患失、战略行动犹豫不决、战略步骤被对方打乱，关键战略机遇期被丧失，最终陷入战略被动，丧失发展主动权。

在当前国际形势中，我们尤其要注意防范“战略冲动”。由于政治制度、价值观念的不同，还有一些学术研究方法的不同，西方一些政要和学者有意无意地长期“唱衰中国”，指出中国经济社会发展过程中存在的或者不存在的种种问题。对于这些问题，我们也应该理性看待、客观分析。有些人士确实是想通过过分暴露中国的种种阴暗面，阻止对华友好人士与中国的接触。即便如此，我们也不应该一味指责回击对方，对它们的指责予以歇斯底里般的回应。我们要有战略定力，因为真理和正义是永远无法被“唱衰”的。对于这些“唱衰”，我们也要仔细分析其中有无合理性，因为进步就是在不断地批评和反思中取得的。对于中国发展进程中出现的一些重大社会问题和突发事件，我们也应该从自身寻找各种原因，不能把原因和责任一概归于西方，随意制造、肆意传播各种“阴谋论”，如“美国阴谋论”“俄罗斯阴谋论”“日本阴谋论”“西方阴谋论”。如果，我们对自身不进行分析解剖，只会错过改进自身的机会。另外，长期如此还会形成不健康的民族和大众心理，不能理性客观地思考问题。

在纷繁复杂的国际形势中，面临机遇和有利形势，我们应该尽力而为、顺势而为，统筹协调各方资源，避免过于持重而对国际形势变化无动于衷，无所作为，而是应该有所作为、有所担当，承担与自身实力有关的责任，发出与自身实力相当的话语。当遇到问题和麻烦时，我们应客观评价自身实力，准确计算利弊得失，避免战略冲动，未经充分研究客观形势，未经谋划合理的应对策略，就轻率表态、轻率作为，不给日后留下任何回旋余地，使自己陷入战略被动。

当前，对于中美关系、中日关系、中越关系这些敏感棘手的国家关系和周边态势，我们应该保持战略定力，综合利用各种调节手段，相信局势不会一下子彻底恶化到无法做任何改善的地步。我们虽然不惧怕大规模战争，而且有能力打大规模战争，但是也要明白大规模战争一时打不起来，不需要采用过激手段解决问题。一定要避免战略误判和战略冲动，保持战略清醒、战略克制。对于各种国际纷争，尽量通过政治和外交途径来解决。无论任何时候，我们都应该立足于自身力量、自身利益，对未来客观发展趋势做出科学评估，在适当时机、以适当方式、用适当力度，采取适当行动，争取实现国家利益的最大化，为全面建成小康社会进而为实现中华民族伟大复兴创造良好的大格局。

（二）经济发展进入新常态、社会进入新时代更要保持战略定力

我国经济发展进入新常态，整个社会进入新时代，离实现民族复兴的伟大目标更近，改革、发展面对的形势更为复杂、要解决的问题更繁多、担负的使命更艰巨、遇到的阻力也会更大，这就更需要我们保持战

略定力。

改革开放经过40年时间，我们发展取得了巨大的经济成就，经济总量跃居世界第二，令世界瞩目。但是，我们也要意识到，中国取得这么大的经济成就，是以牺牲了巨大的生态资源环境代价以及人力成本代价为支撑的。传统经济发展方式更多的是粗放型经济增长方式，其基本特征是依靠增加生产要素量的投入来扩大生产规模，实现经济增长。中国以这种方式实现经济快速增长，资源消耗较高，各种成本较高，经济效益较低。在沉重的环境成本和社会成本面前，中国必须转变经济发展方式、调整产业结构，采用集约型经济增长方式。这种发展方式的主要特征是依靠提高生产要素的质量和利用效率，依靠科技创新和品牌营销，依靠产业转型升级，来实现经济的稳定长期健康增长。以这种方式实现经济增长，资源消耗较低，发展成本较低，产品质量能不断提高，经济效益较高，经济结构较为合理。

习近平同志对转方式、调结构、要效益的重要性十分重视。他将中国未来经济发展应该具有的特点概括为“新常态”。“新常态”是习近平同志在2014年5月考察河南时提出的，他说：“中国发展仍处于重要战略机遇期，我们要增强信心，从当前中国经济发展的阶段性特征出发，适应新常态，保持战略上的平常心态。”同年11月，他在APEC工商领导人峰会开幕式主旨演讲中对中国经济新常态进行了全面阐述和解读，他同时指出，中国能否抓住新的机遇，应对新常态下的各种挑战和风险，关键在于全面深化改革的力度。2015年5月，习近平在浙江考察时强调：“我国经济发展已经进入新常态，如何适应和引领新常态，我们的认识和实践刚刚起步，有的方面还没有破题，需要广泛探索。关键是要保持战略定力，应势而谋，深入研究管用的措施和办法。”2015年7月，习近平同志在吉林视察时强调，要适应我国经济发展进入新常态的趋势，保持转方式、调结构的战略定力，增强经济持续健康发展的自觉自信，坚持变中求新、变中求进、变中突破，走出一条质量更高、效益更好、结构更优、优势充分释放的发展新路，推动我国经济向形态更高级、分工更优化、结构更合理的阶段演进。他的论断，对我们科学把握新常态的基本特征，保持经济结构调整的战略定力，具有重要指导意义。“战略定力”不是来自于抽象的盲目自信，而是与创新、改革、突破、发展结合在一起。如果经济结构调整长期没有成效，战略定力也无从保障。战略定力并不是不强调改革创新。这里“定”与“变”是辩证统一，相互支撑的。我们既要强调战略定力，也要强调“应势而谋”。可以说，以“新常态”来定位中国未来经济发展并按照“新常态”来制定相应的宏观政策，是对改革开放40年来中国经济进入新的阶段的战略思考和战略抉择。

近年来，中国经济增速持续下滑，从世界经济发展的历程来看，一个国家的经济总量达到一定程度之后，再也保持不了这么高的速度，这属于正常现象，而且过去40年高速增长积累的矛盾和风险逐步凸显出来。新常态下中国经济有三个不同于过去40年发展的特征：一是从高速增长转为中高速增长；二是经济结构不断优化升级，第三产业消费需求逐步成为主体，城乡之间、区域之间差距逐步缩小，居民收入占国民收入占比上升，发展成果公平惠及广大民众；三是从要素驱动、投资驱动转向创新驱动。在新常态下，中国经济也面临着许多新机遇。新常态只是意味着中国经济发展速度要下一个台阶，质量效益结构要上一个台阶，而不是意味着中国发展黄金时代和战略机遇期已经结束。如果中国经济顺利实现速度转换、动力转换，经济增长的质量、效益都会高于过去40年的高速增长期。

从过去的高速增长到今天的新常态，中国经济会出现“晕车”现象，十分正常。面对经济增速下滑，很多人习惯了过去一出现下滑就采取刺激政策的惯性思维。但是，在当今新常态下，我国发展最大的风险不是经济增速下滑，而是各级领导干部无法理性看待这种正常下滑，在心态上还一时不适应、不允许这种下滑。

当前，中国经济存在着几个问题，如大规模刺激依赖症、过去刺激政策导致的产能过剩和企业债务、房地产全面调整带来的风险。面对这些风险，是继续传统的人为刺激，还是痛下决心通过改革创新来摆脱风险，这是摆在中国经济发展的一个十字路口。正确的做法是，保持战略定力，不是再像以往那样采用刺激政策，而是痛下决心放弃刺激，重新让市场调节、自动消化问题。

旧的发展方式、产业结构的打破，新的发展方式、产业结构的确立，有着一个长期、复杂、艰辛的历史过程，中间肯定有一个漫长的适应过程，不可避免地会带来一时经济发展速度的降低。当前经济发展速度降低，实质就是中央狠抓转方式、调结构的直接结果。受国际金融危机的影响，我们吸引外资和对外出口大幅减少，要求我们必须调整产业结构。传统产业如房地产、钢铁、煤炭、化工等高耗能高污染项目产能严重过剩，而且引发了严重的环境危机，也要求我们降低经济发展速度，调整产业结构。经过几年的政策调整，中国 GDP 年均增长速度连续几年回归到 8% 和 8% 以下，告别了昔日两位数增长的快速阶段。降低了增长速度，许多人开始怀疑中国经济繁荣能否持久。面对如此情况，保持战略定力十分重要。我们必须明白“转方式、调结构”符合经济发展正常规律，关系到中国能否实现可持续发展这个伟大战略目标，关系到中华民族子子孙孙的利益，不能因为一时的经济增速放缓，就偏离了、否定了这个大的战略方向、战略决策。

总体来看，我国经济运行还算得上总体平稳，经济增长的各种动力与经济发展的下行压力犬牙交错，有利因素与不利因素彼此交织在一起。我们既要有防止经济出现大幅波动的战略底线，也要有转方式调结构方面的战略定力。各级领导干部要意识到经济出现下行，有一定的客观必然性，我国已经到了必须依靠降低速度、转型升级才能保持可持续发展的历史时期。如果不降低增长速度、调整经济结构，未来经济发展就没有后劲，甚至出现大的危机。同时，对经济运行出现的波动也要高度关注，但是不能手忙脚乱、乱了方寸，“病急乱投医”，丧失了战略定力。有了这个战略定力，我们就会把增长速度与发展方式统筹起来、把经济总量与经济效益统筹起来，就会为中国经济升级成功闯出一条路子，不再对传统发展模式有着牢固的路径依赖，以致无法自拔、陷于被动。如果没有坚定的战略定力，就容易惯性地重拾依赖政府投资的传统“大水漫灌”式的刺激政策，就容易滑向传统的粗放型发展道路，这实际上无异于“饮鸩止渴”，转方式、调结构的任务就永远完成不了，也会错失改革的良机。

党的十九大报告指出：“我们走中国特色社会主义道路，具有无比广阔的时代舞台，具有无比深厚的历史底蕴，具有无比强大的前进定力。”在决胜全面建成小康社会、夺取新时代中国特色社会主义伟大胜利、实现中华民族伟大复兴中国梦的征程上，我们要像习近平同志所要求的那样，不断提高战略思维能力，提高工作的预见性、前瞻性和主动性，增强战略定力，“咬定青山不放松”“乱云飞渡亦从容”，锐意进取、刻苦工作，为实现“伟大梦想”而努力奋斗、为实现人民对美好生活的向往而努力奋斗。

第四章　提高战略思维能力　增强政治领导本领

战略问题是治国理政的根本性、全局性问题。战略思维是善于观大势、谋全局，正确把握事物发展总体趋势和方向的思维方式，体现的是一种整体观、全局观和敏锐的洞察力、预见性，是科学世界观、方法论在实际工作中的自觉运用。党的十九大把“战略思维”作为党在新时代必须增强的一项政治领导本领，要求全党坚持战略思维，科学制定和坚决执行党的路线方针政策，把党总揽全局、协调各方落到实处。习近平同志指出：战略思维，“永远是中国共产党人应该树立的思维方式”；他曾多次强调：“全党要提高战略思维能力。”战略思维能力作为一种带有高度实践性的理性能力，它的提高必须遵循理性思维能力形成和发展的一般规律和一般方法，必须通过长期、系统的理论学习，特别是艰苦细致的哲学学习来培养和提高，同时还要在推进中国特色社会主义“伟大事业”的各种战略实践中，尤其是要在担负完成急难险重任务中予以淬火打磨、锤炼增强。

第一节　培养和提高战略思维能力的新要求

现代社会，战略思维作为一种从全局视角和长远眼光客观辩证观察、思考和处理问题的科学思维方式，作为一种分析和解决全局性、长远性、宏观性、前瞻性、政策性等重大战略问题的方法，是一个政党治国理政的基本素养，是政治家、军事家、企业家，乃至普通个体必备的基本素质，是各级领导干部都必须具备的基本能力。中国特色社会主义进入新时代，新的历史方位、新的时代课题和新的战略任务对党和国家工作提出了许多新要求，也对党员干部培养和提高战略思维能力提出了新的更高要求。

一、中国特色社会主义进入了新时代

党的十九大庄严向世界宣布："中国特色社会主义进入了新时代，这是我国发展新的历史方位。"这是党的十九大作出的重大理论创新和政治判断。这一判断，明确了我国所处的历史方位，为党的历史使命、目标任务赋予了新的时代内涵，为我们全面认识当代中国社会发展的新特征，提供了时代坐标和科学依据。

"中国特色社会主义进入了新时代"，是对改革开放以来我国社会发展出现的阶段性特征的科学总结，是准确把握我国发展所处新的历史方位而得出的科学结论。

改革发展的巨大历史性成就和变化，表明中国特色社会主义进入新时代。党的十七大报告指出：进入新世纪新阶段，经过新中国成立以来特别是改革开放以来的不懈努力，我国取得了举世瞩目的发展成就，从生产力到生产关系、从经济基础到上层建筑都发生了意义深远的重大变化，我国发展呈现一系列新的阶段性特征①。从十七大到十八大，在科

① 新的阶段性特征主要表现为："经济实力显著增强，同时生产力水平总体上还不高，自主创新能力还不强，长期形成的结构性矛盾和粗放型增长方式尚未根本改变；社会主义市场经济体制初步建立，同时影响发展的体制机制障碍依然存在，改革攻坚面临深层次矛盾和问题；人民生活总体上达到小康水平，同时收入分配差距拉大趋势还未根本扭转，城乡贫困人口和低收入人口还有相当数量，统筹兼顾各方面利益难度加大；协调发展取得显著成绩，同时农业基础薄弱、农村发展滞后的局面尚未改变，缩小城乡、区域发展差距和促进经济社会协调发展任务艰巨；社会主义民主政治不断发展、依法治国基本方略扎实贯彻，同时民主法制建设与扩大人民民主和经济社会发展的要求还不完全适应，政治体制改革需要继续深化；社会主义文化更加繁荣，同时人民精神文化需求日趋旺盛，人们思想活动的独立性、选择性、多变性、差异性明显增强，对发展社会主义先进文化提出了更高要求；社会活力显著增强，同时社会结构、社会组织形式、社会利益格局发生深刻变化，社会建设和管理面临诸多新课题；对外开放日益扩大，同时面临的国际竞争日趋激烈，发达国家在经济科技上占优势的压力长期存在，可以预见和难以预见的风险增多，统筹国内发展和对外开放要求更高。"——《党的十七大报告》

学发展观的指导下，中国社会发展迈上了新台阶，取得一系列新的历史性成就，国家面貌发生新的历史性变化，为全面建成小康社会打下了坚实基础。从十八大到十九大，以习近平同志为核心的党中央科学把握国内外发展大势，领导全国各族人民迎难而上、开拓进取，取得改革开放和社会主义现代化建设的历史性成就。“我国经济实力、科技实力、国防实力、综合国力进入世界前列，推动我国国际地位实现前所未有的提升，党的面貌、国家的面貌、人民的面貌、军队的面貌、中华民族的面貌发生了前所未有的变化。”这表明中国社会的发展已经达到了新的历史起点，中国特色社会主义进入到了新的更高的发展层次和发展时期，即到了“大力提升发展质量和效益”的发展时期，到了“更好满足人民在经济、政治、文化、社会、生态等方面日益增长的需要”的发展时期，到了“更好推动人的全面发展、社会全面进步”的发展时期。这标志着中国社会发展到了新的历史时期，中国社会进入了新的历史方位。

中国社会主要矛盾的转化，标志着中国特色社会主义进入新时代。党的十七大报告提出的我国发展出现的一系列新的阶段性特征，其实就是我国的社会矛盾，特别是社会基本矛盾呈现的新特点。从党的十七大到十九大，特别是党的十八大以来，我国社会发展的新的阶段性特征更为显著，有的发生了重大变化，这些变化集中体现为社会主要矛盾的根本性转化，即由落后的社会生产力与人民群众日益增长的物质文化生活需要的矛盾，转化为了“人民日益增长的美好生活需要和不平衡不充分的发展之间的矛盾”。经过改革开放40年的大变革、大发展，我国成功解决了十几亿人的温饱问题，总体上实现了小康，人民群众不仅对物质文化生活提出了更高要求，而且在民主、法治、公平、正义、安全、环境等方面的需求日益增长。同时，我国社会生产力水平显著提高，社会生产能力在很多方面进入世界前列，当前和今后较长一段时期面临的突出问题是发展的不平衡不充分。这已经成为满足人民逐步增长的美好生活需要的主要制约因素。唯物辩证法认为，主要矛盾在事物矛盾体系中居于支配地位，对事物的发展过程起着决定作用，主要矛盾的变化会引起事物的性质和状态发生相应的改变。因此，我国社会主要矛盾的转化必然会在“初级阶段的基本国情没有变”的大前提下，社会的发展状态和阶段性特征发生了重大变化，也就是说，这是中国社会阶段性的部分质变。中国特色社会主义进入了新时代，正是准确把握中国社会发展的阶段性部分质变而作出的科学论断。

党和国家新的历史任务和历史使命，表征中国特色社会主义进入新时代。实现中华民族伟大复兴是近代以来中华民族最伟大的梦想。中国共产党从诞生之日发展到今天将近 100 年的历程，始终义无反顾肩负起实现中华民族伟大复兴的历史使命。“今天，我们比历史上任何时期都更接近、更有信心和能力实现中华民族伟大复兴的目标。”从党的十九大到党的二十大，是“两个一百年”奋斗目标的历史交汇期，我们既要全面建成小康社会、实现第一个百年奋斗目标，又要乘势而上向第二个百年奋斗目标进军。党的十九大综合分析国际国内形势和我国发展条件，对决胜全面建成小康社会提出明确要求，对实现现代化作出了新的战略安排，即分为两个战略发展阶段。从 2020 年到 2035 年，在全面建成小康社会基础上，再奋斗 15 年，基本实现社会主义现代化；在基本实现现代化的基础上再奋斗 15 年，到本世纪中叶把我国建成富强民主文明和谐美丽的社会主义现代化强国。正因如此，党的十九大报告指出：“这个新时代，是承前启后、继往开来、在新的历史条件下继续夺取中国特色社会主义伟大胜利的时代，是决胜全面建成小康社会、进而全面建设社会主义现代化强国的时代，是全国各族人民团结奋斗、不断创造美好生活、逐步实现全体人民共同富裕的时代，是全体中华儿女勠力同心、奋力实现中华民族伟大复兴中国梦的时代。”

概而言之，“中国特色社会主义进入了新时代这一重大政治判断，是在科学把握时代趋势和国际局势重大变化，科学把握世情国情党情深刻变化，科学把握实现‘两个一百年’奋斗目标历史交汇期已经遇到、将要遇到、可能遇到和难以预料的新情况新问题新矛盾基础上作出的。这一判断，符合中国特色社会主义实际，是改革开放以来我国社会发展进步的必然结果，是我国社会主要矛盾运动的必然结果，更是党的十八大之后5年来全党全国人民推进党和国家事业发生历史性变革的必然结果，也是我们党团结带领全国各族人民开创光明未来的必然要求。”①

二、新时代对领导干部的战略思维能力提出了新要求

中国特色社会主义进入新时代，社会主要矛盾发生了根本性转化，对党和国家工作提出了许多新要求，对党员、干部，特别是各级领导干部的思想境界、理论修养、工作本领、作风纪律、精神状态等提出了新的更高要求，同时也对思维水平，尤其是战略思维能力提出了新的更高要求。

第一，全面建成小康社会和社会主义现代化国家需要进行新的战略谋划，对领导干部的战略思维能力提出了新的更高要求。习近平同志指出:“我们要全面建成小康社会和实现社会主义现代化，有许许多多重大问题需要进行战略谋划。凡是涉及我国经济、政治、文化、社会、生态、外交、国防和党的建设的全局性的重大问题，都需要从战略上进行思考、研究和筹谋；凡是涉及改革发展稳定工作中的各种重大问题，也都需要从战略上拿出治本之策。”在新的历史起点上，经济已由高速增长阶段转向高质量发展阶段，改革进入“深水区”，这对党和国家工作提出了许多新要求。既要全面深化改革，破除一切观念、体制障碍，努力增强社会的生机与活力，又要建立新的社会平衡机制，促进社会公平正义；既要坚持让一部分人先富起来、不断扩大中产阶层，又要彻底消除贫困，实现广大人民群众的共同富裕；既要真正发挥市场在资源配置中的决定性作用，又要发挥政府的宏观调控作用；既要使经济保持中高

---

① 栗战书:《全面把握中国特色社会主义进入新时代》,《人民日报》2017年11月9日。

速发展水平，又要加强社会建设和生态文明建设；既要金山银山，又要绿水青山……要全面推进经济、政治、文化、社会、生态文明“五位一体”总体布局，要贯彻落实“四个全面”战略布局，实现更高质量、更有效率、更加公平、更可持续的发展，更好满足人民群众多样化多层次多方面的需求。这必然要求各级领导干部不断提高战略思维能力，以开阔的视野、博大的胸襟、敏锐的洞察、深邃的思考，高瞻远瞩、审时度势、总揽全局、深谋远虑、系统设计、统筹谋划，提出合乎社会发展规律的战略任务，制订切实可行的战略方案，掌握战略主动权，不断开创新的战略局面。

第二，我国社会主要矛盾发生了根本性转化，对领导干部的战略思维能力提出了新的更高要求。中国特色社会主义进入了新时代，这是中国社会的历史方位，我国的发展站在了新的历史起点上。这是纵观当今世界和当代中国的发展大势，依据我国处于社会主义初级阶段这个大前提并准确把握其不断变化的特点，对我国社会发展阶段和历史方位作出的重大战略判断。经过改革开放 40 年的快速发展，我国社会的主要矛盾已经转化为人民日益增长的美好生活需要和不平衡不充分的发展之间的矛盾。社会主要矛盾的变化是中国社会的根本性变化，是关系全局的历史性变化。社会主要矛盾的变化必然随之引起其他社会矛盾的变化，并且必然会出现新的时代特征。认识我国社会主要矛盾及其时代特征，把握主要矛盾引发的全局性、历史性变化，便成为了推进中国特色社会主义伟大事业全部战略运筹的基本立足点，是制定党和国家的大政方针、完善发展战略和各项政策的客观依据。人民美好生活需要日益广泛，对物质文化生活的要求更高了，在民主、法治、公平、正义、安全、环境、精神文化等方面的需求也日益增长。同时，我国经济社会发展不平衡不充分的问题还比较突出，已经成为满足人民日益增长的美好生活需要的主要制约因素。社会主要矛盾决定主要任务。党和国家的主要任务是继续坚持发展是第一要务，在推动发展的基础上，着力解决好发展不平衡不充分问题，大力提升发展质量和效益，更好满足人民在经济、政治、文化、社会、生态等方面日益增长的需要，更好推动人的全面发展、社会全面进步。这就要求我们必须深化对我国社会主要矛盾及其时代特征的战略思考，善于辨明历史方位、把握发展大势。要正确把握主要矛盾变化引起的基本国情的变化及其新特征，认清社会主要矛盾的转化与社会主义初级阶段这一最大国情之间的历史逻辑，处理好主要矛盾转化这一全局性“历史性变化”与“我国仍处于并将长期处于社会主义初级阶段的基本国情没有变”“我国是世界最大发展中国家的国际地位没有变”之间“变与不变”的实践逻辑。要站在新的历史起点上，充分认识我国新的历史关口，实践发展提出的新课题、新呼唤；要站在我国社会发展的历史方位上，充分认识“从站起来、富起来到强起来”所面临的新问题、新挑战。当今时代，我们既要一心一意解决好“发展问题”，又要着力解决好“发展起来以后的问题”；既要抓住和用好外部带来的战略机遇，又要致力于创造和延长战略机遇；既要把学习借鉴世界先进的文明成果，又要不断做大做强自身的“特色”和“优势”。同时，中国社会发展虽然取得了全方位、开创性的举世瞩目的巨大成就，实现了深层次的、根本性的变革，但也存在许多突出问题。党的十九大报告指出：“我们的工作还存在许多不足，也面临不少困难和挑战。主要是：发展不平衡不充分的一些突出问题尚未解决，发展质量和效益还不高，创新能力不够强，实体经济水平有待提高，生态环境保护任重道远；民生领域还有不少短板，脱贫攻坚任务艰巨，城乡区域发展和收入分配差距依然较大，群众在就业、教育、医疗、居住、养老等方面面临不少难题；社会文明水平尚需提高；社会矛盾和问题交织叠加，全面依法治国任务依然繁重，国家治理体系和治理能力有待加强；意识形态领域斗争依然复杂，国家安全面临新情况；一些改革部署和重大政策措施需要进一步落实；党的建设方面还存在不少薄弱环节。这些问题，必须着力加以解决。”可以说，新时代的中国，既是全面建成小康社会决胜阶段、中国特色社会主义发展关键时期，也是新旧矛盾、新老问题相互交织的历史阶段，机遇前所未有，挑战也前所未有。这就更要求我们必须从历史和现实、理论和实践、国内和国际的结合上，从党和国家事业发展大局出发，提出具有全局性、战略性、前瞻性的战略决策和行动纲领。

第三，世界形势发生复杂深刻变化，出现了新的趋向，不确定性增大，对我国发展的影响也将进一步增强，对领导干部提高战略思维能力提出了新的更高要求。各级领导干部提高战略思维能力，必须注重和加强对世界形势的分析判断，准确把握世界发展的总趋势，谋取战略机遇，创造有利条件，推动中国社会向前发展。习近平同志指出："我们强调重视形势分析，对形势作出科学判断，是为制定方针、描绘蓝图提供依据，也是为了使全党同志特别是各级领导干部增强忧患意识，做到居安思危、知危图安。"当前，世界多极化、经济全球化深入发展、科技进步日新月异，世界各国经济、政治、文化的互鉴融合日渐加强，与此同时，美国的一极化、反全球化力量也在快速增长，各国之间的综合国力的竞争日趋激烈，影响世界稳定、发展的不确定因素增多。特别是西方大国经济复苏缓慢、发展劲头不足对全球经济发展带来严重冲击，贸易保护主义抬头，全球经济风险的联动性、系统性提高；世界各种政治势力风起云涌、明争暗斗，民粹主义、极端政治势力在一些国家和国际政治舞台上日渐活跃，英国脱欧、2016 年美国总统大选不被看好的特朗普击败对手希拉里获胜等重大事件，充分说明世界政治发展的不确定性和风险明显增大。特朗普上台以来，到处煽风点火，多极之间、大国之间、各大经济体之间的关系日趋紧张，美俄之间冲突不断，似乎要陷入"新冷战"状态，中美之间的"贸易战"可能会愈演愈烈，美国与盟国之间的矛盾也在不断扩大，世界安全与发展面临新的挑战。改革开放 40 年来，中国的发展已经深度融入世界，中国的发展已经离不开世界，世界形势的变化必然会对中国的发展产生重大影响，甚至出现"蝴蝶效应"。世界的发展也完全离不开中国。中国社会发展的状态会对世界各国的发展进一步产生深刻影响。因此，在国际环境错综复杂、机遇和挑战并存的新形势下，要维护我国来之不易的发展局面和安全环境，在激烈竞争特别是大国博弈中赢得主动，每一步都离不开战略思维。对于领导干部、尤其是高级领导干部而言，更需要具备高远的世界眼光和高超的战略思维能力。虽然我们党历来重视全党，特别是领导干部战略思维能力的培育，但是我们党依然存在“能力恐慌”和“能力不足”的风险，其中战略思维能力不足，是一个更为突出的问题。破除“能力恐慌”、化解“能力不足”的风险，一个重要方面就是要不断提高领导干部的战略思维能力、增强政治领导本领。因为，领导干部只有不断提高战略思维能力，才能科学判断复杂多变的国际形势，特别是大国之间的复杂关系对我国经济社会发展的深层影响，才能准确把握当今世界发展大势，进而有针对性地采取和实施战略对策，有效解决各种深层次矛盾和问题，保证我国战略意图的如期实现，保证党和国家事业顺利发展。这就进一步要求我们的领导干部，必须善于从时代和全局的高度，科学分析和判断形势，认识和把握世情、国情、党情的新变化，把准和摸透国内外各种复杂因素，具有居安思危的强烈忧患意识。对世界大发展大变革大调整的复杂局势和一系列深刻变化，各级干部只有从战略上进行深入思考，对时局和态势有深刻洞悉力，对时势的变化和发展有正确判断力，对影响时局走向和趋势的各种因素要有科学的思辨力，才能紧扣时代脉搏，把握历史大潮走向，因势而谋、应势而动、顺势而为，得出合乎时势的战略判断和决策。尤其是既要看到成绩和机遇，更要看到短板和不足、困难和挑战，看到形势发展变化带来的挑战与风险，及时采取掌控风险、应对挑战、转危为机、化险为夷的策略和举措；坚持战略底线，从最坏处着眼，从最实处着手，做最充分的准备，做到战略前置、未雨绸缪、有备无患，牢牢把握战略方向、掌握战略主动。我们党历来善于战略思维，能够在历史发展的关键时刻准确判断内外形势，及时抓住战略机遇，妥善应对复杂局面，明确提出战略任务，适时实现战略转变，成就了革命、建设和改革事业的丰功伟绩。习近平同志多次强调，领导工作必须“善于观大势、谋大事”，“事物都是不断发展、相互联系的，只有眼界非常宽阔，正确认识和积极顺应中国和世界发展大势，正确认识和妥善处理党和国家面临的大事，才能把握工作主动权，跟上时代前进步伐，推动事业顺利发展”。

第四，世情、国情、党情的深刻变化、我们党执政环境的深刻变化，对党的领导和执政能力提出了新的更高要求，也对领导干部的战略思维能力提出了新的更高要求。办好中国的事情，关键在党。新时代，党是领导一切的。“领导十三亿多人的社会主义大国，我们党既要政治过硬，也要本领高强。”战略思维能力，是各级领导干部特别是高级干部处理重大、复杂问题应具备的基本素质，是领导干部、特别是高级干部治国理政、富民安邦的必备政治本领。它要求领导者从讲政治、谋全局、顾长远、抓根本的高度，更加积极主动地做好领导工作。对此，习近平同志指出：各级领导干部尤其是高级领导干部要“坚持正确政治方向，提高战略思维能力、综合决策能力、驾驭全局能力”，“要围绕经济社会发展重大问题加强学习和调研，提高把握和运用市场经济规律、自然规律、社会发展规律能力，提高科学决策、民主决策能力，增强全球思维、战略思维能力”，不断开辟改革开放和现代化建设新篇章。领导干部提高战略思维能力、增强政治领导本领，是提高党的执政能力、永葆党的事业不断取得新胜利的重要保证。我们党执政近 70 年来，始终走在时代前列，始终注重加强自身建设，注重干部战略思维能力的培育和提高，成为我国社会主义建设和改革的坚强领导核心。但是，党的先进性和党的执政地位都不是一劳永逸、一成不变的，过去先进不等于现在先进，现在先进不等于永远先进。应当看到，虽然当前党的领导水平和执政水平、党的建设状况、党员队伍素质总体上同党肩负的历史使命是相适应的，但同时党内也存在不少不适应新形势新任务要求、不符合党的性质和宗旨的问题，“四大考验”“四大风险”更趋复杂严峻。对此，党的十九大报告深刻指出：“全党要清醒认识到，我们党面临的执政环境是复杂的，影响党的先进性、弱化党的纯洁性的因素也是复杂的，党内存在的思想不纯、组织不纯、作风不纯等突出问题尚未得到根本解决。要深刻认识党面临的执政考验、改革开放考验、市场经济考验、外部环境考验的长期性和复杂性，深刻认识党面临的精神懈怠危险、能力不足危险、脱离群众危险、消极腐败危险的尖锐性和严峻性。”为此，全党必须“坚持问题导向，保持战略定力，推动全面从严治党向纵深发展”。在这种情况下，全党同志、特别是领导干部只有不断提高战略思维能力，增强执政本领，才能以更宽广的视野、更长远的眼光，准确把握我们党所处的历史方位和面临的中心任务，深刻思考和把握新时代中国特色社会主义发展面临的重大战略问题；才能以更坚定的立场、更科学的方法，按照新时代要求贯彻党和国家大政方针，完善发展战略和各项政策措施，不断增强工作的原则性、系统性、预见性、创造性；才能以更坚强的战略定力、更饱满的精神状态，坚持以改革创新精神加强建设“伟大工程”，始终保持党的先进性，“不断增强党的政治领导力、思想引领力、群众组织力、社会号召力，确保我们党永葆旺盛生命力和强大战斗力”；才能不断提高党的执政能力和领导水平，应对重大挑战、抵御重大风险、克服重大阻力、解决重大矛盾，肩负起实现民族复兴的历史重任，带领全国各族人民完成“两个一百年”奋斗目标，在本世纪中叶建成社会主义现代化国家，推动中国特色社会主义向更高形态发展。

第二节　在努力学习哲学中提高战略思维能力

战略思维是领导干部特别是中高级领导干部必须具备的一个基本素质，锻炼和提高领导干部的战略思维能力是新时代建设高素质干部队伍的重要内容。然而，当前我们很多领导干部整日忙于日常事务性工作，实践经验、实践智慧、实践理性有余，而理论智慧、纯粹理性、战略思维则储备不够；战术性工作有余，战略性谋划不足；“形而下”有余，“形而上”却不足，对“术”的熟悉胜于对“道”的掌握，很多干部往往依靠狭隘的局部经验去进行决策，“踱方步”的功夫不足。这种状况与新时代我们党所进行的事业、所担负的职责不相适应、不相协调。因此，培养和提高各级领导干部的战略思维能力，对各级领导干部提高自身治国理政能力、谋事创业、实现国家治理能力现代化，实现“两个一百年”奋斗目标，具有十分重要的意义。领导干部必须加强学习，特别是加强哲学理论学习，尤其是马克思主义哲学理论的学习，以丰富的知识为基础、以深厚的哲学素养为支撑，积极投身实践，增强全局观念，强化未来意识，善于把握机遇，不断提高战略思维能力。

一、提高战略思维能力需要学习哲学

习近平同志认为，学习是进步的阶梯。干部要勤于学、敏于思，认真学习马克思主义理论特别是中国特色社会主义理论体系，掌握贯穿其中的立场、观点、方法，提高战略思维、创新思维、辩证思维、底线思维能力，正确判断形势，始终保持政治上的清醒和坚定。还要认真学习各方面知识，丰富知识储备，完善知识结构，打牢履职尽责的知识基础。

战略思维是关于事物全局性、长远性、宏观性问题的谋划，这就要求领导干部必须对经济社会文化甚至自然科学方面拥有尽可能多的知识作为决策储备。我们虽然不要求领导干部掌握文史哲、政经法、数理化等方方面面的科学知识，但是也必须有各门学科丰富的知识储备和宽广的学科视野作支撑。列宁认为，只有用人类全部文化知识武装起来的人，才能成为真正的共产主义者。这是因为：领导干部如果由于某一个方面知识的欠缺，做出的战略决策有可能不切合实际，甚至出现全局性错误。当下社会发展十分迅速，知识更新速度十分惊人，各级领导干部要不断跟踪学习经济、管理、法律、信息科学等学科的最新知识，也要学习哲学、政治、历史等知识。

战略思维能力本质上是一种理论思维能力，需要深厚的理论素养。正确的战略必须建立在对事物全体的、本质的、内部联系即规律的认识之上。战略的核心是把握事物及其发展的客观规律。战略思维则是对事物本质、内部联系、事物全局、宏观、长远发展问题的理性思考和认知。不能全面认识和把握事物及其发展规律，就不可能制定正确的战略。根据马克思主义认识论，对客观事物及其规律的认识属于理性认识的范畴。战略思维则更加具有理性认识的特点，也更具理论思维的性质。更确切地说，战略思维就是理性认识，就是理论思维。在这种意义上说，战略思维也是哲学思维，或者说是哲学理论、特别是马克思主义哲学思想在领导工作中的具体运用。例如，毛泽东既是一位军事家、战略家，又是一位哲学家，他丰厚的哲学思想功底，是他驾轻就熟指挥战争的关键所在。美国前助理国防部长菲利普·戴维逊在《毛泽东的战略》一书中，认为毛泽东善于把军事战略与哲学思维融为一体，以哲学思维来指导军事战略，以军事战略来体现哲学思维。毛泽东的这个特点，在《中国革命战争的战略问题》中体现得最为充分。毛泽东对战争本质和战争形式，对战争规律和战争指导规律，对战争的物质基础和人在战争中的自觉性，对军事实践和军事认识的辩证过程，对战争力量强弱转化的条件、过程及规律等，都作了深刻的阐述。《中国革命战争的战略问题》既阐发了高超的战略思维，又蕴含着深厚的哲学底蕴，可以说既是一部重要的军事著作，也是一部重要的哲学著作。在军事实践中，毛泽东特别善于运用辩证法，尤其是矛盾分析法，善于把握战争的全局，同时又善于在战争中抓主要矛盾，善于运用优势兵力消灭敌人。这可谓是毛泽东战略思维品格最精华的部分。可见，战略思维与理论思维、哲学思维具有高度的契合性和一致性。因此，要培养战略思维，就必须培养理论思维、哲学思维，要提高战略思维能力，就必须提高理论思维和哲学思维能力。恩格斯在《自然辩证法》中认为：“一个民族要想登上科学的高峰，究竟是不能离开理论思维的。”然而，“理论思维无非是才能方面的一种生来就有的素质。这种才能需要发展和培养，而为了进行这种培养，除了学习以往的哲学，直到现在还没有别的办法”。这就是说，哲学学习是训练理论思维的唯一方法。在 2013 年 12 月中央政治局集体学习“历史唯物主义基本原理和方法论”时，习近平同志指出，马克思主义哲学依然是指导我们共产党人前进的强大思想武器。学哲学、用哲学，是我们党的一个好传统，中国共产党人自创始以来就特别重视哲学，很多党的领导人本身就是哲学家。我们党自成立起就高度重视在思想上建党，其中十分重要的一条就是坚持用马克思主义哲学教育和武装全党。

为什么提高战略思维能力，需要掌握理论，需要学习哲学呢？这是由战略思维的本质及其与理论思维、尤其是哲学思维的关系决定的。关于战略思维和哲学思维的关系，我们已经在第一章有过论述，这里再作简要说明。

首先，哲学思维为战略思维提供方法论指导。哲学作为从整体上把握人与世界关系的一般内容和普遍形式，是关于从整体上把握世界、把握人与世界关系的一般知识。哲学是对自然科学、社会科学、人文科学的抽象总结，是关于系统化理论化的世界观和方法论，是关于世界整体的“理性认识”。哲学以各具体科学为基础，并“凌驾于各门具体学科之上”，为具体科学、思维科学提供一般方法论。哲学使用概念、范畴、命题进行理性思考，具有高度的抽象性和理论性，是锤炼理性思维、战略思维的最佳手段。

其次，哲学思维决定战略思维，是战略思维的思想基石。战略思维只有建立在哲学思维的基础之上才是牢固的、可靠的。离开哲学思维谈战略思维是海市蜃楼，是虚幻的。战略思维是一种对事关根本性、长远性重大问题的思维方式。哲学是“思想中所把握到的时代”，是“时代精神的精华”。战略思维是一种全局性、系统性的思维方式，它要求在决策中总揽全局、驾驭全局、把握全局。哲学总是力图在最深刻的层次上把握世界的统一性，并以此去解释世界上的全部现象。战略思维是一种具有前瞻性、面向未来的思维方式。而哲学则曾是人运用思维来把握世界及其发展的规律和趋势。由此可见，哲学为战略思维提供了最深厚的思想基础，如果没有一定的哲学素养，就不可能具有较高的战略思维能力。

再次，战略思维的形成和发展需要进行必要的哲学思维训练。战略思维不是具象的、感性的，而是抽象的、理性的，即战略思维是一种抽象的理性思维。战略思维能力则是一种抽象思维能力。抽象思维能力虽然源于各门具体学科的经验思维能力的积累，但是一个人先学完各门具体学科再来形成抽象思维、理性思维，在实践上也是不现实的。同时，即使经验思维学习得再好，也不一定就能获得理性思维能力。我们一直强调，实践是认识的基础和来源，要获得真理性的认识，提高认识世界的能力，必须投身社会实践；我们也同样强调，要形成战略思维，提高战略思维能力，必须投身战略实践。虽然如此，然而我们强调和突出实践的决定作用，并不是要求人们事事都需要亲身实践，也并不是否认间接经验和掌握理论的重要性。强调人的认识都是源自实践中获得的直接经验，并不是说每个人的每一种认识都必须靠直接经验，更不是说要忽视间接经验。那种贬低书本知识、轻视理论学习，拒绝向前人和他人学习的做法，是非常错误和有害的。在实践基础上获得感性直接经验，然后在达到理性思维，即发展为理性认识，这是一个从事物的现象深入到本质的过程，也是一个极为艰苦的认识过程。从感性上升到理性，从直接经验上升为理论认知，必须极大地调动人的主观能动性，必须运用一系列的方法，“将丰富的感觉材料加以去粗取精、去伪存真、由此及彼、由表及里的改造制作工夫，造成概念和理论的系统”①。列宁也认为：“从生动的直观到抽象的思维，并从抽象的思维到实践，这就是认识真理，认识客观实在的辩证途径。”②可见，理性思维、理论思维能力并不是从实践中直接获得的，更不是天生就有的，而是需要经过后天长期、严格

① 《毛泽东选集》第1卷，人民出版社1991年版，第291页。

② 《列宁专题文集　论辩证唯物主义和历史唯物主义》，人民出版社2009年版，第135页。

的训练才能形成和发展起来的。哲学、哲学思想作为具有高度抽象性、概括性的世界观和方法论，对人的理论思维的形成和发展具有特殊的作用，这种作用是其他任何学科、思想不能替代的。这就是恩格斯所说的，学习以往的哲学是提供理论思维的唯一方法的根本原因。这也是习近平同志强调领导干部要提高战略思维能力，就必须学习和掌握马克思主义世界观、方法论的根本缘由。因此，自觉学习哲学思维、辩证思维和逻辑思维的方法，训练和提高理论思维能力，就是一件十分必要和重要的事情。

习近平同志高屋建瓴地指出，我们党在中国这样一个有着 13 亿人口的大国执政，面对着十分复杂的国内外环境，肩负着繁重的执政使命，如果缺乏理论思维的有力支撑，是难以战胜各种风险和困难的。党的各级领导干部特别是高级干部，要原原本本学习和研读经典著作，努力把马克思主义哲学作为自己的看家本领，坚定理想信念，坚持正确政治方向，提高战略思维能力、综合决策能力、驾驭全局能力。

因此，各级领导干部要从战略的高度认识学习哲学、学习古今中外哲学思想，特别是学习马克思主义哲学之于锤炼理论思维能力、战略思维能力的重大价值，增强学习古今中外哲学思想、特别是马克思主义哲学的自觉性和积极性。

二、学习哲学提高战略思维能力的几个着眼点

党的十八大以来，党中央十分重视学习哲学尤其是马克思主义哲学在治国理政、提高领导干部战略思维能力中的重要作用。2013 年 12 月和 2015 年 1 月，中央政治局先后两次组织集体学习马克思主义哲学基本原理和方法，第一次是学习历史唯物主义，第二次是学习辩证唯物主义。在每次学习期间，习近平同志都将学习马克思主义哲学与提高战略思维能力联系起来，强调学习哲学对提高战略思维能力的重大作用。在 2013 年 12 月中央政治局集体学习历史唯物主义基本原理和方法论时，

习近平同志强调，学习历史唯物主义基本原理和主要方法，有利于各级领导干部在干事创业时培养和运用战略思维能力，可以更好认识我国基本国情，可以更好认识党和国家事业发展大势，可以更好认识历史发展规律，从而可以更加能动地推进各项工作。在2015年1月中央政治局集体学习辩证唯物主义时，习近平同志再次强调，学习辩证唯物主义有利于提高领导干部的战略思维能力。他指出，辩证唯物主义是中国共产党人的世界观和方法论，党员领导干部必须不断接受马克思主义哲学智慧的滋养，更加自觉地坚持和运用辩证唯物主义世界观和方法论，增强辩证思维、战略思维能力，努力提高解决我国改革发展基本问题的本领。

（一）学习掌握辩证唯物主义基本原理，提高战略思维能力

辩证唯物主义体系博大精深，有很多基本原理和基本理论、观点，对提高战略思维能力具有很重要的意义和价值。习近平同志认为，学习辩证唯物主义对提升领导干部的战略思维能力具有极大的促进作用，是我们提高战略思维能力的着眼点。

第一，学习掌握物质和意识的辩证关系原理，有助于提高战略判断能力。战略首先必须对战略形势、战略任务、战略目标等进行准确判断。坚持思维的客观性，是保证战略判断的科学性和准确性的根本前提。物质和意识的辩证关系原理，有利于我们提高对客观战略环境、战略形势的判断力，有利于增强从实际出发科学制定战略方针的自觉能动性。辩证唯物主义关于世界统一于物质、物质决定意识的基本原理，是我们坚持从客观现实出发制定各种政策、搞好各项工作的理论基础。世界统一于物质是马克思主义哲学的基石，一切从实际出发是唯物主义一元论的基本要求。学习辩证唯物主义关于物质和意识的原理，可以使我们正确地分析、评估、判断客观战略形势，找到我们各项工作的战略依据，防止我们在战略形势评估中犯教条主义、经验主义的错误，受主观偏见的影响；既不唯书唯上，也不唯我唯他，坚定地做一个“实事求是派”。当代中国最大的客观实际，就是我国仍处于并将长期处于社会主

义初级阶段。这是我们各项工作的客观基点，任何时候都不能脱离这个最大的实际。“牢牢把握社会主义初级阶段这个基本国情，牢牢立足社会主义初级阶段这个最大实际”，准确把握新时代中国特色社会主义的新变化新特点，使主观世界更加符合客观实际，按照客观实际制定战略规划、作出战略安排、确定战略实施方案和步骤，这才是正确的工作方法。

第二，学习掌握对立统一规律，有助于提高分析、解决战略问题的能力。对立统一规律要求我们在各项工作中要培养问题意识，善于抓住“牛鼻子”，找到战略重点、战略关键、战略问题、战略依托、战略导向。对立统一规律也叫矛盾规律，是事物发展的根本规律，是唯物辩证法的实质和核心。世界是矛盾的，过程是矛盾的，矛盾是事物发展的根本动力。对立统一规律为人们认识世界、改造世界提供了根本方法——矛盾分析法。显而易见，坚持对立统一规律认识世界、改造世界是十分重要的。对立统一规律，是我们不断强化问题意识、坚持以实际中存在的重要问题作为战略导向、积极面对和化解前进中遇到的各种矛盾的根本方法。面对各种复杂形势和繁重任务，首先要有全局观，对各种矛盾做到心中有数，在复杂矛盾中分清轻重缓急主次，在各种矛盾中间学会做出战略取舍、做出战略统筹；同时，要注意优先解决主要矛盾和矛盾的主要方面，以此带动其他矛盾的解决。在战略实践中，我们既要注重战略的“总体谋划”，又要注重牵住战略的“牛鼻子”。既要讲“两点论”，又要讲“重点论”，不能没有主次、不分轻重缓急、眉毛胡子一把抓。要善于确立少数战略重点、战略关键，在它们身上着重发力、集中发力、精准发力，而不能把所有要素都看成重点，把所有的事物都看作关键。找准了战略重点、战略关键，前进的方向会更加清晰，步伐会更加稳健，掌控局势会更加主动，谋事创业也会“事半功倍”。

第三，学习掌握现象与本质的关系原理，有助于提高透过复杂现象抓住战略本质的能力。战略思维的核心是能够把握住事物运动变化的客观规律及其发展趋势。要制定正确的战略，就不能停留在事物的现象表层，而必须深入事物的内部联系，揭示事物的本质和规律。这就要求必须透过纷繁复杂的现象揭示事物的本质。本质即规律。揭示事物的本质就是掌握事物发展的规律。现象是直接的东西，人们凭感官可以感觉得到；而本质，人们凭感官是把握不了的，必须靠思维。思维的任务就是透过现象揭示出事物的本质。那么，如何透过现象抓住本质呢？毛泽东认为，要使用一切可能的和必要的手段，尽可能多地收集到各种实际材料，同时要对这些材料加以去粗取精、去伪存真、由此及彼、由表及里的加工制作。可见，透过事物的现象把握本质的过程，本身就是思维能力、战略思维能力的锻炼和提高的过程。

习近平同志反复强调指出，党的干部，特别是领导干部要善于学习掌握唯物辩证法的根本方法，不断增强辩证思维能力，提高驾驭复杂局面、处理复杂问题的本领。我们的事业越是向前发展，就越要不断增强辩证思维能力。当前，我国社会各种利益关系十分复杂，利益群体存在各种矛盾，这就要求我们善于处理局部和全局、当前和长远、重点和非重点的关系，在权衡利弊中趋利避害、做出最为有利的战略抉择。这里其实就是在强调，要把全局当作一个“系统”“结构”来处理，在系统中确定各个要素的位置和重要性，不能孤立地看待事物。同时，通过正确处理各种要素和矛盾，寻求系统整体功能的最大化，以最小代价换取最大结果、最大发展，以最小手段实现最大目标。这从战略思维的角度讲，就是要求我们在处理、解决各种战略问题及复杂矛盾的时候，要学会运用辩证思维，特别是要善于运用矛盾分析法做取舍、做统筹，充分发挥各个方面的积极性，调动各个方面的力量，形成最大合力。

（二）学习掌握历史唯物主义基本原理，提高战略思维能力

历史唯物主义是关于社会发展规律、社会结构、社会发展动力、社会基本矛盾、社会发展目标的科学理论。学习历史唯物主义基本原理和主要方法，对提高领导干部提高治国理政和战略思维能力有着非常直接的促进作用。具体来说，有以下几个方面。

第一，学习掌握人类社会发展是一种“自然历史过程”的原理，有助于提高把握战略方向的能力。战略方向决定战略的成败。方向性的错误，对任何战略都是致命的。因此，保证战略的正确方向是一切战略活动的首要前提和关键因素。马克思认为，“社会经济形态的发展是一种自然历史过程”，即客观的历史运动过程。人类社会的发展具有客观性、规律性。社会发展规律实际上是人的实践活动规律，是“人们自己的社会行动的规律”。战略作为人类一种重要的实践活动，要想取得成功，必须尊重社会发展规律、合乎人类社会发展的基本趋势。学习掌握历史唯物主义关于人类社会发展及其规律的理论，有助于提高我们准确把握社会发展的一般规律、掌握社会发展的大趋势和大方向，即社会发展的战略方向的能力。在革命建设改革各个历史时期，我们党运用历史唯物主义的基本理论，系统具体历史地分析中国社会运动及其发展规律，在认识世界和改造世界过程中不断把握规律、积极运用规律，推动党和人民事业取得了一个又一个胜利。准确把握社会发展的一般规律，我们才可以掌握社会发展主要矛盾，把战略重点放在不断提高人民群众物质文化生活上，才可以掌握当前中国社会所处的历史阶段，才会确定科学的战略目标，不会盲目地以共产主义社会的发展目标来要求当今的中国。正是由于正确理解和坚持了马克思主义关于社会发展规律的学说，我们才科学规划了当代中国发展的几个重大战略阶段，并根据每个阶段的不同特点逐步、有序推进中国特色社会主义“伟大事业”。历史和现实都表明，只有坚持历史唯物主义，我们才能不断把对中国特色社会主义规律的认识提高到新的水平，不断开辟当代中国马克思主义发展新境界，不断把中国特色社会主义推向新的历史高度。

第二，学习掌握社会存在与社会意识辩证关系的原理，有助于提高科学制定发展战略的能力。战略是连通现在和未来、现实与可能的纽带。战略只有合乎实际，才能通往未来。学习掌握社会存在决定社会意识的原理，有助于我们从社会存在的实际出发，充分摸清基本国情，摸清战略环境、战略形势，科学制定正确的路线、方针、政策和规划，实事求是地搞好战略决策、战略部署和战略安排；同时也有助于防止我们在制定战略规划和战略决策时脱离实际，走向唯心主义的泥潭。现阶段，我们党提出和实施的理论和路线方针政策，之所以正确，就是因为它们都是以我国现时代的社会存在为基础的。历史唯物主义认为，社会意识虽然由社会存在所决定，但它仍具有相对独立性。社会意识相对独立性的突出表现就是对社会存在具有能动作用。社会意识是适应社会存在的要求而产生和发展的，在一定条件下会转化为物质力量并作用于社会存在，影响社会历史的发展。先进的社会意识正确反映了社会存在运动和发展规律及其要求，对社会发展起着积极的促进作用。这就要求我们在制定战略决策、指导实际工作中，必须掌握先进的理论，并以先进的理论武装群众，使之成为改造社会的强大物质力量。只有如此，我们的战略、路线、方针政策才能既符合我国社会的实际，又符合我国社会发展的趋势和要求，既具有客观性、真实性，又具有预测性、前瞻性，即具有实践指导性。

第三，学习掌握社会基本矛盾及其运动规律的原理，有助于提高解决我国改革、发展战略问题的能力。物质生产是社会生活的基础，生产力是推动社会进步的最活跃、最革命的要素，是社会发展的最根本的动力。生产关系一定要适应生产力发展的规律、上层建筑一定要适应经济基础发展的规律是人类社会的基本规律。这一规律是我们制定改革、发展战略、方针政策的总依据，是我们进行全面深化改革的总依据。学习掌握历史唯物主义的这一基本原理，有助于提高我们的战略问题意识、提高找准经济社会改革、发展的“战略缺口”及“战略突破口”的能力、提高科学确定战略任务的能力，从而制定科学合理的改革、发展战略，促进经济社会全面协调可持续发展，最终实现社会全面进步。学习掌握历史唯物主义这一基本原理，还有助于我们增强贯彻落实“五位一体”总体布局和“四个全面”战略布局的自觉性、主动性和坚定性，增强战略实施能力。发展是当代中国的根本战略任务，是解决中国问题的战略关键；改革是改变中国、发展中国的“战略关键”。推进中国特色社会主义“伟大事业”，必须牢固确立解放和发展社会生产力是社会主义的根本战略任务、发展是解决我国所有问题的关键这一重大战略判断，谋事创业“不折腾”。必须把生产力和生产关系的矛盾运动同经济基础和上层建筑的矛盾运动结合起来观察，把社会基本矛盾作为一个整体来观察，全面把握整个社会的基本面貌和发展方向。坚持、发展、完善中国特色社会主义，必须不断适应社会生产力发展调整生产关系，不断适应经济基础发展完善上层建筑。全面深化改革，就是要适应我国社会基本矛盾运动的变化来推进社会发展。必须加强顶层设计、整体谋划，增强各项改革政策、举措之间的关联性、系统性、协同性，既要解决生产关系中的不适应问题，又解决好上层建筑中的不适应问题。

第四，学习掌握人民群众是社会历史主体、历史的创造者的基本原理，有助于提高战略认识和服务能力。立场问题是决定一切的根本问题。在马克思主义看来，历史是人民群众创造的，人民群众是历史的主体。能不能站在人民群众的立场上看问题、想问题、处理问题，是区别马克思主义战略学与非马克思主义战略学的试金石。衡量一个领导干部的哲学素养高不高、战略思维能力强不强，最根本的是看他的群众观点、看他如何贯彻群众路线。人类历史从根本上说是人民群众实践的产物，人类社会的发展规律是人民群众的实践规律，人类社会发展的方向和趋势是与人民群众的根本利益一致的。战略对社会规律的正确把握其实就是对人民群众根本利益的正确认识，反之亦然。战略只有符合人民群众的根本利益，才能取得成功，否则，必将失败。因为，只有反映和符合人民群众根本利益的战略，才能得到人民群众的支持，才能变成人民群众的实践。只有成为人民群众的实践的战略，才有成功的希望。全心全意为人民服务是我们党的根本宗旨，也是我们党制定、实施一切战略的根本宗旨。

中国特色社会主义“伟大事业”是全体中国人民的事业，是依靠人民群众的事业，也是为了实现人民群众对美好生活向往的事业。我们的战略规划、战略构想，如果不服务人民群众，最终会被人民群众所抛弃；如果不依靠人民群众，伟大的历史任务必将不能完成。推进中国特色社会主义“伟大事业”，必须要坚持把实现好、维护好、发展好最广大人民的根本利益作为出发点和落脚点，使发展成果更多更公平惠及全体人民，唯有如此，“伟大事业”的推进和“伟大梦想”的实现才会有不竭动力，党的十九大的战略部署，才能一步步地取得成功。

第三节　在推进“伟大事业”的实践中提高战略思维能力

实践的观点是马克思主义哲学首要的和基本的观点，也是马克思主义哲学区别于以往哲学、实现哲学革命的根本点。战略思维能力作为一种能力除了通过理论学习来提高外，还要经过实践的锤炼。通过实践、通过完成重大实践任务，特别是通过担负急难险重任务让干部不断接受锤炼、经受考验，是我们党培养造就干部的最重要方法，是干部成长进步的基本规律，是提高干部战略思维能力、增强政治领导能力的重要途径。建设发展中国特色社会主义是当代中国的伟大实践，推进中国特色社会主义伟大事业既是中国人民的伟大事业，也是中国人民的伟大创造。领导干部必须在组织、带领人民进行建设发展中国特色社会主义的伟大实践中不断提高战略思维能力，即在处理解决重大现实问题、完成重大任务、特别是急难险重任务中提高战略思维能力。

一、在投身战略实践中提高战略思维能力

实践是认识的基础，实践出真知。“纸上得来终觉浅，绝知此事要躬行。”活生生的战略实践、战略活动是提高战略思维能力的根本途径。

毛泽东指出："读书是学习，使用也是学习，而且是更重要的学习。从战争学习战争——这是我们的主要方法。没有进学校机会的人，仍然可以学习战争，就是从战争中学习。革命战争是民众的事，常常不是先学好了再干，而是干起来再学习，干就是学习。""我们不许可任何一个红军指挥员变为乱撞乱碰的鲁莽家；我们必须提倡每个红军指挥员变为勇敢而明智的英雄，不但有压倒一切的勇气，而且有驾驭整个战争变化发展的能力。指挥员在战争的大海中游泳，他们不使自己沉没，而要使自己决定地有步骤地达到彼岸。"[①] 在战争年代，形成和提高军事指挥能力、军事战略能力的根本途径是指挥战争。在和平年代，培育和提高治国理政能力、政治领导能力、战略思维能力的根本途径就是领导人民进行改革、建设实践，就是领导人民推进中国特色社会主义"伟大事业"、进行具有新的历史特点的"伟大斗争"和从严治党的"伟大工程"。

战略思维属于直接指导实践的实践理性，它来源于生动而丰富的战略实践活动，来源于实践活动中对客观实际情况的全局进行周密而深刻的把握。只有不断在积极参与重大事件的处置、重大社会问题的处理、重大社会矛盾的解决等战略实践中汲取养料、总结经验，不断把感性经验上升为理性认识，才能把握客观事物和社会运行的规律，才能培育和提高战略思维能力。

首先，社会实践的重大战略问题要求我们形成战略思维、提高战略思维能力。社会实践的需要是人类认识形成和发展的强大动力。正如恩格斯所说："社会一旦有技术上的需要，这种需要就会比十所大学更能把科学推向前进。"[②] 战略思维的形成、战略思维能力的提高也同样来源于社会实践的需要。毛泽东及老一辈革命家、军事家们的军事战略思想以及指挥战争的战略思维能力，都来自于解决中国革命战争提出的战

① 《毛泽东选集》第1卷，人民出版社1991年版，第181、182—183页。

② 《马克思恩格斯文集》第10卷，人民出版社2009年版，第668页。

略问题的需要。同样，邓小平、江泽民、胡锦涛、习近平等同志关于改革开放和中国特色社会主义建设的战略思想、战略思维能力，都来自于解答中国特色社会主义建设实践提出的重大战略问题的需要。实践的需要其实就是实践问题的“倒逼”。毛泽东的军事战略思想来自“问题倒逼”，邓小平的改革开放战略思想也来自“问题倒逼”，习近平的新时代全面深化改革的战略思想同样来自于“问题倒逼”。1927年秋，中国共产党领导的革命武装力量攻打城市失利，面临着是继续攻打城市还是转移阵地的战略问题，毛泽东等人作出了放弃攻打城市而转向敌人力量薄弱的农村去建立革命根据地的战略选择；在农村革命根据地有没有希望、“红军究竟能够打多久”的重大的根本的现实问题面前，毛泽东以其独有的战略眼光回答了中国革命的道路问题，提出了“农村包围城市、最后夺取革命胜利”的重大战略思想。20世纪70年代末80年代初，面对“文化大革命”造成的严重社会问题，国民经济濒临崩溃，人民生活温饱都没有保障，大部分人处在贫困状态，党内思想僵化、教条主义、官僚主义盛行……坚持“两个凡是”、继续走老路，还是改革开放、开辟新路，这是摆在中国共产党和中国人民面前的重大问题，邓小平等人以战略家非凡的勇气、胆识和眼光，提出了改革开放、走中国特色社会主义道路的重大战略思想，实现了中国社会的大转移。进入新的世纪，改革开放、中国特色社会主义建设既取得了巨大成就，同时也出现了许多新的问题和矛盾。如何看待和解决这些问题和矛盾呢？有人提出否定改革开放走回头路，有人提出彻底开放全盘西化。我们党以巨大的战略定力提出，既不走老路，也不走“邪路”，而是要坚定走中国特色社会主义道路。面对我国经济社会发展存在的“不平衡、不协调、不可持续”等重大问题，我们党相继提出了“五位一体”总体战略要求和“四个全面”战略布局。由此可见，战略思维的形成、战略思想的提出、战略思维能力的提高都来源于解决战略问题的需要，即来自战略实践的需要。

其次，战略实践促使战略思维的形成和战略思维能力的提高。实践是认识的来源，战略实践是战略思维、战略思维能力的来源。人们总能通过战略实践能动地改造战略对象，才能使战略对象的构成要素、属性、特点、关系、本质和规律得以充分暴露；也只有通过战略实践才能使自己从战略对象的现象全面深入到本质，才能从对战略对象的感性认识上升到理性认识；也只有通过战略实践才能全面深刻地改造战略对象，从而实现战略实践的目的。军事指战员只有在军事实践中通过对战争全局、敌我双方的整体认识和把握，才能做出战略决策，才能进行战略实施，并在战略实施中进一步修正原来的战略决策，使之更加符合战场实际，符合军事活动的规律。毛泽东指出："指挥员的正确的部署来源于正确的决心，正确的决心来源于正确的判断，正确的判断来源于周到的和必要的侦察，和对于各种侦察材料的连贯起来的思索。指挥员使用一切可能的和必要的侦察手段，将侦察得来的敌方情况的各种材料加以去粗取精、去伪存真、由此及彼、由表及里的思索，然后将自己方面的情况加上去，研究双方的对比和相互的关系，因而构成判断，定下决心，作出计划，——这是军事家在作出每一个战略、战役或战斗的计划之前的一个整个的认识情况的过程。"[①] 同样，作为中国特色社会主义伟大事业组织者、领导者的党员干部、领导干部、特别是中高级领导干部，只有在中国特色社会主义建设实践中通过对国家建设的全局、世界形势的整体认识，才能确立合乎实际的发展战略，才能作出合乎国家发展趋势的战略安排，才能进行有效的战略实施，并在战略实施中不断调整战略规划和施行方案，使战略意图、战略手段更加符合中国特色社会主义发展的客观规律，从而顺利实现战略目标。如此，领导干部的战略思维能力、政治领导本领在制定战略、实施战略、检验战略等的实践中自然而然地便得到了提高和增强。

再次，战略实践在检验战略中促使战略思维能力的提高。马克思

① 《毛泽东选集》第 1 卷，人民出版社 1991 年版，第 179—180 页。

指出:"人的思维是否具有客观的真理性，这不是一个理论的问题，而是一个实践的问题。人应该在实践中证明自己思维的真理性，即自己思维的现实性和力量，自己思维的此岸性。关于思维——离开实践的思维——的现实性或非现实性的争论，是一个纯粹经院哲学的问题。"[①] 实践检验认识的真伪，推动认识的发展。实践检验战略思维的真假与高下，推动战略思维能力的提高。战略的提出、战略决策的制定，来源于实践的需要；战略的实施、战略意图的落实、战略目标的实现，是实践本身；战略实施结束以后所得的结果，是不是与战略意图、战略目标相一致，还需要通过实践来检验。如果战略实践的结果与实践目标相一致，那么就证明战略主体的战略思维是科学合理的，战略思维能力是高的；如果二者不相一致，那么就说明原有的战略需要进一步调整，战略意图需要更新，也说明战略主体的战略思维还有缺陷，战略思维能力还有待提高。调整了的战略、更新了的战略意图，又要在新的战略实施中予以实现，并接受战略实践的检验，直到战略目标的实现。在这种制定战略、实施战略、检验战略意图的不断往复的实践中，战略主体的战略思维不断升华、战略思维能力不断提升。这是我们党的认识方法、工作方法和领导方法。正如毛泽东所说:"在我党的一切实际工作中，凡属正确的领导，必须是从群众中来，到群众中去。这就是说，将群众的意见（分散的无系统的意见）集中起来（经过研究，化为集中的系统的意见），又到群众中去作宣传解释，化为群众的意见，使群众坚持下去，见之于行动，并在群众行动中考验这些意见是否正确。然后再从群众中集中起来，再到群众中坚持下去。如此无限循环，一次比一次地更正确、更生动、更丰富。"[②] 人们的战略思维、战略思维能力在这种反复的实践和实践检验中不断升华，像螺旋曲线一样不断发展，不断无限接近客观实际、接近客观真理，不断上升到一个新的水平和更高层次。比

① 《马克思恩格斯文集》第1卷，人民出版社2009年版，第500页。
② 《毛泽东选集》第3卷，人民出版社1991年版，第899页。

如，我国在20世纪50年代就启动了建设“四个现代化”国家的战略目标，施行赶超英美老牌现代化国家的战略，但由于急躁冒进、并采用“以阶级斗争为纲”的方式，结果脱离实际，现代化建设一度中断，给国家和人民造成巨大损失。70年代末，我国又重启“四个现代化”建设战略。党中央、邓小平吸取毛泽东时期的教训，调整了战略目标，明确提出我国要实现的现代化是“中国式的现代化”，即到21世纪中叶达到中等发达国家水平；接着，又提出现代化建设“三步走战略”——解决温饱、建成小康和基本实现现代化，规划出了现代化建设的整体战略方案。20世纪初，在提前完成解决温饱和“翻两番”的战略任务的基础上，我们党又提出了建成全面小康社会的战略目标和新的“三步走”战略。党的十九大，根据我国社会进入新时代的阶段性变化实际，我们党对全面建成小康社会和现代化国家进行了新的战略安排，为今后30多年的中国社会发展指明了战略方向、确立了战略步骤和实施路线图。可以看出，我们党确立的战略目标、战略决策、战略规划、战略实施方案越来越合乎中国社会发展的实际及其规律，越来越符合时代的特点，越来越能够正确反映人民的愿望和要求。这也充分说明我们党的战略思维水平、战略思维能力在随着战略实践的发展而不断提高和升华。

黑格尔曾说，站在岸边学习游泳，永远也学不好。毛泽东认为，在战争中学习战争，这是我们最主要的方法。离开战争实践学习兵法，只能是纸上谈兵。同样，离开战略实践谈战略思维的培育和战略思维能力的提高，只能是空中楼阁、海市蜃楼。只有在战略实践中并通过战略实践，即通过了解和掌握战略活动的第一手资料，亲身参与战略决策，制订战略规划，设计战略实施方案，指导和参加战略实施的各项实践活动，了解和掌控战略实施的进展，评价和检验战略施行结果与战略意图或目标的相符性及其利弊得失，进一步调整、修改战略规划和战略目标，如此反复、不断循环，人们的战略思维才能形成，战略思维能力才能不断提高，战略领导的本领才能逐步增强。

二、在担负急难险重工作中提高战略思维能力

急难险重的工作和复杂艰苦的环境最能锻炼人，最能考验人。环境越是艰苦，条件越是复杂，任务越是急难险重，就越能磨炼干部的政治品质，考验干部的战略定力，提升包括战略思维在内的各种能力。让干部、特别是年轻干部到改革发展一线和急难险重的实践中经受锻炼、考验和提高，是我们党培养和造就干部战略思想能力的重要方法，也是干部健康成长的基本途径。

一般性工作只需要常规思维、常规能力就可以对付，因为面对的不是紧急的、困难的、危险的、沉重的工作，只不过是正常的、安全的、轻缓的、容易的工作。要培养战略思维能力，只让处理一般性工作就很难提高，必须派到急难险重工作中去。那是因为，哪里有压力，哪里才有动力，哪里才可以产生能力。开水房里的开水只能喝，蒸汽机里的开水却可以驱动火车、轮船，这是因为后者有压力，而且是强压。“宰相必起于州部，猛将必发于卒伍”，讲的也是这个道理。

领导干部在改革开放、建成小康社会和现代化建设的前沿阵地工作，面对的多是发展经济、招商引资、改善民生、防汛抗旱、维权维稳、保护生态环境、防污治污等，都是一些紧急和困难的事情。有时还面临着一些复杂的矛盾和问题，诸如稳发展、保增长、稳就业、稳外资、稳贸易、稳金融与促改革、转方式、调结构、要效益就存在矛盾，绿水青山与金山银山也存在矛盾，维稳与维权就是矛盾，民主与集中也是矛盾。这些矛盾和问题不是仅仅用一般的思维、一般的方法就能解决得好的，而是需要运用理论思维、战略思维才能把握的，而是需要学会战略统筹、战略协调才能有效解决的，同时，还需要守住战略底线。领导干部尤其是年轻干部虽然有比较丰富的知识储备和较高的政策水平，但这并不意味着就有较高的领导本领和较强的领导力，要想把书本知识、政策水平转化为实际能力、领导本领，就必须投身到能够把知识转化为能力、把政策转化为业绩的“锅炉”和“蒸汽机”。这个“锅炉”

和“蒸汽机”就是在改革发展的第一线、维护稳定的第一线、服务群众的第一线，就是各种急难险重任务的第一线，而不是冬暖夏凉的机关办公室、会议室，更不是觥筹交错、金碧辉煌的宴会厅和高档会所。

在担负急难险重的任务中磨炼和提高战略思维能力，要做到两个方面：一是领导干部自身要扑下身子、积极主动承担急难险重任务，自觉从战略上解决和完成急难险重任务；二是组织部门和上级领导要善于给领导干部、特别是年轻干部压担子、担重任，让他们在完成急难险重任务中锻炼提高战略思维能力，增强领导才干。

第一，领导干部要在勇挑重担中不断提高战略思维能力。“宝剑锋从磨砺出，梅花香自苦寒来。”剑越磨越锋利，苗越墩越壮实。伏久者，飞必高；根深者，叶必茂。各级领导干部、尤其是年轻干部只有经历一些急事、难事、险事、大事，才可以磨炼坚定的战略毅力，锤炼战略定力，明晓战略底线，锻炼战略智慧。党员干部要勇于到经济社会发展最需要的地方，要敢于到条件艰苦、情况复杂的地方去砥砺品质、提高本领。领导干部、特别是年轻干部不要过于爱惜羽毛而错过锻炼的机会，而要主动、乐于到矛盾复杂、工作繁重的岗位、项目等一线工作中锻炼，敢于冲在最前沿，要敢于“啃硬骨头”“涉险滩”，提高责任担当精神，不断提高解决复杂问题和驾驭复杂形势的战略思维能力。领导干部不要惧怕急难险重工作给自己带来的压力，而要勇于到任务重、风险多、压力大的地方和岗位去建功立业，去磨砺意志，去提升境界。对于压力，我们需要正确对待。没有压力，就会没有动力；没有动力，必定是一事无成。压力只会折磨和压垮没有理想的人、懒惰的人、懦弱的人、自私的人。对于那些心中充满理想、一心为人民谋福利的人来说，压力会产生动力，培养心力，具有定力。孟子讲：“天将降大任于斯人也，必先苦其心志，劳其筋骨，饿其体肤，空乏其身，行拂乱其所为，所以动心忍性，曾益其所不能。”韩非子说过：“宰相必起于州部，猛将必发于卒伍。”马克思说，只有那些不畏艰险的人，才能攀登科学的顶峰。习近平同志指出：“中华民族伟大复兴，绝不是轻轻松松、敲锣打鼓就能实现的。全党必须准备付出更为艰巨、更为艰苦的努力。”改革发展的一线是干部了解实际、向广大群众学习的好课堂，也是磨炼作风、提高素质的大考场。他还认为：“越是条件艰苦、困难大、矛盾多的地方，越能锤炼人。干部要深入基层、深入实际、深入群众，在改革发展的主战场、维护稳定的第一线、服务群众的最前沿砥砺品质、提高本领。”因此，党员干部要勇于接受艰难困苦的磨砺，要敢于到艰难困苦的地方去艰苦奋斗，要善于在艰苦卓绝的奋斗中提高素质，增强领导本领。领导干部经历的风雨越多，经受的压力越重，化解的风险越大，克服的困难越多，完成的任务越险，就越能提高战略思维能力，就越有战略定力。曾国藩一生屡战屡败、屡败屡战，最终成为一代名将和名臣。毛泽东、周恩来、邓小平等老一辈革命家，一生几起几落，遭受众多的打击和考验，也可谓是九死一生，在不断解决中国革命和建设的危难中，成为了战略家。我们党的历代领导集体，都是在解决中国革命、建设和改革的重大现实问题中，不断提高战略思维能力、增强战略定力和走向战略成熟的。一个卓越的领导者，必定表现为战略思维的成熟；一个卓越的领导集体，也必定体现为战略领导的成熟。而战略思维的成熟，或战略的成熟，无一不是来自急难险重任务的不断磨砺，无一不是来自重大战略实践的考验。习近平在庆祝中国共产党成立 95 周年大会的讲话中指出：“历史从不等待一切犹豫者、观望者、懈怠者、软弱者。只有与历史同步伐、与时代共命运的人，才能赢得光明的未来。”①

第二，要敢于和善于给领导干部“压担子”、担重任，使他们在经受重大任务的磨砺中提高战略思维能力，提高战略领导水平。我们党从来都是在重大政治任务、火热的社会实践活动中锻炼干部、培养干部的。当前，党中央提出对党员干部、特别是年轻干部要“墩墩苗”“压压担”，其实就是强调让党员干部多经历一些一线工作和艰苦工作，在急难险重工作任务中提高锻炼自己。注重在重大政治任务和艰苦环境中锻

① 《习近平在庆祝中国共产党成立 95 周年大会上的讲话》,《人民日报》2016 年 7 月 2 日。

炼、培养干部的战略思维能力，提高干部的战略领导能力，需要克服两种不良情况或倾向，一是论资排辈，二是揠苗助长。

首先，克服论资排辈，就是要大胆起用下面的、年轻的干部，让下面的、年轻的干部承担重大任务、担负重大责任，使干部年轻化、专业化。20 世纪 80 年代，改革开放和建设中国特色社会主义事业需要大批领导人才和优秀人才，然而，各行各业的人才却青黄不接，干部队伍的老年化日益严重。邓小平指出："现在我们国家面临的一个严重问题，不是四个现代化的路线、方针对不对，而是缺少一大批实现这个路线、方针的人才。"[①] 为此，他果断作出了改革干部人事制度的决策，要求必须尽快实现干部队伍的"四化"——革命化、年轻化、知识化、专业化。他还认为，没有干部队伍的"四化"就没有"四个现代化"。早在 1979 年，邓小平就指出："我们要改革现行的干部工作制度，建立有利于提拔年轻干部的制度。"他号召各级党委和组织部门"在这个问题上来个大转变，坚决解放思想，克服重重障碍，打破老框框，勇于改革不合时宜的组织制度、人事制度，大力培养、发现和破格使用优秀人才，坚决同一切压制和摧残人才的现象作斗争"。党内一些老干部、老同志对干部年轻化的主张表示担心，担心年轻人经验不够，不能胜任。为此，邓小平对此反复做工作，他语重心长地说："同志们回想一下，我们中间许多人当大干部、做大事，开始的时候还不是二三十岁？应该承认，现在一些中青年同志的知识，比我们那个时候并不少。经过的斗争考验少一点，领导经验少一点，这是客观条件造成的。不在其位，不谋其政嘛。放在那个位置上，他们就会逐步得到提高。"[②] 只要我们敢于把他们提起来，让他们在其位，谋其政，经过一两年就能干起来了。就是说，年轻人不但思维敏捷、精力旺盛，而且对知识、经验的积累和掌握也最为快捷，又最少包袱，敢想敢干，再加上其他有利条件，只要放到适当的位

① 《邓小平文选》第 2 卷，人民出版社 1994 年版，第 221 页。
② 《邓小平文选》第 2 卷，人民出版社 1994 年版，第 324—325 页。

置，很快就能适应岗位需要。事实证明，随着我国干部人事制度改革不断深化，一批又一批优秀年轻干部脱颖而出，走上了为党和人民建功立业的重要领导岗位，使党和国家始终保持着旺盛的生命活力，使中国特色社会主义事业蓬勃发展。

其次，克服揠苗助长，就是做到实事求是，尊重干部成长的规律，真正把德才兼备的有发展潜能的干部放到适当的位置接受锻炼、经受考验。如果干部没有经过反复锤炼，只会根浅腹空、德不配位，这对党的事业和干部本人都是损失。一些“坐火箭”提拔上来的干部有时往往摔得很惨，就证明了这一点。在我们党的干部培养和应用中，存在着“火线提拔”的情况，这在革命战争年代和特殊时期，是应该的也是必要的，也是革命实践所需要的。在建设、改革的和平时期，尽管干部在担负和完成急难险重的工作任务中也会有“火线提拔”的情况，但却是特殊现象，并没有普遍性。然而，我们的干部培养有时也存在揠苗助长的现象，有的甚至是“带病提拔”，通过种种合规的和不合规的方式把一些德不配位、才不配位、能不配位的干部提拔上来了，甚至提拔到了重要领导岗位。这种做法和现象在“文化大革命”时期曾经大量出现。针对这种错误做法，邓小平指出，坚决执行领导班子年轻化方针，步子要稳妥，干部还是一个台阶、一个台阶地上好。干部要顺着台阶上，一般的意义是说，干部要有深入群众、熟悉专业、积累经验和经受考验锻炼的过程。能力到哪里了，就上哪个台阶。发现一个好苗子，让他一个台阶一个台阶地上来，是对干部真正的爱护。领导班子配备“要有经验丰富熟悉情况的同志参加，形成梯级结构”。[①] 他同时又尖锐地指出，我们也不能老守着关于台阶的旧观念，要打破那些关于台阶的过时的观念，创造一些适合新形势新任务的台阶。对于年轻干部中“特别优秀的，要给他们搭个比较轻便的梯子，使他们越级上来”[②]，“要选人民公认

① 《邓小平文选》第 3 卷，人民出版社 1993 年版，第 242 页。
② 《邓小平文选》第 2 卷，人民出版社 1994 年版，第 324 页。

是坚持改革开放路线并有政绩的人，大胆地放进新的领导机构里”。[①]习近平同志在2018年全国组织工作会议指出，中国特色社会主义进入新时代，我们党一定要有新气象新作为，关键是党的建设新的伟大工程要开创新局面。伟大斗争、伟大工程、伟大事业、伟大梦想，其中起决定性作用的是党的建设新的伟大工程。坚持党的领导、加强党的建设、做好党的组织工作具有十分重要的意义。做好党的组织工作，关键是要着力培养忠诚干净担当的高素质干部。实现中华民族伟大复兴，坚持和发展中国特色社会主义，关键在党，关键在人，归根到底在培养造就一代又一代可靠接班人。这是党和国家事业发展的百年大计。因此，各地区各部门要着眼近期需求和长远战略需要，培养选拔一定数量规模的优秀年轻干部。培养选拔优秀年轻干部要放眼各条战线、各个领域、各个行业，注意培养有专业背景的复合型领导干部。对有潜力的优秀年轻干部，还要让他们经受困难岗位、重要岗位的磨炼，把重担压到他们身上。对有培养前途的优秀年轻干部，要不拘一格大胆使用。各级党委要把关心年轻干部健康成长作为义不容辞的政治责任，加强长远规划，健全工作责任制，及时发现、培养、起用优秀年轻干部。[②]就是说，培养年轻干部，不能为他们先验地预设“晋升路线图”，把应有的岗位锻炼当成了形式性的“镀金”和“跳板”。对于干部、特别是年轻干部的培养和选拔，不是单纯地“搭台子”“给位子”或“破格提拔”，更重要的是要多到一线、多下前线、多给任务、多压担子，用其所长、补其所短。

三、在着力解决新时代社会主要矛盾的实践中培养和提高战略思维能力

抓主要矛盾和矛盾的主要方面，是我党长期积累的基本经验，是坚

① 《邓小平文选》第3卷，人民出版社1993年版，第380—381页。

② 《习近平在全国组织工作会议上强调　切实贯彻落实新时代党的组织路线　全党努力把党建设得更加坚强有力》，《人民日报》2018年7月5日。

持和运用辩证唯物主义和历史唯物主义解决现实问题的思想武器，是培养和提高战略思维能力的有效途径。毛泽东指出："在复杂的事物的发展过程中，有许多的矛盾存在，其中必有一种是主要的矛盾，由于它的存在和发展规定或影响着其他矛盾的存在和发展。""无论什么矛盾，矛盾的诸方面，其发展是不平衡的。有时候似乎势均力敌，然而这只是暂时的和相对的情形，基本的形态则是不平衡。矛盾着的两方面中，必有一方面是主要的，另一方面是次要的。其主要的方面，即所谓矛盾起主导作用的方面。事物的性质，主要是由取得支配地位的矛盾的主要方面所规定的。"因此，研究任何事物和过程，就要全力找出和抓住主要矛盾和矛盾的主要方面，"一切问题就迎刃而解了"。①

党的十九大明确宣告：中国特色社会主义进入了新时代！"我国社会主要矛盾已经转化为人民日益增长的美好生活需要和不平衡不充分的发展之间的矛盾。"主要矛盾的转化是中国特色社会主义进入新时代的重要标志。社会主要矛盾的转化，反映了中国社会发展的巨大进步和发展的新的阶段性变化，对党和国家事业发展提出了新的要求。"我国社会主要矛盾的变化是关系全局的历史性变化，对党和国家工作提出了许多新要求。"因此，推进中国特色社会主义"伟大事业"、开展具有新的历史特点的"伟大斗争"，从根本上讲，就是抓住这一主要矛盾，着力解决这一主要矛盾及其引起的全局的历史性变化。只有抓住和解决这个主要矛盾，才能清醒地观察和把握中国发展的全局，进一步明确发展的方向、任务和工作重点，实现平衡发展、充分发展，不断实现人民群众对美好生活的向往，推动建设富强民主文明和谐美丽的社会主义现代化国家战略目标的成功实现。

社会主要矛盾转化了，党和国家的工作重心、部署和要求必然要随之相应地发生变化。因此，各级领导干部必须站在新的战略高度审视社会主要矛盾转化给中国社会带来的全局的历史性变化，给党和国家工作

① 《毛泽东选集》第1卷，人民出版社1991年版，第320、322页。

带来的全新要求。对此，党的十九大报告指出：“我们要在继续推动发展的基础上，着力解决好发展不平衡不充分问题，大力提升发展质量和效益，更好满足人民在经济、政治、文化、社会、生态等方面日益增长的需要，更好推动人的全面发展、社会全面进步。”这为全面深化改革，推进新时代中国特色社会主义新发展指明了方向，明确了路径。

第一，要准确把握新时代人民群众对美好生活的期待和向往。带领人民创造幸福生活，实现人民群众对美好生活的向往，是我们党始终不渝的奋斗目标。改革开放、特别是党的十八大以来，人民生活不断改善。我们党深入贯彻以人民为中心的发展思想，一大批惠民举措落地实施，改革发展成果更多更公平惠及全体人民，人民群众的获得感、幸福感、安全感不断增强。然而，我们必须清醒地看到，人民的需求是随时代的发展而不断变化的。在新的历史阶段，“人民美好生活需要日益广泛，不仅对物质文化生活提出了更高要求，而且在民主、法治、公平、正义、安全、环境等方面的要求日益增长”。也就是说，经过改革开放40年的发展，我国社会生产力、综合国力、人民生活水平实现了历史性跨越，人民对美好生活的向往更加强烈，人民群众的需要呈现多样化多层次多方面的特点，期盼有更好的教育、更稳定的工作、更满意的收入、更可靠的社会保障、更高水平的医疗卫生服务、更舒适的居住条件、更优美的环境、更丰富的精神文化生活。这是我国社会进入新时代的阶段性特征，也是新时代的主要表征。

第二，要着力解决好“不平衡不充分的发展”问题。在新时代这对社会主要矛盾中，“不平衡不充分的发展”是矛盾的主要方面。解决这一主要方面，在根本上就是解决“不平衡不充分的发展”问题。因为，虽然我国的生产力水平总体上显著发展，社会生产能力在很多方面也进入世界前列，但“更加突出的问题是发展不平衡不充分，这已经成为满足人民日益增长的美好生活需要的主要制约因素”。这就明确要求在新时代谋划经济、政治、文化、社会、生态文明“五位一体”整体建设和加强党的建设“伟大工程”，必须把发展重点放在解决“不平衡不充分的发展”这个新的矛盾的主要方面上。既然新时代我国社会主要矛盾聚焦于“不平衡不充分的发展”这一关键问题，那么把握现代化战略方针的主线就是解决这一“制约因素”“关键问题”，因此，必须把解决好不平衡不充分的发展问题作为党和国家的根本任务和工作重点，党和国家的一切工作都要围绕它来进行。只有这样，才能进一步推动中国发展的整体转型升级，迎来“强起来”的伟大飞跃。

那么，“不平衡不充分的发展”问题主要表现在哪里呢？或者说，主要有哪些“不平衡不充分的发展”问题呢？应该说，当前大家关注的问题，如地区差距和社会成员收入差距拉大问题，教育、医疗、养老保障问题等，都是发展的不平衡不充分问题。李慎明教授认为，发展的不平衡不充分问题，主要表现为：发展的不平衡，主要体现在经济领域。从宏观上讲，主要体现在社会生产关系中区域财富占有和收入分配方面的差距上；从微观上讲，主要体现在人与人之间财富占有和收入分配方面的差距上。而发展的不充分，则主要体现在政治、经济、文化、社会、生态等这五个领域内的民主、法治、公平、正义、安全、环境等方面发展的不充分上，体现在其相互之间协调关系的不充分上。[①] 党的十九大报告提到的不足、困难和挑战，其实就是“发展的不平衡不充分问题”的具体表现。报告指出：“我们的工作还存在许多不足，也面临不少困难和挑战。”比如，经济领域存在的问题主要有：发展质量和效益还不够好，创新能力不够强，实体经济水平还不够高；城乡区域发展和收入分配差距依然较大，等等。政治领域的问题主要表现为：全面依法治国任务依然繁重，国家治理体系和治理能力与现代化建设要求不相适应；一些改革部署和重大政策措施落实不到位；国家安全面临新的挑战，等等。文化领域的问题是：文化发展的水平不高、文化体制与文化发展的要求、人民对文化产品的需求不相适应，意识形态领域的斗争依

---

① 李慎明：《正确认识和科学把握中国特色社会主义新时代社会主要矛盾》，《世界社会主义研究》2018 年第 2 期。

然复杂，等等。社会领域的问题主要是：脱贫攻坚任务艰巨，群众在就业、教育、医疗、居住、养老等方面面临不少难题，社会文明水平与国家发展不相适应，“社会矛盾和问题交织叠加”，等等。生态领域的问题有：突出的环境问题依然较多，环境污染、生态破坏比较严重，生态环境保护任重道远，等等；党的建设领域的问题主要有：“党内存在的思想不纯、组织不纯、作风不纯等突出问题”、面临的“四大考验”和“四大危险”依然复杂严峻。另外，经济、政治、社会、文化、生态等领域的建设发展不协调、不一致，“一条腿长、一条腿短”等问题依然突出。这些问题、困难与挑战都是“发展的不平衡不充分”在各个不同领域的表现。只要我们能够紧紧抓住我国当前社会主要矛盾在各个领域、各项工作中的不同表现，贯彻新的发展理念，运用新的发展思路和方略，采用切实的办法举措，有针对性地尽心尽力加以解决，改革开放大业就会再创新局面，中国特色社会主义“伟大事业”就会取得新胜利。

第三，要依然坚持发展这一执政兴国的第一要务。新时代，发展是硬道理。发展依然是解决中国一切问题的关键。“不平衡不充分的发展”问题，依然是个发展问题，解决这一问题，归根结底还是要靠发展。党的十九大报告明确提出，不仅“要在继续推动发展的基础上，着力解决好发展不平衡不充分问题”，而且要大力提升发展质量和效益。可见，发展依然是我国的根本任务。这是由我国的实际情况，即国情决定的。

党的十九大报告明确指出：“必须认识到，我国社会主要矛盾的变化，没有改变我们对我国社会主义所处历史阶段的判断，我国仍处于并将长期处于社会主义初级阶段的基本国情没有变，我国是世界最大发展中国家的国际地位没有变。”这是正确把握中国特色社会主义新时代社会主要矛盾的十分重要的前提条件。我们应当清醒地看到，社会主要矛盾的转化，中国特色社会主义进入新时代，只是社会主义初级阶段在发展过程中呈现出来的新的阶段性特征而已，并不意味着我国社会主义初级阶段的基本国情发生了质变。我国社会主要矛盾虽然发生了变化，但我国仍处于并将长期处于社会主义初级阶段，仍然是个发展中国家。我国仍处于并将长期处于社会主义初级阶段，这是我国最大的国情，最大的实际。党和国家的一切方针政策、一切发展规划和设计，都必须从这一实际出发。因此，我国依然必须坚持初级阶段的基本路线这一党和国家的生命线、人民的幸福线不动摇，坚持以经济建设为中心，坚持改革开放，坚持依靠用发展来解决问题。

人民群众日益增长的美好生活需要和不平衡不充分的发展这一主要矛盾，贯穿于新时代中国的整个过程。解决这一矛盾决不是短期内就能轻易奏效的，而是一个长期的艰苦的过程。同时，这一主要矛盾也必然贯穿于经济社会发展和党与国家各项工作的方方面面，不是简简单单就能解决得了的，必须经过艰苦卓绝的努力。主要矛盾的变化是关系全局的历史性变化，必须坚持辩证唯物主义和历史唯物主义的方法论，从历史和现实、理论和实践、国内和国际的结合上进行思考，从党和国家事业发展大局出发进行思考，才能准确把握、正确认识；必须具有战略思维、全局思维、辩证思维、历史思维，才能科学谋划、切实解决。因此，从这个角度看，解决主要矛盾的过程，即是不断提高战略思维能力的过程，也是增强执政能力的过程。

后　记

本书为原中共中央党校哲学部2014年组织的“哲学思维与改革方法”系列丛书中的一种，最初成稿于2015年底。但由于考虑到时间仓促关系，对若干问题的思考尚不成熟，本书没能按时出版。党的十九大召开后，作者根据十九大新部署新论断，对全书的结构框架进行了调整，对具体内容也进行了修改，并结合原中共中央党校哲学部马克思主义哲学史教研室承担的“新时代党中央治国理政方法论研究”课题要求，增加了部分新内容。本书的完成离不开哲学部马克思主义哲学史教研室全体同志的热情帮助，在此表示感谢。

孙要良

2018年8月20日